DESPERTAR

RAJ SISODIA

DESPERTAR

UMA JORNADA PARA O PROPÓSITO, A PAZ INTERIOR E A CURA

ALTA BOOKS
GRUPO EDITORIAL
Rio de Janeiro, 2024

Despertar

Alta Life é um selo da editora Alta Books do Grupo Editorial Alta Books (Starlin Alta Editora e Consultoria LTDA.)

ISBN: 978-85-508-2491-8

Impresso no Brasil — 1ª Edição, 2024 — Edição revisada conforme o Acordo Ortográfico da Língua Portuguesa de 2009.

Dados Internacionais de Catalogação na Publicação (CIP)
(BENITEZ Catalogação Ass. Editorial, MS, Brasil)

S636d
1.ed. Sisodia, Raj
Despertar : uma jornada para o propósito, a paz interior e a cura / Raj Sisodia ; tradução Helena Coutinho. - 1.ed. - Rio de Janeiro : Alta Books ; Alta Life (selo), 2024.

256 p.; 15,7 x 23 cm.

Título original: Awaken.
ISBN 978-85-508-2491-8

1. Autoconsciência. 2. Capitalismo. 3. Consciência de si. 4. Paz de espírito. 4. Percepção social. Propósito. I. Coutinho, Helena. II. Título

05-2024/68 CDD 150

Índice para catálogo sistemático:

1. Autoconsciência : Paz de espírito : Psicologia 150

Aline Graziele Benitez - Bibliotecária - CRB-1/3129

Produção Editorial: Grupo Editorial Alta Books
Diretor Editorial: Anderson Vieira
Editor da Obra: Anderson Vieira
Vendas Governamentais: Cristiane Mutüs
Gerência Comercial: Claudio Lima
Gerência Marketing: Andréa Guatiello

Assistente Editorial: Andreza Moraes
Tradução: Helena Coutinho
Copidesque: Vanessa Schreiner
Revisão: Hellen Suzuki
Diagramação: Joyce Matos

ALTA BOOKS
GRUPO EDITORIAL

Rua Viúva Cláudio, 291 — Bairro Industrial do Jacaré
CEP: 20.970-031 — Rio de Janeiro (RJ)
Tels.: (21) 3278-8069 / 3278-8419
www.altabooks.com.br — altabooks@altabooks.com.br
Ouvidoria: ouvidoria@altabooks.com.br

Editora **afiliada à:**

ASSOCIADO

Para Neha Sangwan

Com amor, gratidão e admiração — por sua coragem e integridade, seu altruísmo, seu idealismo e sua autenticidade. Neha é forte, sábia, determinada, inabalável, generosa, compassiva, brincalhona e brilhante. Ela é uma professora e coach amorosa e curadora que mudou as trajetórias de inúmeras vidas para melhor, incluindo a minha. Ela me ajudou a despertar para o que realmente importa e a me tornar mais plenamente eu mesmo.

Que sua mensagem se espalhe e seu impacto se multiplique pelo mundo para beneficiar os incontáveis milhões que estão sofrendo.

Sumário

Agradecimentos

Este livro não existiria se não fosse pelo sábio conselho dado por quatro mulheres extraordinárias em 2018, enquanto eu estava no processo de escrever *Empresas Que Curam* (Alta Books, 2020): Nilima Bhat, minha sábia coautora em *Liderança Shakti* (Alta Books, 2019); a brilhante e inspiradora Lynne Twist, autora de *Living a Committed Life* e de *The Soul of Money* e cofundadora da The Pachamama Alliance; Suzanne Vaughan, minha genial e perspicaz coach; e Louisa Bohm, que me ajudou a me conectar com minha verdadeira natureza e a me entender em um nível mais profundo. Cada uma delas me disse para desacelerar, passar tempo comigo mesmo e trabalhar na minha própria cura — processo no qual cada uma desempenhou um papel importante. Serei eternamente grato pelos diversos presentes que elas trouxeram para minha vida e para o mundo.

Sou profundamente grato a Betty Sue Flowers por sua sabedoria e generosidade em dedicar tempo para ouvir minha história de vida e me assegurar de que valia a pena ser contada. Foi ela quem leu o primeiro rascunho do livro e me deu um feedback inestimável sobre o que ele precisava se tornar.

Joseph Jaworski é uma figura imponente no mundo do desenvolvimento de liderança e um dos meus heróis. Seu livro *Sincronicidade* está, ao lado de *Em busca de sentido*, de Viktor Frankl, entre as obras que mais influenciaram minha vida. Sou abençoado por poder chamar Joseph de amigo e guia. Obrigado, Joseph, por escrever o prefácio deste livro e me apresentar a Betty Sue Flowers.

Jag Sheth tem sido tantas coisas para mim: mentor, professor e figura paterna. Eu me arrepio só de pensar como minha vida poderia ter sido se não tivesse tido a grande sorte de me conectar com Jag quando eu tinha apenas 32 anos — metade da idade que tenho agora. Obrigado, Jag, por reconhecer algo em mim que eu não conseguia ver.

O falecido David Wolfe foi outra figura paterna em minha vida, com quem aprendi muito enquanto estávamos escrevendo *Empresas humanizadas* (Alta Books, 2019). Sinto falta de sua presença sábia e amorosa.

Gostaria de agradecer aos organizadores e participantes do retiro de silêncio "Call of the Times" na Peace Village. Durante aqueles quatro dias na companhia de 35 indivíduos — sábios e amantes da espiritualidade —, recebi inúmeras mensagens do meu eu superior, compilando 45 páginas de anotações escritas à mão. Foi aqui que me vieram em mente os sete passos na "jornada": Conheça-se, Ame-se, Seja Você Mesmo, Expresse-se, Escolha Sua Vida, Torne-se Íntegro e Cure-se. Quero agradecer, especialmente, a Peter Senge, David Cooperrider, Lawrence Ford, Patricia Klauer e Rama Mani por enriquecerem essa experiência para mim.

No início do processo de escrita, decidi convidar um grupo de pessoas que conhece bem a mim e minha jornada para me ouvirem ler capítulos deste livro enquanto eu os escrevia. Eles me deram feedbacks muito úteis e refletiram sobre a relevância do que eu havia escrito para suas histórias de vida. Esse "Clube do Livro de Domingo" também me forçou a produzir um novo capítulo toda semana, de modo que, ao final de 15 semanas, eu tinha um primeiro rascunho. O clube do livro incluía Amy Powell, Bethany Hilton, Carlos Bremer, Carolina Leñero, Catarina Soares, Christina Dyer, CV Sudhir, Rosie Ward, Elaine Dinos, Hitesh Shah, Hugo Bethlem, Jeff Cherry, Kiran Gulrajani, Meera Singh, Steve Lishansky, Susan Leger Ferraro, Shubhro Sen, Thomas Eckschmidt, Vijay Bhat, Vinay Gupta e Vinit Taneja.

Quero agradecer principalmente a Indu Sangwan e Haley Rushing por suas sugestões profundamente perspicazes. Acima de tudo, quero agradecer a minha parceira, Neha Sangwan, por suas inúmeras contribuições para o livro. Ela identificou padrões e conectou pontos que eram invisíveis para mim. Escrever este livro foi, por diversas vezes, emocional e psicologicamente doloroso; e ela me ajudou a enfrentar esses desafios e a encontrar um significado mais profundo neles.

Gostaria de agradecer a meu querido primo Gajendra, que tem sido um irmão de alma para mim desde que éramos bebês na aldeia. Ele é a própria encarnação do amor puro. Também gostaria de agradecer a minha irmã, Manju, e seu marido, Sangram. Eles têm sido meus faróis espirituais há muito tempo e me ajudaram a organizar a experiência de cura que criamos para minha família estendida.

Gostaria de reconhecer a assistência editorial da excepcionalmente talentosa Andrea Martin.

Por fim, gostaria de agradecer à equipe da Wiley, incluindo Angela Morrison, Donna J. Weinson, Jozette Moses e Michelle Hacker. E agradecer especialmente a Jeanenne Ray. Estou feliz por finalmente ter tido a chance de trabalhar com Jeanenne após anos de tentativa. Aprecio sua paciência ao conduzir um projeto que teve várias reviravoltas ao longo do caminho.

Sobre o Autor

Descrito como um "Xamã Intelectual" no livro que recebeu esse título, *Intellectual Shamans*, Raj Sisodia tem estado em uma missão para trazer propósito, cuidado e cura para o mundo dos negócios e do capitalismo desde a publicação de seu livro inovador em 2007, *Empresas humanizadas: Pessoas. Propósito. Performance.* (Alta Books, 2019), que foi nomeado um dos melhores livros de negócios de 2007 pela Amazon.com. Raj é um líder de pensamento proeminente no movimento em rápida ascensão para redefinir o propósito e o papel dos negócios na sociedade. Ele é cofundador e presidente emérito da Conscious Capitalism Inc. e presidente da Awaken Inc.

Nascido na Índia, Raj passou parte da infância em Barbados, na Califórnia e no Canadá. Ele se formou em engenharia elétrica pelo Instituto de Tecnologia e Ciência Birla. Tem um MBA em Marketing pelo Instituto de Estudos de Gestão Jamnalal Bajaj em Mumbai e é doutor em Negócios pela Universidade de Columbia.

Raj publicou mais de 100 artigos acadêmicos e 15 livros, incluindo *Capitalismo consciente: como libertar o espírito heroico dos negócios* (Alta Books, 2018), *Todos São Importantes: O Extraordinário Poder das Empresas que Cuidam das PESSOAS como GENTE, e Não Como Ativos* (Alta Books, 2020), *Liderança Shakti: o equilíbrio do poder feminino e masculino nos negócios* (Alta Books, 2019), *Capitalismo Consciente – Guia Prático: Ferramentas para transformar sua organização* e *Empresas Que Curam:*

Despertando a consciência dos negócios para ajudar a salvar o mundo (Alta Books, 2020). Seu trabalho foi destaque no *Wall Street Journal*, no *New York Times*, na *Fortune*, no *Financial Times*, no *Washington Post*, na *CNBC* e em outros veículos de mídia. Ele coapresentou um programa sobre negócios na Rádio Pública Nacional.

Raj é professor universitário emérito FEMSA de Empresa Consciente e Presidente do Conscious Enterprise Center no Tecnologico de Monterrey, no México. Anteriormente, lecionou na Universidade de Boston, na Universidade George Mason, na Universidade Bentley e na Babson College. Recebeu inúmeros prêmios e reconhecimentos, incluindo um doutorado honorário pela Universidade Johnson & Wales e o Prêmio Luminar dos Negócios pela Halcyon em 2021.

Raj prestou consultoria para empresas ao redor do mundo, incluindo AT&T, Verizon, LG, DPDHL, POSCO, Kraft, Whole Foods Market, Tata, Siemens, Sprint, Volvo, IBM, Walmart e McDonald's. Ele fez parte do conselho de diretores da The Container Store e da Mastek. Vive em Boston, próximo de seus amados filhos: Alok, Priya e Maya.

Prefácio

Este é um livro extraordinário. Qualquer um que pretenda exercer um papel de liderança nos complexos e voláteis ambientes de negócios e sociais da atualidade precisa lê-lo.

Nele, Raj Sisodia descreve a jornada pessoal que todos devemos empreender para acessar nosso poder individual, ganhar total autonomia e participar da cura da fragmentação na América e no mundo. Este é um livro repleto de sabedoria — sabedoria que Raj reconhece que veio através dele e não dele —, o presente mais intenso que podemos receber — o presente da consciência universal — o dom da Graça.

A jornada descrita por Raj é nitidamente sua própria jornada sofrida e, no fim, bem-sucedida no sentido de acessar a sabedoria para fazer escolhas instantâneas e conscientes. Ao mesmo tempo, é um arquétipo para o necessário processo de desenvolvimento que todos devemos seguir com comprometimento e coragem para confiar e cruzar o limiar. Uma vez que o fazemos, encontramos o inevitável "caminho das provações" que o filósofo Joseph Campbell descreve como a Jornada do Herói. Ao confiarmos em nós mesmos, se não recuarmos, encontraremos os guias que nos ajudarão a superar as mais difíceis das provações.

Assim como Raj, no final chegaremos ao nosso destino — o nível de desenvolvimento em que nossa vida se torna aquela que foi planejada para nós: uma vida de serviço repleta de gratidão, alegria e realização. E o mais importante, é nesse ponto que recuperamos nossa inocência inata — como a do guerreiro pacífico — imune, inviolável e resiliente. Este é o Chamado do nosso Tempo: desenvolver esse nível de liderança; pois, como Raj aponta, apenas as pessoas verdadeiramente inocentes podem ser confiáveis com o poder necessário para curar o mundo atual.

Este livro o guiará e o levará a refletir sobre a própria jornada de vida, tornando-a mais completa enquanto compreende seu passado, a fim de remodelar seu presente e seu futuro. Você descobrirá como abraçar ambos os lados de sua personalidade: o masculino e o feminino. Aprenderá a se manter sintonizado com as oportunidades e sincronicidades da vida, reinterpretando desafios como oportunidades para o crescimento e a descoberta. Ganhará a capacidade de desafiar ortodoxias e se libertar de regras culturais que prejudicam e restringem todos nós. E, por fim, será guiado por um caminho que o tornará um guerreiro pacífico, vivendo pelo que Raj se refere como as VIAS: manifestando Verdade, Inocência, Amor e Simplicidade no seu ser e em todas as suas ações.

Este livro ilumina as dimensões mais profundas da mudança transformacional e liderança em geral. Como observamos anteriormente, a questão mais importante hoje não é sobre "o quê" e "como" — não é sobre o que os líderes fazem e como eles fazem — mas sobre "quem": quem somos e qual é o local ou a fonte interna a partir da qual operamos, individual e coletivamente.

As lições e os princípios contidos neste livro possibilitaram a Raj, entre outras grandes realizações, cofundar o movimento do Capitalismo Consciente, um dos empreendimentos mais convincentes que existem na atualidade, com a intenção de transformar o capitalismo de livre empresa em um poderoso sistema para cooperação social e progresso humano.

Sinto-me profundamente privilegiado por ter sido convidado a escrever este breve prefácio.

— JOSEPH JAWORSKI

14 DE JANEIRO DE 2022

WIMBERLEY, TEXAS

Prefácio

DA EDIÇÃO BRASILEIRA DO LIVRO *DESPERTAR*, DE RAJ SISODIA, POR HUGO BETHLEM

MARÇO 2024

Nascemos no mesmo ano, em 1958, e conheci Raj em 2011, quando buscávamos uma luz que nos reconduzisse à esperança, que nos inspirasse a fazer algo além da busca pelo lucro e retorno financeiro, algo que gerasse um impacto positivo na sociedade e no planeta. Eu estava trabalhando no Grupo Pão de Açúcar (GPA) e, alguns anos antes, Abilio Diniz havia conhecido Jim Collins, um dos maiores gurus da alta liderança com performance. Lemos seu livro *Good to Great* e fomos provocados por Abílio que o GPA deveria ser "Great". Trabalhamos duro para isso, e acredito que alcançamos o objetivo como time. Achando que estávamos no caminho certo, mas não!

Em um estudo com apenas onze empresas, que, para ele, eram "Great", duas delas quebraram na crise do subprime de 2008. Como as empresas consideradas "Great" podem falir? A resposta estava na liderança. Em nenhum momento do estudo, o autor se preocupou com uma liderança humanizada, que cuidasse das pessoas. Afinal, o negócio dos negócios são as pessoas, ontem, hoje e sempre. Nessa busca por uma resposta, Sylvia Leão, nossa VP de Gente e Gestão, encontrou o livro *Empresas Humanizadas*, que deu origem ao *Capitalismo Consciente*, do qual Raj era coautor. E, depois de tentar muito, ela conseguiu convencê-lo a vir ao Brasil pela primeira vez.

Nós nos conhecemos no Incompany que ele realizou para os colaboradores do GPA. Fiquei encantado com ele e com sua fala firme, porém gentil, ao transmitir quão importante é para a empresa ter um propósito maior, tratar seus stakeholders de modo equânime, ter uma cultura e valores próprios que garantam a perpetuidade do negócio e, principalmente, a liderança consciente, que cuide das pessoas para que, todos juntos, possam cuidar do planeta.

Em 2012, Raj convidou a todos da diretoria-executiva do GPA para uma conferência do Capitalismo Consciente em Boston, nos EUA, onde Abílio faria o encerramento do evento com a apresentação de uma síntese de seu livro *Caminhos e Escolhas*. Com isso, tivemos a oportunidade de conhecer outro cofundador do Capitalismo Consciente, John Mackey, CEO do Whole Foods Market à época. Minha relação com Raj só se fortaleceu desde então, e lá vão mais de doze anos. Fui um dos cofundadores do Capitalismo Consciente Brasil e, atualmente, estou no cargo de presidente do Conselho.

Raj veio inúmeras vezes ao Brasil para dar palestras e, a cada encontro, eu me encanto mais com seu modo de transmitir seu conhecimento e com sua humanidade. Aprendi muito com ele pessoalmente e por meio de seus livros, entres eles, *Empresas Humanizadas*, *Capitalismo Consciente* (considerado a Bíblia sobre o tema), *Todos São Importantes* e *Empresas que Curam*, nos quais tivemos o privilégio de trabalhar nas traduções para o português.

Como podem ver, leitores e leitoras, Raj é um exímio escritor e apaixonado pelos temas: liderança, consciência e pessoas. Mas estamos aqui para falar deste último livro do Raj, *Despertar: Uma Jornada para o Propósito, a Paz Interior e a Cura*, que não trata apenas de lideranças e empresas conscientes, mas da jornada pessoal dele, sendo seu primeiro livro que não trata de negócios, mas, sim, de sua alma e seu coração na busca por quem realmente é Raj Sisodia.

Elaborar este livro não foi uma tarefa fácil para ele, com seu perfil altruísta e até um pouco tímido. Tive o privilégio de ser um de seus amigos convidados para uma videoconferência semanal, todos os domingos, durante semanas, às 10 horas (horário do Brasil), para reunir pessoas de diversos lugares do mundo, convidadas e comprometidas a contribuir com o livro. Para mim, foi mais uma demonstração de humildade e vulnerabilidade da parte de Raj, pois ele redigia o capítulo, ou parte dele, e lia para nós com calma e paixão, para que pudéssemos opinar e contribuir. Repetimos o processo até chegarmos ao título deste livro.

Acredito que esse foi o processo mais difícil para ele e para o grupo. Raj também me ensinou, nesse exercício, a arte da transparência e da escuta sincera, do feedback verdadeiro, pois o grupo era grande, portanto era difícil chegarmos a um alinhamento e um consenso. Mas, como um grande líder, ele entende o papel solitário dessa posição que, após ouvir todos aqueles a quem pediu opiniões, deveria decidir e assumir os riscos de suas ações por si só.

Em um exercício interessante ao longo da narrativa do livro, ao contar suas experiências e seus sentimentos sem filtros, ele faz uma série de perguntas ao leitor sobre o que este se lembra da própria jornada de crescimento pessoal. Um exercício instigante e até desafiador por nos confrontar com duas questões: Como anda nossa memória e como reagimos a isso — não lembrar ou lembrar e ter que enfrentar?

Uma das partes mais difíceis foi a jornada pelo "perdão" e pela "reparação" com seus pais, ainda vivos na época. Mais uma vez, aprendi uma lição sobre "cura": "devemos curar a nós mesmos primeiro para podermos curar as empresas, a sociedade e os países". Convido a todos e todas a mergulharem nessa jornada e também buscarem seu despertar interior, pois, afinal, "somos o que fazemos, mas somos principalmente o que fazemos para mudar o que somos"(Eduardo Galeano).

Prólogo

Como um homem idealista, confiante, pacífico, que busca a harmonia, descendente de uma família ferrenhamente feudal do interior da Índia, acabou cofundando um movimento global para promover amor, compaixão e propósito transcendente ao difícil e turbulento mundo dos negócios? Como um engenheiro hiperanalítico, proveniente da casta guerreira na Índia, veio a escrever livros como *Empresas Humanizadas* (Alta Books, 2019), *Capitalismo Consciente* (Alta Books, 2018), *Todos São Importantes* (Alta Books, 2020), *Liderança Shakti* (Alta Books, 2019) e *Empresas que Curam* (Alta Books, 2020)? Como um professor de marketing que se detestava (e que quase escreveu um livro chamado *A Vergonha do Marketing*) canalizou sabedoria atemporal e alquimizou o próprio sofrimento para ajudar líderes corporativos a aprenderem como usar os negócios para servir, elevar e curar?

"O que é mais pessoal é mais universal." A verdade desta frase de Carl Rogers me atingiu em 2018, enquanto eu trabalhava no livro *Empresas que Curam: Despertando a consciência dos negócios para ajudar a salvar o mundo*. Compartilhei muito pouco da minha jornada de vida nesse livro, limitando-me a algumas reflexões no Prólogo. Em todas as minhas obras anteriores, não me referi às minhas experiências pessoais de forma alguma. Mas agora percebo que os livros que tiveram o impacto mais profundo em mim foram aqueles em que o autor compartilhou detalhes mais profundos da própria história de vida. Entre eles, *Em Busca de Sentido*, de Viktor Frankl, *Sin-*

cronicidade, de Joseph Jaworski, e *The Soul of Money*, de Lynne Twist, entre muitos outros. Também percebi que dois dos meus livros que tiveram o maior impacto foram construídos, em parte, em torno das histórias de duas pessoas: *Capitalismo Consciente* narrou a jornada do fundador da Whole Foods, John Mackey, e *Todos São Importantes* foi, em parte, sobre a história de vida de Bob Chapman e os despertares pessoais que o levaram a se tornar um líder "verdadeiramente humano".

Meu livro *Empresas Humanizadas* — minha entrada no mundo dos negócios mais voltados para o ser humano — refletiu minha consciência individual a respeito de evolução e crenças sobre a vida, negócios e liderança. Mas evitei usar o pronome "eu" no livro. Afinal, sou um acadêmico, portanto não deveria incluir meus vieses em trabalhos que têm o intuito de elucidar verdades objetivas. Além disso, eu me considerava uma pessoa extremamente reservada e acreditava que minhas experiências de vida eram somente minhas, com as quais eu poderia aprender e transcender, se possível.

Agora me sinto pronto e convocado a compartilhar minha história pessoal. Enquanto trabalhei para ajudar a curar o mundo dos negócios, este livro é minha jornada de volta para mim mesmo. Eu o escrevi para meus filhos e para que outros possam lutar para se entender e decifrar o que realmente é a vida deles.

A história da minha família pelo lado do meu pai é sombria; o sistema feudal em que cresci era totalmente abusivo. Não foi fácil escrever sobre isso. Mas aprendi que aquilo que mais tememos confrontar é o que mais precisa de uma profunda cura. Como o estimável "Senhor" Fred Rogers nos ensinou: "Tudo que é humano é mencionável, e tudo que é mencionável pode se tornar mais gerenciável."

Levei o que muitos considerariam uma vida incomum e o que alguns agora chamam de "psicologicamente rica": uma mistura diversificada de geografias, esferas culturais, contextos políticos, influências religiosas e origens familiares. A sabedoria e os insights que adquiri na vida não são apenas para meu benefício; aprendi lições que acredito que seria egoísmo *não* compartilhar.

O ano de 2018 foi meu ano de metamorfose. Completei 60 anos, lancei a coautoria do livro *Empresas que Curam* e passei por uma variedade de experiências de cura sob a insistente pressão de amigos muito sábios. Estava em constante estado de indagação, buscando e recebendo orientação dos mundos interior e exterior. Experimentei frequentes despertares e aprendi tanta coisa que mal conseguia me manter atualizado, enchendo um caderno atrás do outro de palavras de sabedoria. Surgiram professores inusitados em minha vida, e tive muitas oportunidades de aprendizado e crescimento.

Por que precisei completar 60 anos para que algumas verdades básicas me fossem reveladas? Permaneci inconsciente por tanto tempo porque estava preso ao passado e carregava muitas feridas não curadas. Eu fazia um trabalho significativo, mas sem alegria. Estava funcionando no automático, buscando o combustível para meu trabalho no louvor e na gratidão de estranhos. Eu dava de 70 a 80 palestras por ano, produzia um livro novo a cada 18 meses, em média, e ficava fora de casa pelo menos 60% do tempo (tinha medo de calcular exatamente quanto). Estava sempre fugindo. Não tinha ideia do que estava fugindo ou para onde.

Ao escrever este livro, tive a dolorosa constatação de que estive infeliz por tanto tempo quanto consigo lembrar. Eu minimizava ou negava minhas feridas e meus traumas até para mim mesmo. Não tinha coragem ou capacidade de enfrentá-los; havia muita escuridão nesse local, e minha alma sensível simplesmente não conseguia suportar. Tudo o que eu aspirava era sobreviver. Se eu conseguisse sobreviver os próximos 15 a 20 anos, tudo acabaria. Eu me pegava olhando para obituários, vendo quantos anos as pessoas tinham quando morreram, imaginando quanto tempo mais eu teria que suportar. Uma frase que li anos atrás em *O Deus das Pequenas Coisas* continuava ressurgindo em minha mente: "Nem velhos. Nem moços. Mas uma idade morrível viável."

Você se lembra do clássico jogo de videogame Pac-Man? O Pac-Man é perseguido por fantasmas, tentando desesperadamente fugir deles, até que come uma pílula de poder que inverte temporariamente o jogo. Ele então começa a comer os fantasmas e a ser alimentado por eles. Para muitas pessoas, este parece ser o objetivo jogo: ser perseguido por fantasmas ou ser alimentado por eles. De qualquer forma, os fantasmas estão controlando o jogo. Mesmo quando você é alimentado por eles, usando-os como catalisador para uma maneira diferente e mais positiva de viver/ser, eles ainda estão controlando você! O que precisamos fazer é sair do jogo, do labirinto em que estamos presos e nos libertar para viver a vida sem sermos perseguidos ou alimentados por fantasmas!

Em 2019, perdi meus pais em uma rápida sucessão. Em meio ao meu luto, vi que tinha mais trabalho a fazer para me curar do que apenas escrever *Empresas que Curam*. Eu precisava continuar trabalhando em mim mesmo e compartilhar com o mundo a sabedoria duramente conquistada que obtive de minhas experiências de vida.

Escrevi este livro para entender minha jornada de uma maneira mais profunda para que eu possa viver de forma mais consciente enquanto ajudo outras pessoas a fazerem o mesmo. Trata-se de olhar para trás, não com raiva, ressentimento ou arrependimento, mas com admiração, maravilha e curiosidade. É sobre tornar mais explícito o que até agora esteve implícito. É sobre ser o condutor de minha vida em vez de ser conduzido por ela. É sobre alquimizar a dor e o sofrimento que experimentei em sabedoria de valor duradouro para mim e para as outras pessoas. É sobre reconhecer a preciosidade e a finitude da vida e aprender a viver de uma maneira que esteja alinhada com meu eu interior e as necessidades do mundo. É sobre despertar e permanecer despertado. Mais do que tudo, é sobre esforçar-se para viver uma vida mais significativa, impactante e feliz.

Espero que este livro o inspire a fazer perguntas mais profundas sobre a vida para si mesmo e a aplicar um pouco do que aprendi à sua própria jornada. Para auxiliá-lo, acrescentei algumas reflexões ao final de cada capítulo para lhe dar mais oportunidades de fazer uma autorreflexão.

1

Raízes

Em dezembro de 1960, meu pai, um brilhante iconoclasta que superou todos os obstáculos para conquistar um diploma de ensino superior, havia juntado a enorme quantia de 5 mil rúpias (cerca de US$700 na época) para uma passagem só de ida de Nova Delhi para Winnipeg, no Canadá — deixando para trás sua jovem família. Narayan Sisodia tinha 24 anos. Eu tinha 2, e minha mãe, Usha, estava com 23 e grávida da minha irmã, Manjula.

A Vida sem Papai

Saindo de uma pequena vila no coração da Índia, Narayan voou através dos sete mares até o Canadá, como um pássaro que, milagrosamente, percorre milhares de quilômetros em busca de temperaturas mais agradáveis. Ele ficaria fora por quatro longos anos fazendo doutorado em citogenética, ou melhoramento de plantas, na Universidade de Manitoba. Com os meses e anos, ele lentamente se transformou em uma figura mítica.

Após sua partida, minha mãe, seguindo a tradição indiana, recolheu-se à casa dos pais para o nascimento da minha irmã. Alguns meses depois, ela retornou à vila do meu pai, Kesur, onde foi inserida em uma família conjunta profundamente conservadora, cercada pelos pais do marido, seus irmãos e irmãs, sua cunhada e seus jovens filhos. Foi um período infeliz e solitário para ela. As mulheres pouco fizeram para confortá-la. Em vez disso, havia muitas conversas maldosas sobre como a maioria dos homens não retornava depois de partir para os Estados Unidos (que, na mente delas, não se distinguia do Canadá). Minha tia dizia: "Ele não vai voltar. Vai encontrar uma *Mem* lá [mulheres brancas eram chamadas de *Memsahibs* nos tempos coloniais] e se casar." Cada fotografia enviada pelo meu pai, cada linha de cada carta que ele escrevia era examinada em busca de evidências que apoiassem essa teoria. Muitas noites, minha mãe chorava até dormir — uma jovem noiva forçada a viver como uma viúva.

Com o tempo, minha memória do meu pai esmoreceu. Passei a conhecê-lo apenas por fotografias, como uma figura glamourosa vestida em ternos escuros, camisetas de malha, golas rolê, óculos escuros estilo Aviador, ocasionalmente exibindo uma barba. Ele parecia o personagem de um filme, não meu pai de carne e osso.

Quando completei 5 anos, minha mãe me enviou para Ratlam, uma pequena cidade a 80km de Kesur, para receber uma educação adequada no St. Joseph's, um colégio de freiras de língua inglesa gerido por missionários. Isso gerou alguns comentários mordazes por parte das minhas tias em Kesur, que estavam satisfeitas em enviar os filhos *delas* para a escola da vila, de língua hindi. Meu avô se juntou às zombarias. Ele estava sempre caçoando de Usha: "Com essa filha mimada de aristocrata vivendo conosco, muito em breve estaremos falidos e mendigando nas ruas."

Os cinco meio-irmãos da minha mãe estavam matriculados na mesma escola. O pai havia alugado uma casa grande para a prole na Colônia dos Aposentados, onde viviam pensionistas ferroviários. Morei lá por dois anos com minha tia de 8 anos, quatro tios jovens e uma governanta que nos alimentava e cuidava de nós.

Periodicamente, minha mãe vinha visitar e reclamava com a governanta que eu havia emagrecido e escurecido. A governanta resmungava sobre minhas incursões ao pote de açúcar. Mas meus boletins escolares tranquilizavam minha mãe de que eu estava razoavelmente feliz e indo bem.

Eu passava os verões e outras férias em Kesur. Meu primo Gajendra (18 meses mais velho) e eu éramos inseparáveis. Durante as refeições, comíamos do mesmo prato, insistindo em alimentar um ao outro em vez de nós mesmos. Em todas as viagens que os tratores faziam, éramos passageiros e voltávamos sujos de lama e desgrenhados, para desespero de nossas mães. Juntávamos bitucas de *beedi* (minicharutos indianos finos) e tentávamos fumar, imitando os adultos. Se não desse certo, tentávamos com os talos de palha. Éramos pequenos foras-da-lei despreocupados.

De Kesur ao Canadá

Os relatos das conquistas acadêmicas do meu pai no programa de doutorado foram recebidos sem grande surpresa, pois a maioria das pessoas passou a considerá-lo quase que exclusivamente por seu sucesso incessante nos estudos. Narayan havia enfrentado grandes obstáculos para chegar tão longe.

Kesur era uma vila grande para os padrões indianos, com cerca de 3 mil pessoas. Situada no coração do país, destacava-se pela proporção equilibrada de hindus e muçulmanos. Nossa casa, chamada de Rowla ("a casa do senhorio"), parecia um pequeno forte com ameias e torres. Ela estava localizada entre as casas dos hindus do vilarejo, caracterizadas por bandeiras cor de açafrão, à nossa direita, as casas dos muçulmanos, com bandeiras verdes, à esquerda. Como a maioria das Rowlas, ficava no ponto mais alto. Diante da casa e descendo uma encosta íngreme, fluía um rio.

Nossa família pertencia à casta dos guerreiros (ou Kshatriya), logo abaixo dos Brahmins em status social no rígido sistema de castas indiano. Dentro disso, éramos parte da subcultura Rajput (veja o destaque), descendentes de governantes que dominaram grande parte do norte da Índia durante séculos.

Quando criança, Narayan era sempre lembrado, de maneira severa, que sua primeira responsabilidade era com os deveres na fazenda; a escola não poderia interferir no trabalho. Nos períodos de pico, como de plantio e colheita, meu avô mobilizava todos os meninos da Rowla para várias tarefas. Os filhos mais velhos dirigiam os tratores e supervisionavam os trabalhadores, enquanto os mais jovens patrulhavam os campos com estilingues, acenando e gritando para espantar os papagaios verdes das lavouras. Meu avô enviava um mensageiro para informar aos professores que as crianças da Rowla não iriam à escola até que a colheita estivesse armazenada ou as sementes, plantadas.

A educação que Narayan recebeu no ensino fundamental, na escola da vila, foi medíocre, mas isso não o deteve. Seu pai — Thakur Girwar Singh, um homem autodidata e impetuoso que só estudou até a quarta série — desconsiderava as ambições de Narayan com relação aos estudos. Para ele, muito estudo apenas criava *lakir ke fakir*, uma expressão popular entre os velhos sábios da vila que significava "adorador de palavras". Além do básico, como ler, escrever, somar e subtrair, estudar era para os infelizes que eram obrigados a aceitar empregos assalariados — não para alguém tão rico em propriedades e prestígio como Girwar, que havia trabalhado duro a vida inteira para acumular para si e seus quatro filhos.

Meu pai era brilhante e enérgico. Diferentemente dos irmãos, estava determinado a não deixar que as circunstâncias de seu nascimento determinassem seu destino. Praticamente todos à sua volta recebiam os planos de suas vidas logo ao nascer. Em vez de se irritar com as restrições do pai, Narayan apenas trabalhava mais duro do que qualquer outra pessoa para agradar ao pai e a si mesmo. Ele fazia os deveres de casa até tarde da noite sob a luz de uma lamparina a querosene suja (levaria décadas até que a eletricidade chegasse à vila) e completava muitas de suas tarefas antes do nascer do sol.

Meu avô dizia aos filhos: "Até a oitava série é mais do que suficiente. Vocês sabem ler e escrever; agora, mãos à obra na fazenda." Mas Narayan insistiu em continuar seus estudos. Mudou-se para Dhar, a 19km de distância de casa, para obter seu diploma de ensino médio. Seu avô, o incomumente ameno Thakur Hari Singh, mudou-se para lá, em uma casa alugada, para cuidar dele.

Após se formar no ensino médio, Narayan sonhava em se tornar médico e, em segredo, foi a Indore (uma cidade grande a cerca de 50km de Kesur) para fazer o concorrido PMT (teste pré-médico), no qual se saiu excepcionalmente bem. Quando meu avô descobriu, não quis nem ouvir falar nisso. Após muita discussão e súplicas, ele concordou que Narayan poderia ir para a faculdade, mas apenas se ele obtivesse um diploma em ciência agrícola, que ao menos teria algum valor prático na fazenda. Em 1955, Narayan, aos 19 anos, partiu para Gwalior, cidade a cerca de 482km de distância. Lá, teve uma carreira acadêmica estelar, tornando-se presidente do corpo estudantil e ganhando uma medalha de ouro por ser o primeiro da classe. Ele voltava para Kesur todas as férias, por mais breves que fossem, e se dedicava ao trabalho na fazenda.

Há boatos de que Narayan se apaixonou por uma moça na faculdade — uma blasfêmia em sua rígida cultura feudal. Para piorar a tolice, a garota não era de uma família Rajput. Narayan não tinha liberdade para escolher a própria noiva; esse dever e privilégio eram irrevogavelmente do pai dele. Assim que Girwar descobriu, começou a providenciar o casamento de Narayan. E este logo cedeu, pois entendia a cultura da qual fazia parte. Sabia que o amor de um pai Rajput era condicional; qualquer um que se desviasse do rebanho e se recusasse a obedecer às ordens paternas seria sumariamente expulso da família. Eu aprenderia essa dura lição.

Foi a segunda vez que Narayan cedeu aos desejos do pai; ele havia abandonado o sonho de se tornar médico e, agora, estava se submetendo ao pai em relação à escolha de uma parceira para a vida. E não seria a última vez. Essas e outras futuras concessões acabariam se transformando em ressentimentos profundos à medida que Narayan tentava construir uma vida entre dois polos conflitantes: a autodeterminação e o dever para com a família.

Os Rajputs

A palavra *Rajput* deriva do sânscrito *Raja Petra*, ou filho de reis. Os Rajputs são uma importante ramificação da casta Kshatriya, guerreiros tradicionalmente encarregados de manter a lei e a ordem e defender-se de ataques de forças externas.

Os Rajputs surgiram nos séculos IX e X no noroeste da Índia, governantes de muitos reinos independentes que guerreavam entre si até enfrentarem a ameaça comum dos invasores muçulmanos. Os Rajputs resistiram aos conquistadores, mas enfim cederam ao controle Mughal no século XVI. O último dos resistores foi Maharana Pratap (a quem nós, Sisodias, traçamos nossa ancestralidade).

Os Rajputs são socialmente conservadores e defendem seus costumes com vigor. Tradicionalmente, eram celebrados por sua bravura e seu sacrifício pessoal. Seguiam um rígido código de honra. Muitos mostraram genuína nobreza e coragem excepcional diante de desafios insuperáveis.

O rígido código de honra estendia-se às mulheres e às crianças, que eram esperadas e, muitas vezes, coagidas a cometer autoimolação em massa em um ritual chamado *jauhar*, para evitar a humilhação e o abuso nas mãos dos conquistadores. Essa tradição derivava da prática do *sati*, na qual viúvas eram empurradas para piras funerárias. Os homens, então, partiam para a morte certa — uma prática conhecida como *saka*. A prática do *sati* é venerada e celebrada pelos Rajputs até os dias atuais, embora não seja mais permitida.

Com o tempo, muitos Rajputs passaram a ser definidos por seus estilos de vida indulgentes, por vezes decadentes: boa comida, álcool, ópio, caça, concubinas. Desenvolveram a reputação de serem cruéis e violentos com os agricultores camponeses. Muitos ainda vivem em minipalácios e fortalezas cercadas por muros com mirantes para rifles.

A cultura Rajput permanece rigorosamente patriarcal e misógina. Até pouco tempo atrás, as mulheres não podiam possuir terras ou tomar decisões sobre assuntos financeiros. Trabalhar fora de casa era quase impensável, mesmo em famílias educadas. A maioria delas mantém o rosto coberto na companhia de homens mais velhos. Até hoje, as mulheres Rajput não chamam seus maridos pelo nome de batismo. Como uma delas disse ao *New York Times*: "Para a esposa, o marido é Deus. E você não chama Deus pelo primeiro nome."

Ambos os meus avôs eram Thakurs, uma casta privilegiada de proprietários de terras Rajputs logo abaixo dos reis. Cada um tinha cerca de 2km^2 de terra, uma vasta propriedade pelos padrões indianos (a maioria dos agricultores tem menos de 0,02km^2). Muitos Thakurs controlavam seus pequenos feudos com mão de ferro, enquanto alguns eram mais paternalistas. Os antigos filmes de Bollywood costumavam retratar os Thakurs como vilões: beberrões, estupradores assassinos com turbantes coloridos e bigodes ostentosos.

As esperanças de Narayan conseguir uma esposa com educação universitária provaram ser impossíveis de se concretizar. Naquela época, as meninas Rajput não conseguiam avançar nos estudos; a maioria não completava o ensino médio. Meu avô encontrou uma boa parceira para meu pai: a filha mais velha de Thakur Jaswant Singh Pawar de Berchha, um homem educado com gostos refinados e ocidentalizados e comportamento tranquilo. Usha havia estudado até a oitava série e, segundo os relatos, tinha as qualidades de uma noiva adequada.

Figura 1.1 Meus pais aos 20 anos

As famílias da noiva e do noivo eram muito diferentes, e não havia como ninguém julgar a compatibilidade entre Narayan e Usha. No entanto, os mapas astrológicos deles sugeriram uma excelente combinação. Depois que os pais concordaram com o casamento, Narayan espiou uma pequena fotografia em preto e branco de uma bela e recatada Usha. Ela nem sequer viu uma foto do meu pai; disseram-lhe que iria se casar com um homem educado e que deveria confiar no destino para todo o restante.

Em 20 de maio de 1957, quando Usha acabara de completar 20 anos e Narayan estava a algumas semanas de completar 21, a comitiva de casamento (composta de 60 homens e uma serva que cuidaria da noiva na viagem de volta) partiu de Kesur para a poeirenta e agitada viagem de ônibus de seis horas até Berchha, um povoado de algumas centenas de pessoas. Cinco dias depois, o ônibus retornou, trazendo a comitiva de casamento e um Narayan e uma Usha adornados com flores, separados por uma cortina improvisada na frente. Ela estava resplandecente em um sári rajastani vermelho e joias de ouro brilhantes, seu rosto completamente coberto pelo *pallu* do sári. O ônibus estava carregado com seu dote — móveis de madeira, baús de roupas, uma máquina de costura Singer, panelas e frigideiras novas, copos de aço inoxidável e bandejas redondas de aço que a família havia lhe presenteado para ajudar a montar a casa. Além do dinheiro que o pai havia pago a Girwar como parte do dote.

Narayan logo voltou para Gwalior para o último ano de faculdade. Usha montou sua solitária casa conjugal em um único quarto com paredes cobertas de barro dentro da vasta Rowla. Três meses depois, Narayan retornou a Kesur nas férias escolares e, logo após, Usha partiu mais uma vez para Berchha, desta vez para ser cuidada pela madrasta durante sua recém-descoberta gravidez.

Quando Narayan se formou, em 1958, houve uma repetição da cena de três anos antes com o pai. O prestigiado Instituto Indiano de Pesquisa em Agricultura em Nova Delhi oferecera a Narayan uma bolsa de estudos integral para o mestrado. Meu avô acabou cedendo, desta vez sem restrições, percebendo que Narayan não seria dissuadido.

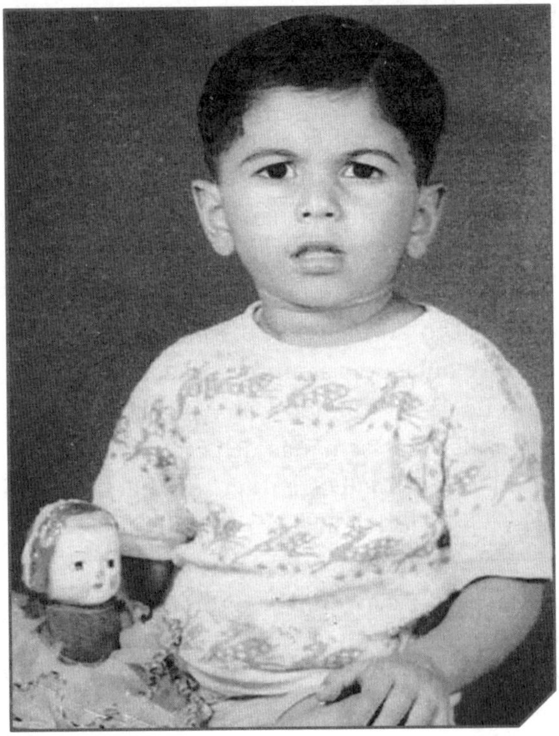

Figura 1.2 O autor com 1 ano de idade

Nasci em 28 de junho de 1958, em Ratlam, que ficava entre as vilas dos meus pais. Minha mãe já havia escolhido um nome. Eu seria Rajendra, que significa "senhor dos reis" ou "rei dos Deuses"; ela tinha grandes esperanças para esse bebê rechonchudo e carrancudo. Também era o nome do ator favorito de Usha, o belíssimo Rajendra Kumar. Para aliviar a pressão, ela me apelidou de *Pappu*, que denota gentileza e inocência — qualidades que ela mesma encarnava como ninguém. Meu pai passou alguns dias conosco e então partiu para a nova vida em Nova Delhi.

Os dois anos seguintes foram uma repetição do primeiro ano de casamento de Usha — lutando para manter sua identidade em uma família conjunta sufocante na qual ela não tinha liberdade ou poder, mas muita responsabilidade —, intercalados por visitas breves e agitadas de Narayan.

A cunhada de Usha queria que ela fizesse a maior parte do trabalho na cozinha. Como ela agora tinha um bebê que exigia seu tempo, minha tia colocava um grão de ópio em minha boca toda vez que eu acordava e começava a choramingar, me deixando inconsciente por horas e liberando minha mãe para continuar o trabalho.

Usha estava angustiada com isso, mas se sentia impotente para objetar. Em circunstâncias normais, o marido a teria defendido. Mas ele não estava por perto. Desesperada, ela escreveu uma carta cheia de lágrimas para seu pai. Assim que a leu, Jaswant Singh pegou o próximo ônibus para Kesur. Ao chegar lá, ele não mediu palavras. Com uma rara explosão de raiva, exigiu: "O que diabos vocês estão fazendo com meu neto? Parem com essa bobagem imediatamente."

Em 1960, Narayan voltou de Nova Delhi com o diploma de mestrado e mais uma medalha de ouro. Ele acabara de completar 24 anos, e sua educação havia ido tão longe quanto podia na Índia. O mestrado elevou seu status acadêmico, mas também despertou nele o desejo de ajudar a transformar a agricultura indiana. Muitos de seus professores em Delhi haviam estudado nos Estados Unidos e no Canadá e o contagiaram com o sentimento palpável de entusiasmo que vinha do trabalho científico. Tinham grande estima por ele e imploraram para que não deixasse a academia. A "Revolução Verde" indiana na agricultura estava apenas começando, acendendo a esperança de que a Índia pudesse se tornar autossuficiente em alimentos e fazer com que as frequentes fomes ficassem no passado.

Cheio de idealismo, Narayan queria mais do que tudo contribuir para o avanço da agricultura científica criando novas espécies híbridas. A genética do melhoramento de plantas poderia trazer benefícios milagrosos para todos. No entanto, essas oportunidades de pesquisa estavam disponíveis apenas para aqueles que tinham um doutorado.

Ele se sentia preso em Kesur, aquela cidade pequena e remota, ainda sem eletricidade, e sobrecarregado com uma jovem esposa e um filho bebê. Suas medalhas de ouro e seus diplomas não ofereciam consolo. Ele não tinha incentivo intelectual ou companhia. O pai esperava que ele voltasse para casa e elevasse milagrosamente a produtividade na fazenda. Ele tentou explicar às pessoas no vilarejo que seu interesse em agricultura estava em outro plano. De fato, ele não tinha nenhuma fórmula mágica para transformar a fazenda. Além disso, a fazenda ia bem o suficiente; o pai entendia de rotação de culturas, irrigação, fertilização e prevenção de doenças. Logo, o inevitável cinismo se instalou; Narayan havia desperdiçado o tempo de todos, inclusive o seu. O que se poderia esperar de um *lakir ke fakir*?

Não encontrando compreensão ou orgulho por parte do pai, Narayan recorreu aos antigos professores em Nova Delhi. Entre eles, estava o lendário M. S. Swaminathan, considerado o pai da Revolução Verde da Índia, que recomendou com entusiasmo Narayan para vários programas de doutorado nos Estados Unidos e no Canadá. Dentre eles, o da Universidade de Manitoba, nas planícies congeladas de Winnipeg, tinha um corpo docente excepcional e ofereceu bolsa — o suficiente para ele viver, mas não o bastante para trazer e sustentar a família.

No verão de 1960, Narayan pediu ao sogro que ajudasse a levantar a quantia de 5 mil rúpias para a passagem. Era mais de seis vezes a renda per capita anual na Índia na época. Seu próprio pai se recusou a ter qualquer coisa a ver com a última de uma série aparentemente interminável de ideias insensatas; ele não estava mais falando com o filho. Em dezembro, Narayan partiu de Nova Delhi rumo a Winnipeg e um doutorado em citogenética. Ele deixou para trás uma esposa preocupada, recém-grávida, e um filho que não compreendia; carregava consigo o peso de enormes expectativas e esperanças.

Papai Retorna

Desafiando os que previam o pior, meu pai retornou à Índia no início de 1965. Foi recebido com uma acolhida tumultuada, quase eufórica. Ele havia ido aos confins do mundo e retornou triunfante, de volta à sua família, seu povo e suas raízes. Meu avô, que se opôs fortemente à sua partida, organizou uma série de festas de boas-vindas ao longo dos 80km de estrada de faixa única entre Ratlam e Kesur.

Minha primeira impressão do meu pai foi intimidadora; ele era uma figura resplandecente em sua camisa polo de tricô marrom, os óculos de sol Ray-Ban com armação dourada, o grande relógio dourado brilhante, o pescoço adornado com guirlandas de calêndulas. Fiquei admirado — e envergonhado. De repente, me dei conta da minha própria aparência desleixada e de minhas roupas desgastadas. Pensei: "Oh, Deus, como posso ser filho *dele*?"

Uma longa carreata serpenteava em direção a Kesur. Em várias pequenas cidades e vilarejos ao longo do caminho, os Thakurs locais montaram arcos de boas-vindas elaborados sobre as praças principais, estampados com "Bem-vindo de volta, Dr. Sisodia" (em hindi). Em cada parada, conforme a carreata descarregava passageiros, os anciãos da cidade vinham à frente para cumprimentar e abraçar meu pai e uma banda local prontamente iniciava uma melodia apropriada, como *Ghar aaya mera pardesi* ("meu andarilho voltou para casa"). Eu apareci discretamente em algumas das centenas de fotos tiradas da ocasião, uma figura desgrenhada à margem de toda a pompa e cerimônia, esquecida em meio à empolgação.

Chegamos a Kesur ao entardecer. A jornada de 80km havia levado mais de sete horas. Todo o vilarejo havia saído de suas casas. Milhares de pessoas estavam enfileiradas ao longo da estreita rua principal, estendendo guirlandas para meu pai. Outros jogavam pétalas de rosa das sacadas. Bandas tocavam por todos os lados. Fogos de artifício iluminavam o céu à noite.

Os *Masterjis* do meu pai estavam todos lá, vestidos em suas *kurtas* e *dhotis* mais brancos. Narayan, em um gesto tradicional de um estudante para seus professores, inclinou-se para tocar os pés deles, ao que, nesse gesto de humildade e graça, os professores recuaram, mal contendo o prazer e a admiração. O contingente de *seths* (comerciantes e lojistas) do vilarejo havia vestido seus jaquetões Nehru mal ajustados e cápsulas suadas do Congresso para cumprimentá-lo, com as palmas das mãos juntas em frente ao coração na tradicional saudação *namaste*.

Como o Mágico de Oz, meu avô havia arranjado tudo, mas, condizente com seu status de patriarca, permanecera na Rowla. Quando a procissão por fim fez caminho até a íngreme subida que levava à casa, meu pai subiu até onde meu avô o aguardava e tocou ambos os seus pés. Meu avô usava um longo casaco cinza e um *saffa* (turbante) vermelho brilhante. Ele abençoou meu pai, colocando as duas mãos na cabeça inclinada de Narayan, dizendo *jeete raho* (viva longamente). Em seguida, eles se abraçaram e caminharam juntos, passando pelo grande portão e seguindo para o amplo pátio principal da Rowla.

Várias centenas de pessoas se reuniram na Rowla naquela noite, e a celebração durou até o amanhecer. Minha foto favorita do dia é uma em que minha mãe está sentada ao lado do meu pai, olhando para ele enquanto ele falava animadamente com outra pessoa. Após quatro longos anos sendo corajosa, forte e solitária, ela finalmente voltara a ser uma mulher casada. Todas as dúvidas e inseguranças, as ofensas e os insultos, todo o sofrimento haviam se dissolvido no passado. Ela parecia despreocupada, de repente ainda mais jovem do que seus 27 anos.

Enquanto isso, minha irmã (então com 4 anos) não se impressionou. Passaram-se vários dias até que ela permitisse que meu pai a abraçasse e muito mais tempo até que ela se dignasse a chamá-lo de papai.

Com 7 anos, eu não era nem confiante, nem seguro de mim mesmo. Perto desse papai de outro mundo, eu me sentia como um tolo resmungão e desajeitado. Minha aparência, embora melhor do que a de um garoto de rua, certamente refletia meu ambiente hostil. Faltavam-me alguns dentes da frente, meu cabelo parecia com o de um porco-espinho e meu escasso guarda-roupa consistia principalmente de camisas finas com estampas geométricas chamativas e shorts largos. Meu pai se assemelhava a um jovem John F. Kennedy indiano. Ele parecia tão pouco impressionado comigo quanto eu estava maravilhado com ele. Tenho certeza de que percebeu meu desconforto, mas não fez nada para fazer com que eu me sentisse à vontade. Éramos praticamente estranhos um para o outro. Como ele não era fisicamente afetuoso, pouca coisa conseguia atravessar a parede invisível que nos separava. Isso se tornaria uma condição para toda a vida; eu passaria décadas tentando ganhar sua aprovação e seu afeto.

Três meses depois, Papai deu a notícia ao meu avô: mais uma vez, deixaria o lar. Havia feito uma entrevista para uma empresa em Londres no caminho de volta do Canadá e aceitado um emprego como cientista-chefe na British West Indies Sugar Corporation, em Barbados, para pesquisar a cana-de-açúcar. Essa bomba levou a uma explosão prolongada e repleta de palavrões com meu avô, que dera como certo que meu pai estava de volta para ficar e agora se estabeleceria em Kesur ou em alguma cidade próxima. Mais uma vez, meu pai estava "morto" para o pai dele. Narayan fez planos para minha mãe, minha irmã e eu deixarmos a Índia e fazermos parte de sua próxima aventura.

Para mamãe e para mim, em breve seria um caso de "Viagem dos Inocentes"[1].

Reflexões

Cresci à sombra de gerações de patriarcas, imerso nos costumes e nas tradições de uma terra que eu não entenderia completamente por décadas. Aqueles primeiros anos foram um prenúncio das lutas que viriam mais tarde em minha vida: as diferenças entre meu avô e meu pai seriam paralelas ao abismo entre mim e meu pai.

Cada memória que se destaca está lá por um motivo: tem algo importante para ensinar. Quais são as memórias que se destacam para você dos seus primeiros anos? Reexamine-as com curiosidade. Por que acha que elas são significativas na sua vida?

Mais de meio século depois, posso ver como as experiências do início de minha vida impactaram minha trajetória. O mais significativo é que eu não conheci meu pai até os 7 anos de idade. A ausência dele permitiu que eu fosse enraizado no amor incondicional da minha mãe, mas ele e eu nunca nos aproximamos.

Ambos os seus pais estavam presentes nos seus primeiros anos? Como a presença ou a ausência deles afetou você?

Quando eu era muito jovem, minha verdadeira natureza era evidente. Minha mãe me chamava de *Pappu*, o inocente. Eu era crédulo, idealista e amante da paz. Essa era a minha essência; era o que me definia. No entanto, eu havia sido plantado em um solo que não era hospitaleiro para tais qualidades.

---

1 Referência ao livro *The Innocents Abroad*, diário de viagem de Mark Twain.

Sua verdadeira natureza, associada ao ambiente em que foi criado, permite que você se torne mais você mesmo ou faz com que você crie disfarces e escudos para sobreviver. Que tipo de "semente" você era quando criança? Quais eram suas principais características? Em que tipo de ambiente, de local, você esteve nos seus primeiros anos de vida? Quão bem esse ambiente nutriu você? Que estratégias de enfrentamento você precisou desenvolver para sobreviver nesse ambiente? Se não era o ambiente "certo", você acabou conseguindo encontrar ou criar um ambiente que fosse mais adequado à sua natureza? Você sabe em que tipo de ambiente prospera?

2

Troca da Guarda

Um Mundo Novo

Orgulhosos, um tanto atônitos, com passaportes novinhos em folha, minha mãe, minha irmã e eu arrumamos nossas coisas para deixar a Índia no verão de 1965. Eu tinha acabado de completar 7 anos. Seguimos para o Aeroporto Internacional de Palam, em Nova Delhi, para pegar o voo para Aden e, em seguida, para Londres. Transbordávamos de empolgação ao embarcar no avião. Seguramos os apoios de braço das poltronas com força enquanto o avião ribombava pela pista e ascendia na noite escura.

Naquela época, voos internacionais eram experiências luxuosas. Meus pais se vestiram formalmente, e mamãe nos limpou tanto quanto pôde. Logo as glamourosas comissárias de bordo chegaram com uma variedade de bebidas e comidas exóticas. Tudo o que eu colocava na boca era uma sensação completamente nova.

Estava frio e chuvoso quando pousamos em Londres; então nossa primeira parada foi na loja de departamentos Harrods. Saí de lá transformado, vestindo em um elegante trench coat, calças largas e sapatos pretos brilhantes. Depois fomos ver uma das vistas icônicas de Londres: a troca da guarda no Palácio de Buckingham. Foi uma metáfora apropriada para o que estava acontecendo com minha família: um novo regime, meu pai substituindo minha mãe como a influência dominante em minha vida.

Perplexos em Barbados

Após alguns dias mágicos em Londres, embarcamos em um voo para Bridgetown, Barbados. Passamos as primeiras semanas no Hotel Hilton na praia — a primeira vez que vi o mar. Minha mãe e eu nos sentamos em espreguiçadeiras na areia, servidos de bebidas com pequenos guarda-chuvas e peixe-voador frito, uma iguaria de Barbados.

Barbados é uma pequena ilha no Sul do Caribe, com apenas 34km de norte a sul e 18km de leste a oeste. Com pouco mais de 235 mil habitantes, distava muito da colorida, caótica e lotada Índia.

Nós nos mudamos para uma grande casa colonial, adquirimos um labrador preto que chamamos de Bello e, pouco a pouco, nos adaptamos à nossa nova vida drasticamente diferente. Mamãe e eu estávamos em uma "viagem dos inocentes" nesse ambiente desconhecido. Sempre fomos muito próximos, mas agora estávamos juntos nessa aventura. Manju era jovem demais para experimentar o choque cultural, e meu pai estava totalmente absorto no trabalho. Ajudei minha mãe a cozinhar, e juntos íamos nos virando como dava.

Um dia, um senhor passou em nossa casa e se ofereceu para transformar nosso jardim por uma pequena quantia em dinheiro. Almas inocentes que éramos, minha mãe e eu o contratamos. Ele pegou nosso dinheiro e nunca mais o vimos. Quando confessamos ao meu pai, constrangidos, ele balançou a cabeça: "Vocês dois são iguais — demasiado *bhola*" (que significa inocente ou crédulo).

O nome da minha escola era Holy Family, e eu a achava encantadora. Nunca tinha estudado em uma escola com meninas. Logo tive uma paixonite por uma garotinha de cabelos loiros e cacheados. Era uma escola católica, então o estudo da Bíblia era obrigatório. Ganhei um prêmio por ser o melhor aluno da turma da Bíblia, tendo praticamente memorizado a versão infantil que usávamos! Meu boletim estava cheio de notas 10 e incluía o comentário "Raj é um aluno jovem e ambicioso". Fico me perguntando o que a professora viu em mim, aos 8 anos, para chegar a essa conclusão.

Achei que meu pai ficaria orgulhoso, mas ele não pareceu muito impressionado com minhas notas e o comentário da professora. Ele permanecia uma figura distante e intimidadora para mim. O fato de ele ter deixado a barba crescer logo após chegar a Barbados não ajudou em nada. Ela cresceu grossa e espessa, fazendo com que ele parecesse ainda mais imponente do que já era.

Papai havia sido diagnosticado com asma alguns anos antes e usava um inalador sempre que tinha uma crise. Em uma tarde de domingo, ele e eu estávamos em nossa ampla sala de estar, em extremos opostos. Ele teve uma crise de asma e precisou do inalador, que estava em cima de uma mesa perto de onde eu estava brincando. Com dificuldade para respirar, gesticulou para que eu lhe trouxesse o inalador. Sem entender o que ele queria, peguei o inalador e comecei a imitar a maneira como ele o usava. Para chamar minha atenção, meu pai tirou o chinelo e o jogou do outro lado da sala. Como eu não estava olhando, o chinelo me atingiu em cheio na lateral da cabeça. Fiquei atordoado. Ser atingido por um sapato é considerado um grande insulto em nossa cultura. Eu já não me sentia digno de ser seu filho. Na hora, um pensamento me ocorreu: "Meu Deus, ele me odeia!"

Fiquei com esse episódio na cabeça por décadas. Por fim, entendi que era apenas uma história que eu havia inventado, já que vivia com medo e inseguro perto desse homem. Percebi que pessoas desesperadas fazem coisas desesperadas. Perguntei a ele sobre o episódio décadas depois; ele não conseguia lembrar. O que foi um momento decisivo em minha infância não foi um acontecimento para ele.

Mas certamente me afetou. Senti que precisava me reinventar. Isso significava rejeitar Pappu, o apelido que minha mãe havia me dado carinhosamente. Eu precisava me tornar Raj, a pessoa que minha professora do segundo ano descreveu como ambiciosa. Talvez então pudesse conquistar a aprovação de meu pai.

Enquanto isso, meus pais estavam aprendendo a conviver. Minha mãe começou a usar roupas ocidentais pela primeira vez na vida. Experimentou sua maior liberdade e alegria na água, aventurando-se mar adentro até se tornar um ponto minúsculo. Mas, na maioria das vezes, ela era a doce, simples e ingênua Usha de sempre — uma excelente dona de casa, despreparada para administrar assuntos domésticos mais sofisticados.

Determinado a fazer dela uma mulher do mundo, papai decidiu ensiná-la a dirigir nosso pequeno Hillman Imp britânico. Fomos para um campo aberto. Manju e eu nos sentamos na grama e assistimos à aula. Um morro inclinado se estendia ao longo de uma das extremidades do campo; minha mãe dirigiu paralelamente a ele, mas depois desviou a direção. Em pouco tempo, as duas rodas direitas estavam na ladeira íngreme. De repente, o carro capotou para o lado esquerdo, com as rodas girando lentamente. De alguma forma, nossos pais conseguiram sair do carro. Alguns transeuntes ajudaram a desvirar o carro. Nenhum dos dois havia se machucado, e o carro também estava inteiro. Mas isso deixou Usha muito abalada e acabou com suas esperanças de dirigir.

Meu pai começou a expressar algo sobre ela que se tornaria um discurso frequente durante os próximos 53 anos de vida juntos: "Por que você é tão incapaz? Não posso contar com você para nada." Ele tentava transformá-la em algo que ela não era. Ela desenvolveu um sentimento intenso de insegurança e inferioridade. Como eu me identificava tão intimamente com ela, essas críticas me doíam e pareciam uma repreensão a mim também.

Serenos em Salinas

Quase dois anos após chegarmos a Barbados, meu pai chegou em casa com um folheto brilhante de um lugar na Califórnia chamado Salinas. Tinha a foto de um homem e um cachorro sentados em uma colina com vista para uma cidade cercada de campos agrícolas verdejantes. Ele nos disse que acabara de aceitar um emprego lá para trabalhar com pesquisa sobre trigo em uma empresa chamada World Seeds, Inc.

Narayan sempre valorizou a jornada tanto quanto o destino. Ele adorava criar novas e interessantes experiências para si mesmo e para a família. Como levaria alguns meses até recebermos nossos vistos para os Estados Unidos, voamos primeiro para Winnipeg, no Canadá, para encontrar alguns amigos do meu pai do doutorado. Algumas semanas depois, voamos para Montreal, onde acontecia uma Feira Mundial de seis meses chamada Expo 67. Passamos um mês lá, hospedados na casa de uma calorosa família franco-canadense e absorvendo a cultura dessa bela cidade. Aproveitamos as diversas atrações da feira, que contava com estandes de 62 países. Depois, fomos a Nova York por alguns dias. Subimos no Empire State Building e fizemos um tour pela Organização das Nações Unidas antes de finalmente embarcarmos em um avião para São Francisco.

Uma cidade de 50 mil habitantes, Salinas era o centro de um vale incrivelmente fértil conhecido como a "tigela de alface" dos Estados Unidos. John Steinbeck nasceu lá e tornou a pequena cidade famosa através de seus escritos. Ela ficava a 80km de San Jose e cerca de 160km de São

Francisco. Éramos os únicos indianos em Salinas e todos nos consideravam bastante exóticos.

Nós nos acomodamos em um apartamento em uma rua sem saída ao lado de um campo de golfe, a apenas alguns quarteirões da Escola Primária Los Padres, meu segundo lar pelos próximos dois anos. Foi lá que eu realmente floresci. A escola era uma alegria para mim. Eu era bem-sucedido e popular, e minha confiança aumentou rapidamente. Eu trazia boletins escolares cheios de notas 10. Embora nunca tenha sido particularmente atlético, eu me destacava no recreio em um jogo chamado Quatro Quadrados. Em vez de simplesmente jogar a bola em linha reta, eu fazia todo tipo de firula com ela, de modo que fosse lançada de maneira inesperada após quicar. As crianças ficavam maravilhadas com minha misteriosa arte oriental. Meus professores, Sr. Walton e Sr. Roman, me colocavam no comando da sala de aula quando precisavam se ausentar. O ambiente era leve e divertido. No final do dia letivo, aprendíamos a dançar quadrilha no pátio, tendo a chance de encostar em meninas. Tinha vida melhor do que essa?

Meu melhor amigo era Jay Peterson, um garotinho sardento de cabelo ruivo encaracolado que morava no mesmo condomínio. Estávamos sempre na casa um do outro ou no telefone à noite, enquanto eu o ajudava com a lição de casa. Jay e eu éramos crianças livres, explorávamos cada canto da pequena cidade com nossas bicicletas Stingray com selim banana e guidões altos. Entrávamos escondidos em lojas de conveniência e folheávamos as revistas *Playboy* que ficavam nos fundos. Como meu pai não havia adotado a prática norte-americana de dar mesada aos filhos, eu não tinha dinheiro algum. Então, Jay e eu andávamos com uma sacola, recolhíamos garrafas vazias e as devolvíamos às lojas para receber o dinheiro do depósito. Assim, comprávamos sorvetes por US$0,10 e quadrinhos do *Archie* e *Superman* por US$0,25. Ficávamos maravilhados com os anúncios na parte de trás dos quadrinhos de óculos de raio-X e cavalos-marinhos mágicos.

No Halloween, meus pais aproveitaram o fato de sermos os únicos indianos na cidade e me vestiram de marajá. Coloquei o quimono de seda azul e o colar de pérolas da minha mãe. Meu pai amarrou um turbante na minha cabeça e colocou um bigode falso no meu lábio superior. Jay e eu pegamos nossas fronhas e saímos. Minha fantasia fez o maior sucesso.

Vizinhos se prostravam no chão buscando as bênçãos do marajá e enchiam minha fronha de doces.

Eu acordava todas as manhãs saboreando o que estava por vir, fosse um dia de escola ou fim de semana. Passávamos as manhãs de sábado esparramados no carpete bege em frente à TV, assistindo a desenhos animados por quatro horas seguidas: *Superman, Batman, Scooby Doo, Archie, Tom e Jerry, Looney Tunes.* Era um jardim de delícias ininterrupto, finalizado com um café da manhã com panquecas. Em um dia memorável, uma televisão em cores foi entregue no apartamento. Minha alegria não tinha limites. No domingo de manhã, tínhamos páginas e mais páginas de quadrinhos no jornal para nos deliciarmos. Nas tardes de domingo, meu pai se deitava no carpete, e minha irmã e eu nos revezávamos para andar em suas costas. Depois, arrancávamos fios de cabelo branco de sua cabeça. Ele nos pagava um centavo por fio — minha única fonte de renda estável além das garrafas. Sua vaidade era uma mina de ouro para nós; embora tivesse apenas 32 anos, já tinha muitos cabelos brancos para colhermos.

Foi a única época da minha vida em que tive uma relação relativamente tranquila com meu pai. Talvez porque eu tivesse me tornado mais confiante e estivéssemos fora das expectativas e pressões culturais da rotina indiana. Todos éramos mais livres para ser quem éramos. Infelizmente, não duraria.

O final dos anos 1960 foi um período de grande agitação social nos Estados Unidos. Quando chegamos, em 1967, eu tinha 9 anos, estava começando a ter um conhecimento maior do mundo. Aprendi que havia uma guerra acontecendo no Vietnã e um grande movimento pela paz, boa parte dele concentrado em São Francisco. A cultura hippie estava em alta. Timothy Leary incentivava os jovens a tomar psicodélicos como LSD e "sintonizar, ligar e se desligar". A oratória de Martin Luther King Jr. e do candidato à presidência Robert F. Kennedy me inspiravam e emocionavam. Eles sonhavam em criar um mundo melhor e davam esperança a milhões de pessoas.

Quando MLK foi assassinado, em 4 de abril de 1968, isso provocou uma onda incontrolável de luto e revolta pelo país. Bobby Kennedy, na época fazendo campanha em Indianápolis, fez um discurso comovente e sincero, pedindo a todos os norte-americanos, especialmente aos afro-americanos, que permanecessem fiéis ao ensinamento de MLK sobre a não violência e mantivessem a fé de que dias melhores viriam.

Em seguida, vieram as primárias da Califórnia em 6 de junho. Enquanto assistíamos aos resultados, logo ficou claro que Robert Kennedy havia vencido. Ficamos eufóricos quando ele fez seu discurso de vitória emocionante. Agora ele era o principal candidato a se tornar o democrata indicado e provavelmente o próximo presidente dos Estados Unidos. Havia esperança de que o país logo sairia da guerra no Vietnã. RFK concluiu o discurso e se dirigiu à cozinha do hotel para ir embora quando Sirhan B. Sirhan entrou na sua frente e atirou nele — ao vivo em rede nacional. Ficamos sentados na sala de estar em um silêncio atordoante.

Eu estava no lugar onde sempre ficava, no carpete. Então me virei para olhar para meu pai na poltrona. Seus olhos estavam vermelhos e as lágrimas escorriam pelo seu rosto. Fiquei chocado ao ver que esse homem podia chorar. Isso imediatamente multiplicou a gravidade do momento em dez vezes para mim. Algo realmente devastador tinha acabado de acontecer. Eu tinha 10 anos; não veria meu pai chorar novamente pelos próximos 40 anos. Sua mãe morreu, seu pai morreu, seu sobrinho e seu irmão morreram, seu querido cunhado morreu. Nada disso abalou sua casca grossa.

Com Robert Kennedy fora da corrida presidencial, o vice, Hubert Humphrey ganhou a indicação por parte dos democratas. O país inteiro foi tomado pela tristeza e estava dilacerado pelas divergências políticas. Houve tumultos na Convenção Nacional Democrata em Chicago. Richard Nixon ganhou as eleições, e a história norte-americana se desenrolou de maneira muito diferente do que poderia ter sido se MLK estivesse vivo e RFK tivesse se tornado presidente.

O país estava entrando em um novo capítulo, e nossa família também. Meu irmão Sanjay nasceu no Hospital Geral de Salinas em 28 de fevereiro de 1969. Meu pai havia se envolvido recentemente em uma disputa acirrada com seu chefe na World Seeds. Ele havia descoberto irregularidades na empresa e confrontou o CEO. Quando este se recusou a confessar, meu pai pediu demissão.

Sem outras opções, ele ligou para seus professores na Universidade de Manitoba, em Winnipeg, que imediatamente lhe ofereceram uma cátedra. Em pouco tempo, fizemos planos para nos mudarmos para o Canadá. Meu pai transformou o que poderia ter sido uma viagem tediosa em uma aventura memorável. Em 9 de março de 1969, no 32° aniversário da minha mãe, engatamos um U-Haul em nosso Chevy Impala cupê dourado de 1967 e embarcamos em uma jornada de um mês para Winnipeg. Meu irmão tinha nove dias de vida.

Confusos no Canadá

Shyam Joshi havia feito o doutorado junto com meu pai na Universidade de Manitoba. Eles eram amigos próximos. Shyam e a esposa, Sushma, haviam acabado de se mudar para uma casa nova. O bebê deles era alguns meses mais velho do que Sanjay. Nós nos mudamos para a casa deles. Alguns dias depois, comecei na Escola Primária Van Belleghem, a algumas quadras de distância. Todas essas mudanças me tornaram bastante adaptável. Fiz novos amigos logo de cara.

Tio Shyam logo se tornou minha primeira figura paterna substituta. Ele iniciava todas as frases com "filho" para se dirigir a mim. Ele também notou que eu sempre me vestia de modo conservador, com golas altas, camisas abotoadas e calças sociais. Eu não tinha nenhuma calça jeans, o que era estranho. Para meu aniversário de 11 anos, ele me levou a um jogo de futebol do Winnipeg Blue Bombers; conversou comigo sobre a vida e sobre meninas. Eu amei toda aquela atenção. Quando voltamos para casa, ele me deu presentes de aniversário: um jeans boca-de-sino, uma camisa rosa-choque e um cinto de corrente dourada. De jeito nenhum eu iria usar aquilo!

De longe, o evento mais marcante daquele verão foi o pouso na Lua do *Apollo 11*, ao qual assistimos ao vivo em uma tarde de domingo. Fiquei arrepiado quando as palavras imortais de Neil Armstrong ecoaram pela transmissão estática: "Esse é um pequeno passo para o homem, um salto gigantesco para a humanidade." Parecia o ápice da realização humana.

Não ficando atrás em feitos milagrosos, o New York Mets arrasou pela Liga Nacional daquele ano. Um time que nunca havia se classificado acima do nono lugar em uma liga de 10 times ganhou a World Series sobre o Baltimore Orioles.

Foi o ano em que percebi que tudo era possível!

Desfrutei de um verão idílico, sem saber que meu pai estava planejando mais uma mudança drástica em nossas vidas em apenas alguns meses. A atração gravitacional do pai dele estava se mostrando muito forte para resistir. De seu jeito típico, Girwar havia parado de falar com meu pai após uma briga em 1968. Minha avó havia morrido, e meu pai foi à Índia para o funeral. É tradição Rajput que os filhos do falecido raspem a cabeça como sinal de luto. Meu pai se recusou, o que meu avô interpretou como um sinal de desrespeito. Girwar voltou a escrever suas cartas e praticamente ordenou que meu pai retornasse e cumprisse seu dever com a família. Com o irmão mais velho incapacitado em decorrência de uma doença mental, Narayan era efetivamente o filho mais velho. Não poderia mais, de modo "egoísta", perseguir sua carreira tão distante de casa e ignorar a responsabilidade com a família.

Meus pais estavam cada vez mais angustiados por minha irmã e eu termos esquecido quase tudo sobre a Índia. Mesmo indo com eles assistir a filmes hindi legendados na universidade todo mês e gostando deles, não conseguíamos conversar com nossos pais em hindi. Perdemos a conexão com nossa cultura de quase todas as formas; não tínhamos lembranças de nossos avós, tios, tias ou primos.

Após cinco anos vivendo no exterior, ainda incapaz de falar bem o inglês, minha mãe estava solitária e sentia falta da família na Índia. Partia o coração dela não estar presente em casamentos, nascimentos e outros marcos familiares tão importantes. A irmã do meu pai havia se casado enquanto estávamos fora. Minha mãe havia escrito para o sogro, implorando que ele adiasse o casamento até voltarmos. Ele ignorou seus apelos.

Meu pai aceitou um emprego na Universidade Agrícola Jawaharlal Nehru, em uma pequena cidade indiana. Nossos pais nos disseram que voltaríamos para a Índia "de vez". Acostumados a nos mudar, aguardávamos essa nova experiência com certa expectativa.

O plano idealizado por meu pai para nossa viagem de volta era impressionante até para seus padrões elevados. Em vez de voar até a Índia, dirigiríamos 4.000km até São Francisco e pegaríamos um transatlântico até Hamburgo, na Alemanha. De lá, embarcaríamos em uma odisseia rodoviária estonteante de 12.800km atravessando a Europa Ocidental, a Europa Oriental, a Eurásia, o Afeganistão e o Paquistão para chegar à Índia. A viagem levaria cerca de três meses. Atravessaríamos muitos países comunistas pouco desenvolvidos no caminho — com três crianças pequenas, incluindo um bebê de nove meses. Meu pai colocou um anúncio no jornal para vender nosso Chevy Impala e comprou, sem titubear, um novíssimo sedan Mercedes-Benz diesel azul-escuro diretamente da empresa na Alemanha.

Como alguém sequer consegue imaginar um plano desses? Meu pai tinha uma aura de grandeza. Ele queria experienciar a vida em sua magnitude máxima e levava a família junto na aventura.

Infelizmente, a viagem não aconteceu. Meu pai recebeu uma carta do governo indiano com notícias desanimadoras. O governo da Índia, profundamente protecionista e de mentalidade socialista, tinha acabado de aprovar uma lei proibindo a importação de carros estrangeiros a menos que tivesse pelo menos um ano de uso. E nosso Mercedes teria apenas alguns meses de uso quando chegássemos à Índia. Não havia como contornar essa situação. Ele teve que vender o carro de volta para a empresa. Como a direção do carro era do lado direito e um novo modelo já havia sido lançado, ele perdeu uma quantia considerável de dinheiro na transação. O novo plano era voarmos de volta à Índia e enviar nosso Impala beberrão para lá.

Embarcamos em um voo para Tóquio, onde passamos três dias. De lá, voamos para Hong Kong, onde compramos presentes para toda nossa família estendida. Isso incluiu uma pistola de ar comprimido para mim, parte do plano de meu pai de me iniciar nos costumes de guerra de nossa cultura Rajput.

No dia de Natal de 1969, embarcamos em um voo da Air India de Hong Kong para Nova Delhi. O famoso serviço da Air India na classe Maharaja era considerado o melhor do mundo na época. Eles tinham cardápios especialmente impressos e pratos especiais para o dia de Natal. Aterrissamos no ar frio e nebuloso de Delhi nas primeiras horas da manhã de 26 de dezembro.

Os andarilhos estavam de volta ao lar. A "viagem dos inocentes" os trazia de volta à Índia mais sábios e mundanos, mas eu não estava preparado para o que me esperava.

Reflexões

Na vez em que meu pai jogou o chinelo em mim, foi traumático. Minha experiência reflete um dos três tipos comuns de traumas que a maioria de nós experimenta na infância — "Não sou bom o suficiente" —, quando vivenciamos pela primeira vez a decepção de nossos pais com relação a algum aspecto de nosso ser. Outro trauma de infância bastante comum é "Eu não pertenço", experimentado na primeira vez em que seus amigos o rejeitam. O terceiro é "Estou sozinho", quando você acredita que está totalmente sozinho em um mundo imenso e assustador.

Quais são as lembranças de acontecimentos de sua infância, principalmente em relação a seus pais, que deixaram uma marca em sua psique? Você já conversou sobre esses incidentes com as pessoas envolvidas?

Depois que minha mãe foi reprovada na aula de direção, a tensão entre meus pais aumentou exponencialmente. Eu me vi dividido entre os opostos que meus pais representavam. Eu me identificava com minha mãe, mas queria ser como meu pai.

Quando era criança, você sentia que a energia emanando de seus pais era de harmonia ou descompasso? Você sentia que precisava escolher um lado?

Viver na América do Norte no final dos anos 1960 deixou uma impressão permanente em meu ser. Vi o que de melhor e pior o ser humano é capaz. Fiquei horrorizado em ver dois líderes inspiradores assassinados no auge de suas vidas e assisti maravilhado a um homem brincar na Lua.

Quais eventos mundiais significativos ocorreram durante os anos de sua formação? Como você se lembra desses acontecimentos? Eles lhe despertam ceticismo ou um sentimento de esperança e oportunidade?

Todos éramos livres para ser quem éramos. Infelizmente, isso não duraria.

3

Retorno do Nativo

Voltei para a Índia no início da adolescência e logo me vi mergulhado nos mistérios, romances, excessos, sutilezas e brutalidades daquele mundo. Deixamos para trás o clima dinâmico, materialista, hedonista, estilo *Peyton Place* e *Mad Men* dos Estados Unidos no final dos anos 1960 e chegamos a uma Índia com um pé no século XVIII e outro no século XX. Apenas 22 anos após sua independência do Império Britânico e batalhando para se livrar dos vestígios arraigados do colonialismo, a Índia era um lugar de contrastes impressionantes. Uma sociedade intensamente patriarcal e misógina que adorava deusas e era liderada por uma mulher (Indira Gandhi, a quem meu avô sempre se referia como "aquela *raand*", o que significa prostituta). Uma economia caótica planejada de maneira centralizada. Uma civilização antiga que era uma democracia incipiente. Um lugar de ideais elevados e indignidades cotidianas. Um país que ensinou ao mundo o poder da não violência, mas onde atrocidades indescritíveis eram comuns. Um lugar onde as vacas eram veneradas, mas inúmeros seres humanos eram considerados intocáveis. Uma cultura que manifestava as profundezas da espiritualidade e os cumes da superficialidade.

Pousamos em Nova Delhi no meio da noite; o aeroporto lotado era frio e mal iluminado por tubos fluorescentes que não paravam de piscar. A Índia pode ser considerada um atentado aos sentidos em múltiplas camadas até para o viajante mais experiente. Para uma criança de 11 anos e meio, o contraste entre os interiores modernos e iluminados e as ruas geométricas pouco povoadas de Salinas e Winnipeg e o aeroporto em Nova Delhi era quase surreal. De repente, eu estava cercado por pessoas mais baixas, mais morenas e em maior número do que estava acostumado. Disseram-me que esse era o "meu" povo — as pessoas se pareciam comigo, eu supunha, mas nunca me senti tão diferente, tão distinto em toda a minha vida.

Um grande número de parentes fez a viagem de trem até Nova Delhi para nos receber. Eles falavam comigo em um idioma que eu mal compreendia, me chamavam de "Pappu" (um apelido que eu havia deixado de lado e agora detestava), bagunçavam meu cabelo e apertavam minhas bochechas. Meu primo de 13 anos, Gajendra, pegou para ele o foguete *Apollo 11* que compramos em Hong Kong. Minha irmã e eu reclamamos, "Mamãe, aquele menino pegou nosso brinquedo!", provocando risos ao redor; na verdade, tínhamos comprado o foguete para ele. Isso seria motivo de orgulho e alegria para ele durante as próximas décadas (ele o guardou na embalagem original e o mostrava apenas em ocasiões especiais).

Era difícil não se deixar levar pela euforia evidente do momento. De repente, nos tornamos celebridades. Tudo o que dizíamos parecia engraçado para essas pessoas; eles achavam nosso sotaque estranho, difícil de entender e, portanto, muito engraçado. Eu estava desconfortável com o excesso de atenção. Meu pai levou tudo na esportiva, é claro.

O Sistema "Suar" de Ratlam

Após algumas horas sem dormir em um hotel perto do aeroporto, seguimos para a estação de trem rumo à jornada de 12 horas até Ratlam. A família da minha mãe nos recepcionou na casa em que eu havia vivido dos 5 aos 7 anos com meus quatro tios e minha tia. As lembranças vieram à tona. Naquela tarde, caminhamos até uma pequena alfaiataria, onde fui recebido com entusiasmo pelo pequeno alfaiate que costumava costurar meus uniformes escolares. Entre a casa e um campo do outro lado da rua, corria uma valeta de cimento aberta, com 60cm de profundidade. Eu me lembrei de como meus tios e eu fazíamos barquinhos de papel e os deixávamos flutuar na água marrom corrente durante a temporada das monções.

A casa tinha um cômodo úmido e mal iluminado onde tomávamos banho. Não havia água corrente; a água era armazenada em um grande tambor de metal com uma torneira de bronze. Para se banhar, você enchia um balde e usava uma caneca de cobre para despejar a água sobre a cabeça, enquanto tremia sentado em um banquinho de madeira baixo. Era inverno, então um empregado aquecia uma panela de água no fogão a querosene e a adicionava à água gelada no balde para que a temperatura ficasse suportável. Não era nada parecido com os banhos quentes e cheios de vapor aos quais estávamos acostumados na Califórnia e no Canadá!

Mas e o sanitário?

Ficava no final da calçada estreita do lado de fora da casa: duas estruturas lado a lado, semelhantes a banheiros químicos. Nos disseram para levar água conosco em um pequeno recipiente de bronze chamado *louta*. Cada vaso tinha elevações em formato de pé, com cerca de 2,5cm de altura e ranhuras, e um buraco grande entre elas. Não havia papel higiênico, é claro. Você tinha que se agachar e, de alguma forma, tirar a roupa íntima e as calças. Depois de terminar, deveria derramar a água com a mão direita e lavar o traseiro com a mão esquerda. Eca!

Quando me ajeitei para fazer minhas necessidades, ouvi sons de grunhidos e guinchos vindo de baixo. Olhei para o chão e vi dois porcos com longos focinhos avermelhados e pelos grossos cinza escuro brigando para se posicionar debaixo do buraco. Eles estavam ali esperando para comer o que caísse, posicionados literalmente a poucos centímetros do meu corpo. Fiquei horrorizado e nauseado, mas incapaz de me mover.

O Sistema de Castas

A Índia deu muitos presentes à civilização, mas o sistema de castas que data de 3 mil anos — a forma mais antiga de estratificação social ainda existente no mundo — certamente não é um deles.

Os brâmanes estão no topo da hierarquia; diz-se que vieram da cabeça de Brahma e eram tradicionalmente professores e intelectuais. Brahma (o Criador) é o primeiro deus da trindade hindu, que inclui Vishnu (o Preservador) e Shiva (o Destruidor). No segundo degrau estão os xátrias, tradicionalmente guerreiros e governantes, que se diz terem surgido dos braços de Brahma. No terceiro nível estão os vaixás, tradicionalmente agricultores, comerciantes e mercadores. Supostamente emanaram das coxas de Brahma. Na base da hierarquia estão os sudras, confinados a trabalhos servis; acreditava-se que vinham dos pés de Brahma. Dentro dessas amplas categorias, existem cerca de 3 mil castas e até 25 mil subcastas baseadas em ocupações específicas (como tecelões, trabalhadores do couro, oleiros, lavadeiros e assim por diante).[1]

Abaixo desses, há o grupo infeliz conhecido como *achhoots*, que significa "intocáveis", considerados contaminados desde o nascimento e fora das quatro castas principais devido às suas ações em vidas passadas. Eles fazem trabalhos sujos e degradantes, como lidar com corpos, dejetos humanos e animais. Mahatma Gandhi rejeitou o rótulo cruel e referiu-se a eles como *harijans* (que significa "filhos de Deus"). Líderes do grupo mais tarde escolheram se autoidentificar como *dálites*, que significa "oprimidos" ou "quebrados".

O sistema de castas originalmente servia para combinar pessoas com base em sua natureza inerente e suas habilidades. Mas, previsivelmente, a identidade de casta com o tempo se tornou hereditária e profundamente enraizada na sociedade hindu. O sistema de castas passou a ditar a maioria dos aspectos da vida religiosa e social hindu. Mais estritamente, só se poderia casar dentro da casta de nascimento. Castas superiores e inferiores viviam separadas uma da outra e não compartilhavam poços de água. Os brâmanes recusavam-se a aceitar comida ou bebida que sudras ou dálites tivessem tocado. Muitos membros de casta superior realizavam rituais de purificação elaborados se um dálite os tocasse; alguns faziam isso até se a sombra de um dálite caísse sobre eles.

Apesar dos esforços do governo indiano para estabelecer cotas favorecendo as "castas inferiores", suas condições sociais permanecem severamente desfavorecidas. A educação e a urbanização moderaram muito levemente o impacto das castas. Os casamentos intercastas continuam sendo raros; em áreas rurais, tais afrontas à ortodoxia de castas ainda levam a assassinatos. O sistema de castas permanece sendo o aspecto mais sombrio da sociedade indiana.

1 https://www.bbc.com/news/world-asia-india-35650616

Pensei comigo mesmo: "Como minha delicada irmãzinha de 8 anos e meio vai enfrentar essa provação?" Imediatamente, eu a ouvi cantarolando uma música de Natal — acho que era "Jingle Bells" — enquanto se aproximava do banheiro ao meu lado. Eu me preparei. Um minuto depois, ela soltou um grito agudo, bateu a porta e correu de volta para casa chorando. "Mãe, tem um monstro no banheiro! Tem um monstro!"

Mais tarde, soube que os porcos eram propriedade dos pobres "intocáveis" que viviam em uma "colônia" murada separada atrás da casa. Era trabalho deles limpar os banheiros e lidar com os dejetos. Esses porcos são chamados de *suars* em hindi; então brincamos depois que essa tinha sido nossa introdução ao "Sistema Suar de Ratlam".

Objetos de Curiosidade

De Ratlam, seguimos para Kesur. Era como se tivéssemos entrado em uma máquina do tempo ou estivéssemos acordando de um sonho; de repente, estávamos de volta aos ritmos e costumes do século XIX da aldeia dos meus antepassados. Havia uma hierarquia muito rígida. Eles nos disseram para tocar os pés dos mais velhos sempre que os víamos pela primeira vez, todos os dias. E me mandaram acrescentar a palavra *hokum* ("meu Senhor") ao final de cada frase ao me dirigir a meu avô, como marca de profundo respeito, beirando a subserviência. Aprendemos que os Rajputs não dizem "*Namaste*" como a maioria dos indianos que falam hindi; dizemos "*Khama Ghani*" (que significa "muitas saudações" ou "muitas bênçãos").

Nossos parentes acharam nosso jeito norte-americano casual gravemente insuficiente. Na cultura indiana, quando alguém lhe oferece algo para comer ou beber, você deve dizer não. Quando aceita, deve oferecer aos mais velhos na sala antes de pegar o que for para si mesmo.

Como parte da família dominante e proprietária de terras da aldeia, tínhamos muito status não merecido. Nossas roupas e sotaques nos tornaram alvos de curiosidade para aqueles ao nosso redor. Encarar não é um tabu na cultura indiana, e fomos o foco de muitos olhares durante um bom tempo. Isso subiu à minha cabeça um pouco. Imitando os mais velhos, fui arrogante com alguém no bazar da aldeia na primeira vez em que fomos lá. Meu pai murmurou para alguém, "*Apne mohalle mein billi bhi sher hoti hai*", um coloquialismo cuja tradução é "Em seu próprio bairro, até um gatinho vira um tigre". Fingi que não tinha ouvido ou entendido. Mas as palavras dele me magoaram e ficaram em minha memória: eram uma mostra do que ele realmente pensava de mim. Não tinha sido assim quando vivíamos nos Estados Unidos e no Canadá.

Após algumas semanas em Kesur, fomos visitar Berchha, a aldeia da minha mãe. Enquanto caminhávamos da Rowla em direção a um dos pomares, encontramos vários cães abandonados na periferia da aldeia. Estávamos carregando as armas novinhas que tínhamos trazido dos Estados Unidos: uma espingarda de cano duplo calibre 12, um rifle semiautomático Remington calibre 22 e uma pistola Beretta calibre 45. Eu estava carregando minha nova arma de pressão. Apenas para praticar o tiro, meu pai virou o rifle em direção aos cachorros e atirou em três deles, um seguido do outro. Eles ficaram caídos no chão, tremendo e sangrando, enquanto seguimos tranquilamente nosso caminho. Quando ouviram os tiros, vários aldeões atônitos vieram correndo e cercaram os cachorros, perguntando-se o que havia acontecido e por quê. Ninguém ousou dizer uma palavra ou mesmo nos olhar diretamente.

Essa era a crueldade casual de nosso patriarcado privilegiado em exibição. Foi uma experiência à qual eu logo me acostumaria: atos de violência súbita e não provocados, sem justificativa, consequências ou remorso.

Pouso Forçado

Dois meses após retornarmos à Índia, após termos visitado todos os parentes próximos, seguimos para Jabalpur, a cidade que seria nosso primeiro lar na Índia. Ao sairmos da estação de trem para pegar o táxi até a casa de hóspedes da universidade, meu coração ficou apertado. Era uma cidade particularmente feia, suja e malcheirosa. As ruas eram estreitas, tortuosas e cheias de buracos. Os prédios eram mal acabados e deformados, muitos aparentemente prontos para desmoronar. Dos dois lados da rua, havia valetas abertas cheias de um líquido escuro e fétido. Cães abandonados e porcos (os mesmos que tínhamos visto em Ratlam) vagavam pelas ruas. Vacas e búfalos passeavam no meio da rua enquanto o tráfego desviava deles. Todo motorista mantinha a mão permanentemente na buzina, contribuindo para a cacofonia. Cruzamos duas enormes valetas de concreto cheias da água de esgoto fedida. Abutres circulavam acima deles e ratos enormes corriam entre os montes de lixo de ambos os lados do esgoto a céu aberto.

Não estávamos mais na Califórnia.

Como nossa casa ainda não estava disponível, nos instalamos na casa de hóspedes da universidade, todos os cinco apertados em um único quarto. O campus era um espaço independente, mais organizado do que o restante da cidade. Tinha prédios de salas de aula, dormitórios estudantis e campos para experimentos agrícolas. O resto era a "Colônia da Agricultura", várias casas de concreto de tamanhos variados, pintadas de bege e manchadas pela chuva, para os professores e funcionários. Em um lado do campus, havia quatro belas casas grandes ao estilo norte-americano, com gramados bem cuidados e roseiras; estas eram para professores visitantes dos Estados Unidos. Não havia nada disso para professores que estavam retornando do Canadá. Fomos alocados em um sobrado sujo de dois quartos com um gramado mal cuidado e um pequeno terraço no andar de cima.

Meu pai era professor associado na Universidade Jawaharlal Nehru de Agricultura. Seu salário na Califórnia era de US$1.500 por mês; aqui era de 800 rúpias por mês, ou US$106 pela taxa de câmbio oficial, e muito menos pela taxa "negra" do mercado ilegal. Narayan nunca havia trabalhado na Índia antes. A dura realidade econômica de sua nova vida o atingiu como um tapa no rosto, mas ele era orgulhoso demais para admitir ou pedir ajuda ao pai. Restava pouco de suas economias, tendo gastado em presentes para todos, incluindo seu gesto mais grandioso: um trator Massey Ferguson novinho que ele havia enviado diretamente da Inglaterra para Kesur. Para ajudar a pagar as contas, logo começou a vender muitas das coisas que trouxemos (como uma TV e a geladeira).

Em poucos meses, meu pai começou a ficar desiludido e frustrado. Como ele poderia sustentar sua família com seu salário minguado? Como faria pesquisas importantes se lhe faltava recursos e se o que prevalecia na universidade era a politicagem? Ele procurava desesperadamente uma maneira de voltar aos Estados Unidos, mas tínhamos entregado nossos *green cards* ao deixar o país. Não havia volta; estávamos definitivamente presos aqui.

Meu pai convidou o chefe da Universidade para jantar em nossa casa e lhe contou como estava infeliz com o ambiente de pesquisa. Em resposta, o vice-reitor quase ameaçou demiti-lo. Ele disse: "Lembre-se, Narayan, ninguém é insubstituível — nem mesmo você."

Minha mãe estava feliz por estar de volta à Índia, rodeada de seu povo, e meu irmão bebê estava alheio. Mas meu pai, minha irmã e eu lutávamos nossas batalhas solitárias, sofrendo com a dura realidade de nossa nova vida, cada um à sua maneira.

Escola de Horrores

A escola poderia ser um refúgio da generalizada melancolia que agora tomava conta de mim. No meu quinto ano em Salinas, chamávamos nosso professor de "Wally" ou "Walnut" (seu nome era Sr. Walton). A escola era uma experiência agradável e idílica. Havia risadas, brincadeiras, flertes com as meninas nas aulas de dança. Eu era popular, feliz e o melhor da turma.

No Colégio Masculino Christ Church do ensino médio, o diretor, julgando minha educação puramente por minha capacidade de falar inglês, disse: "É um menino inteligente", e me colocou no oitavo ano. Detalhe, eu tinha completado apenas três meses do *sexto* ano no Canadá. Para piorar a situação, entrei na escola em março, dois meses após o início do ano letivo.

A escola parecia uma prisão de segurança média. O uniforme era composto de uma camisa caqui engomada e uma bermuda, uma gravata azul de nylon listrada de encaixe, um cinto largo de lona e sapatos pretos pesados. As salas de aula ficavam em um conjunto de prédios pequenos, baixos e malconservados, mais parecidos com barracões. Não havia mobília, apenas lousas bastante usadas, mesas arranhadas e cadeiras de madeira desconfortáveis e molengas. O ambiente era abafado de uma forma quase opressora; um ventilador de teto sujo girava devagar, movimentando o ar quente e espantando as moscas sonolentas, mas sem nos refrescar.

Na primeira aula, no primeiro dia de escola, o professor finalmente me notou após dez minutos. Ele apontou para mim com seu giz e disse de maneira áspera: "Novato, apresente-se!" No meu estilo californiano, respondi da minha cadeira, dizendo meu nome e pedindo a ele e a todos os alunos que ficassem à vontade para me chamar de "Raj", em vez do mais formal "Rajendra". A resposta foi recebida com um silêncio de choque — exceto por algumas risadinhas que mal foram reprimidas. "Maldito idiota!", o professor esbravejou. "Na Índia, mostramos respeito por nossos professores! LEVANTE-SE QUANDO FALAR COMIGO!" Gaguejei uma desculpa e me levantei devagar, alisando minha bermuda larga.

"De onde você vem?"

"Acabamos de nos mudar do Canadá."

"Eles não ensinam boas maneiras no Canadá? DIGA SENHOR QUANDO FALAR COMIGO!"

"Sim, Senhor. Quero dizer, não, Senhor."

Com um olhar de reprovação e claramente satisfeito por sua capacidade de me subjugar, o Senhor virou-se e começou a preencher o quadro-negro com equações matemáticas ininteligíveis.

Várias eternidades depois, o sino tocou. Eu me aventurei sob o sol escaldante para almoçar meu prato de parathas e batatas temperadas que minha mãe tinha preparado. Sob a sombra de uma árvore frágil, eu me sentei sozinho, cercado por meninos hostis que riam e falavam de mim em hindi.

Ao final do dia letivo, deixei o prédio segurando as lágrimas. Atravessei a rua para encontrar minha irmã, que havia sido sentenciada à versão feminina desse presídio do outro lado da rua. Ela estava sozinha no ponto de ônibus, chorando baixinho. Eu a consolei da melhor maneira que consegui durante a desoladora viagem de ônibus de 40 minutos de volta para casa. Ambos choramos a noite toda. Era o aniversário da nossa mãe, exatamente um ano após termos deixado Salinas para ir a Winnipeg no Impala, rebocando o U-Haul. Isso agora parecia um sonho muito distante. Cantamos "Parabéns" para ela entre soluços, convencidos de que nunca mais seríamos felizes. "Odiamos este país horrível", lamentávamos. "Por favor, por favor, podemos voltar para o Canadá?"

Em duas semanas, meu pai voltaria ao Canadá por três meses como professor visitante (ele tinha um contrato com a Universidade de Manitoba para fazê-lo nos primeiros três anos após voltarmos à Índia). Implorei para ele me levar junto, pois não havia como eu continuar a viver na Índia. Desesperado para ser resgatado desse pesadelo, compus uma carta de 17 páginas para o Tio Shyam. "Por favor, deixe-me voltar e morar com você. Cortarei a grama, pintarei a cerca, usarei jeans, cuidarei do Shaun, ajudarei a Tia a cozinhar. Farei o que for preciso."

Na manhã seguinte, meu pai me levou para a escola em sua Vespa. Ele e o diretor decidiram me rebaixar para o sétimo ano. (Descobri mais tarde que os currículos escolares indianos eram muito mais rigorosos do que nas escolas norte-americanas ou canadenses.) Naquele dia, consegui decifrar cerca de 20% do que estava acontecendo. Pelo menos agora eu sabia exatamente como me comportar e escapei de grandes humilhações. Acho que chamei todos de "Senhor", incluindo o motorista do ônibus e alguns dos alunos mais velhos.

À medida que os dias e as semanas passavam, eu me esforçava para estudar o alfabeto hindi, recebendo a ajuda de um tutor em casa por duas horas todas as noites. No final do período letivo, no fim de abril, eu já dominava 14 dos 44 caracteres do alfabeto — um feito e tanto, eu pensei.

Quando recebi a prova de hindi da metade de ano, não consegui lê-la. Então escrevi um pequeno texto para a professora (em inglês), explicando minha situação; ela nunca havia perguntado sobre minha situação nem oferecido solidariedade ou ajuda. Preenchi o restante do caderno de provas com linhas e mais linhas dos 14 caracteres que eu conhecia bem. Cheguei em casa e disse que havia me saído bem no teste de hindi. Imagine minha surpresa quando recebi uma nota zero de um total de 50 por meu esforço. Certamente, deve ter havido algum engano. A mesma história triste se repetiu em sânscrito (o idioma antigo que é o equivalente indiano do latim).

Na prova de álgebra, a primeira questão envolvia resolver um conjunto de três equações com três incógnitas. Como eu tinha acabado de aprender o significado da palavra "álgebra", não fazia ideia de como chegar ao resultado. Testei várias suposições e, para meu deleite e alívio, uma solução de $x = 1$, $y = 2$ e $z = 3$ se encaixava nas três equações. Eureka! Satisfeito comigo mesmo, escrevi no caderno de respostas: "Óbvia e evidentemente, a resposta é $x = 1$, $y = 2$ e $z = 3$." Imagine meu constrangimento quando recebi a prova de volta e descobri que a conspiração para tornar minha vida miserável continuava. O professor havia escrito, em letras grandes e vermelhas, "Óbvia e evidentemente, você recebe um zero por esta resposta." (Suspeito que ele também aplicou uma avaliação rigorosa no restante da prova, como punição por minha insolência.)

Minha salvação seria o inglês — ou assim eu pensava. A prova exigia que usássemos pares de palavras com som semelhante em frases, para mostrar seus diferentes significados. Isso me pareceu óbvio demais; pensei que eu deveria usar cada palavra *duas* vezes na mesma frase, mas com um significado diferente para cada um dos dois usos. Construí dez frases como "O capital disponibilizado para o projeto era insuficiente, mas esperávamos compensar isso com incentivos da capital do estado." Mais uma vez, me senti incompreendido e desvalorizado.

Comecei a me sentir impotente e desesperado. Não fiz amigos e estava reprovando em várias matérias; ter apenas uma reprovação já me levaria a repetir de ano. Nesse ritmo, eu teria sorte se conseguisse sair dessa escola em vinte anos. Após anos construindo uma identidade baseada principalmente em me destacar na escola, esse foi um golpe devastador para minha autoconfiança.

Felizmente, minha sorte estava prestes a mudar. No final daquele verão, decidimos que, já que nada poderia ser pior do que a Christ Church, eu deveria mudar de escola. Por sorte, havia uma instituição mais humana do outro lado da cidade, que se mostrou um ambiente tão acolhedor quanto o outro tinha sido predatório. A St. Aloysius tinha um diretor amável que disse que eu não precisaria passar em hindi ou sânscrito por alguns anos, e uma doce jovem professora de inglês chamada Miss Lobo, que exclamou "Que sotaque adorável!" ao me ouvir falar pela primeira vez. Eu poderia tê-la beijado (ainda bem que não o fiz).

Na St. Aloysius, os professores eram pessoas razoáveis, e logo me senti mais à vontade — exceto na aula de sânscrito. O Sr. Shastri (o nome significa "erudito") parecia uma estranha combinação de ternos ocidentais apertados e reluzentes, com a cabeça raspada, uma fina trança de cabelo e um elaborado *tilak* horizontal (uma marca colorida usada como símbolo religioso por alguns hindus) em toda a extensão de sua testa. O pequeno, porém forte, Sr. Shastri não aceitava desculpas para não memorizar os *shlokas* (dísticos) em sânscrito, que eram um completo mistério para mim. Se isso não fosse feito, era preciso ficar em pé sobre a carteira e estender as mãos para ele, que prontamente as golpeava com sua sempre disponível vara fina de bambu. Embora não fosse tão dolorida, a experiência ameaçava me fazer explodir em risadas incontroláveis, pois o Sr. Shastri, que tinha pouco mais de um metro de altura, pulava a cada golpe para dar impulso e obter o melhor ângulo nas palmas dos meninos mais altos.

A maior alegria de mudar para a St. Aloysius foi fazer meu primeiro amigo na Índia. O pai de Jitendra Malik trabalhava na mesma universidade do meu, então ele morava no meu vilarejo. Esse garoto inteligente, sensível, sorridente e de fala mansa imediatamente atraiu minha atenção. Jitendra se destacava em matemática e ciências, mas também escrevia belas histórias, que ele lia para mim enquanto pegávamos ônibus juntos todos os dias. Parei de notar as vistas desagradáveis e os odores fétidos que vinham de fora da janela do ônibus. Jitendra me apresentou aos escritores britânicos que a maioria dos jovens indianos educados em conventos adorava: Enid Blyton e P. G. Wodehouse. Wodehouse foi uma revelação para mim — até hoje, eu o considero o mais refinado estilista de prosa e o mais encantador humorista que já li. Na década seguinte, devorei mais de 80 de seus livros.

A Inocência Perdida

Uma noite, enquanto eu caminhava para a casa de Jitendra, um garoto de aparência rude me abordou. Ele exigiu que eu lhe entregasse meu dinheiro; como eu não tinha nenhum, ele tentou pegar meu valioso relógio Timex norte-americano. Quando me recusei a lhe entregar, ele começou a gritar insultos, terminando com o equivalente em hindi da expressão "FDP". Na mesma hora, me enfureci e gritei: "Como ousa insultar minha mãe?" Cego de raiva, eu o empurrei com força no peito. Em um instante, eu estava caído de costas na rua de cascalho. Percebi um brilho de metal e, logo depois, senti a ponta fria de uma faca pressionando minha garganta. Ele grunhiu: "Eu poderia matar você agora mesmo."

Foi traumático, mas pelo menos era algo que eu podia contar aos meus pais e receber um pouco de solidariedade. Mas o que estava acontecendo em casa era pior. Um tio se mudou para nossa casa e começou a abusar sexualmente de mim semanas depois de irmos morar lá. Ele tinha 18; eu não tinha nem 12. Fiquei confuso sobre o que era certo e o que era errado e estava envergonhado demais para contar a alguém.

Esses três traumas em um período de nove meses em Jabalpur — o tormento da Christ Church, a experiência de quase morte na rua e o abuso sexual em casa — foram atentados à minha inocência, fazendo com que eu me tornasse medroso e hipervigilante.

Base em Indore

Aos poucos, me ajustei à dura realidade de nossa vida na Índia. Dentro de um ano, estávamos nos mudando de novo, desta vez para Indore, a apenas 48km do nosso vilarejo. A universidade tinha um campus filial lá. Comparada a Jabalpur, Indore era uma cidade mais agradável e maior.

Nos instalamos em uma casa alugada enquanto esperávamos que uma residência oficial fosse designada ao meu pai.

Embora tivéssemos ajuda doméstica, todos tínhamos muitas tarefas. Naquela época na Índia, você não podia simplesmente entrar em uma loja e comprar, por exemplo, farinha. Para obter farinha, primeiro levávamos trigo do vilarejo em grandes sacos de estopa. Minha mãe examinava o trigo com cuidado para remover pedras e sujeira, depois o lavava e deixava secar ao sol. Então, ela despejava 20kg de trigo limpo em uma lata quadrada. Eu a prendia no suporte da minha bicicleta com um elástico e levava até um pequeno moinho de farinha a cerca de 800m de distância. Da mesma forma, quando nosso botijão de gás esvaziava, eu o amarrava na parte de trás da bicicleta e cambaleava até a companhia de gás para reabastecê-lo.

Logo eu estava pedalando até os diversos mercados da cidade para comprar o que fosse necessário: frutas, legumes, sementes, produtos químicos agrícolas, peças de tratores. Seis dias por semana, por muitos quilômetros de ruas movimentadas, eu transportava cuidadosamente meu irmãozinho de 3 anos, Sanjay, até a pré-escola antes de ir para a minha escola; ele ficava equilibrado na barra que se estendia do assento até o guidão. Fiz isso durante os verões extremamente quentes e os invernos de gelar os ossos. Fiz isso inclusive durante os meses de monções, usando uma capa de chuva e um chapéu de abas largas.

Um dia, fui ao hospital público fazer um exame de vista. Estacionei minha preciosa bicicleta no bicicletário do lado de fora do hospital e a tranquei. O médico colocou colírio nos meus olhos para dilatá-los. Quando saí para a luz forte do sol, mal podia ver alguma coisa. Fui até o bicicletário procurar minha bicicleta. Ela tinha desaparecido. Cada vez mais desesperado, continuei procurando. Tinha sumido.

Como pude ser tão irresponsável? Sabia que uma bicicleta nova custaria mil rupias, mais do que um mês de salário do meu pai. Ainda meio cego, cambaleei até em casa a pé. Minha mãe estava lá, como sempre. Comecei a chorar e disse: "Me desculpa, mamãe. Alguém roubou minha bicicleta." Ela disse, "*Koi baat nahin, beta*" — "Não tem problema, filho." Mas eu estava inconsolável. Como poderíamos comprar outra bicicleta para mim? Como eu iria para a escola?

Até hoje, não sei como nossa família sobrevivia. A matemática simplesmente não fechava. O dinheiro, mais especificamente a falta dele, era algo muito importante em nossa vida. Eu me sentia culpado por gastar qualquer coisa.

Um ano e meio após nosso retorno à Índia, meu pai inventou um sistema elaborado para destilar bebidas alcoólicas e estabeleceu uma operação clandestina em nossa casa alugada. Como muitos homens Rajputs, meu pai precisava tomar várias doses todas as noites. Mas seu salário era tão baixo que ele não podia pagar por isso.

Para seus irmãos mais novos e sobrinhos, meu pai era um semideus. Eles o imitavam e se tornaram adeptos da destilação de álcool, replicando a configuração em Kesur; não era incomum ter duas ou três destilarias operando em diferentes partes da Rowla ao mesmo tempo. Com a oferta agora abundante e barata, todos bebiam muito e todos os dias.

Era tudo ilegal e imprudente. Meu pai nunca conversou comigo sobre ética e integridade, certo e errado. A mensagem não dita era: "Faça o necessário para sobreviver e vencer." A vida era considerada um assunto desagradável e degradante. A moral era um luxo que não podíamos ter ou uma delicadeza social com a qual não precisávamos nos preocupar.

Minha escola em Indore, a St. Paul's, era semelhante a St. Aloysius. Entrei no St. Paul's no nono ano, prejudicado por uma educação no ensino fundamental que era como um queijo suíço, cheia de buracos. Eu só havia completado metade do oitavo ano antes de nos mudarmos. Com pressa de me transferir, meu pai conseguiu mque a escola administrada pelo governo em Kesur apresentasse um boletim falso, dizendo que eu havia completado o oitavo ano. Ele indicava que eu havia recebido entre 35 e 40 pontos de um total de 100 em cada matéria (a nota de aprovação era 33). Essas notas vergonhosas agora faziam parte do meu histórico escolar.

Um dos meus novos colegas de classe era Sangram, um garoto Rajput simpático que se casaria com minha irmã catorze anos depois. Outro colega de classe era Sushil Shah. Ele morava perto de nós, e logo nos tornamos melhores amigos. Ele nasceu e viveu no Quênia até os 10 anos, pertencia à grande comunidade expatriada gujarati que controlava boa parte da economia lá. Muitos tinham o mesmo sobrenome, Shah. Sushil e eu tínhamos uma visão de fora. Ele era extremamente inteligente, mas, ao contrário de mim, também era esperto e conhecia as ruas. Ele tinha o raciocínio rápido e sabia se defender, apesar de não ser tão grande quanto os outros meninos. Sua família era vegetariana e abstêmia, o oposto da minha. Eu gostava de visitar sua casa tranquila e ordenada, e ele gostava de vir à nossa casa para festas, nas quais havia carne e licor em abundância. Meu pai gostava de Sushil; acho que ele viu um pouco de si mesmo nele: a combinação de uma mente brilhante com a sagacidade do mundo real. Provavelmente esperava que um pouco desta última me influenciasse.

Naquela época, eu já lia e escrevia hindi em um nível equivalente ao terceiro ano do ensino fundamental. Durante o nono ano, tive que enfrentar o "hindi avançado", uma frase que ainda me causa terror. Quase chorei ao ver o que isso implicaria: sete livros didáticos, incluindo um volume composto por um denso poema de 300 estrofes. O idioma hindi na forma escrita é quase completamente diferente do hindi na forma oral, e eu estava desesperadamente perdido. O professor, um senhor ascético de cabelos brancos chamado Sr. Bapat, tolerou minha inaptidão com bom humor. Após receber notas baixas nas duas primeiras provas mensais de hindi, ele disse que, se eu conseguisse uma nota de aprovação (um critério baixo de 4 pontos em um total de 10), a nota de todos os outros alunos seria aumentada em um ponto inteiro. Isso uniu toda a classe em torno dos meus esforços para aprender hindi; foi tocante ver a preocupação altruísta deles com meu aprendizado e crescimento! Finalmente, eu os recompensei no meio do décimo ano.

A professora que mais me influenciou foi a de inglês, Sra. Kamath. Uma senhora idosa, alta e séria, que caminhava mancando, a Sra. Kamath leu um texto que eu havia escrito chamado "Algo para Se Pensar" e disse: "Raj, você tem um dom para a escrita. Espero que continue." As palavras dela foram extremamente inspiradoras para mim. Sempre fui um leitor voraz, mas não costumava escrever muito.

O ensino médio terminou com uma prova estadual em matemática, física, química, inglês e hindi — um evento decisivo que determinava em qual faculdade você seria admitido, o que poderia prepará-lo para a vida ou condená-lo à irrelevância e à pobreza. Após anos batalhando para alcançar meus colegas na escola, minhas chances não eram boas.

Meu salvador foi Sushil. Estudamos juntos todos os dias, o dia todo, durante três meses antes da prova. Ambos nos saímos excepcionalmente bem; ele ficou em segundo lugar na turma e eu fiquei em quarto. O desempenho dele não foi surpresa alguma; o meu foi um espanto. Eu era como um daqueles cavalos não anunciados que surge do nada em uma corrida; ninguém me viu chegando!

A poucos meses de completar 16 anos, eu estava pronto para a faculdade. Mas o que eu estudaria?

Reflexões

Ter que me reajustar à vida na Índia foi uma das coisas mais difíceis que já fiz. Cada aspecto foi desafiador, desde a escola até as amizades e as dificuldades de lidar com uma família enorme. Mas, olhando para trás, sou grato por ter tido essa oportunidade. Se não tivéssemos voltado para a Índia naquela época, eu teria crescido alheio à minha cultura e língua. Nunca teria desenvolvido um amor profundo pela música indiana. Teria me sentido desenraizado e desconectado da minha família.

Isso é um exemplo do "É uma coisa boa ou ruim, quem sabe?" Geralmente somos rápidos em rotular as coisas como boas ou ruins com base no impacto imediato que têm em nossa vida e nosso estado mental. Mas situações difíceis costumam resultar em crescimento a longo prazo. Faça uma lista desses incidentes em sua vida. O que pode dizer sobre eles agora que não conseguia enxergar no momento? Como isso fará você olhar de maneira diferente para os aparentes retrocessos na vida que o levam em uma direção inesperada?

A realidade flagrante do sistema de castas teve um grande impacto em mim. Pude reconhecer quão afortunado eu era, apesar de todos os desafios que precisei enfrentar. Eu tinha muita compaixão pelos oprimidos. Isso despertou minha consciência social.

Quando foi a primeira vez que você notou as injustiças e as desigualdades ao seu redor? Como racionalizou ou deu sentido a elas?

Eu tinha sido um aluno confiante e bem-sucedido na Califórnia e no Canadá. Em vez de me dar tempo para me ajustar, meu pai me apressou durante meus anos de ensino médio na Índia, de modo que completei o sexto, sétimo e oitavo anos em cerca de um ano. Isso destruiu minha confiança justo quando eu estava entrando no período vulnerável e desafiador da adolescência. Nunca me recuperei totalmente.

Quais desafios você enfrentou ao entrar na adolescência? Havia lacunas ou falhas em seu desenvolvimento? Como superou essas dificuldades?

Os nove meses que passei em Jabalpur foram bastante traumáticos. Eu havia enterrado quase todas as memórias do encontro com o garoto empunhando uma faca e do abuso sexual cometido por meu tio. Ambos os incidentes certamente tiveram um impacto duradouro em mim.

Há alguma experiência traumática que ficou no passado? Em vez de negá-la ou minimizá-la, reconheça-a e fale sobre ela. A maioria das pessoas "oculta, anestesia e revive" o trauma. Em vez disso, tente "revelar, sentir e curar". Isso abre a possibilidade de vivenciar o "crescimento pós-traumático". Você pode emergir da experiência mais forte e preparado, como se nunca tivesse passado por ele — o que agora é denominado "crescimento pós-traumático".

Uma cultura que manifestava as profundezas da espiritualidade e os cumes da superficialidade.

4

Retorno a Kesur

A época mais aventureira e despreocupada que vivi nos primeiros anos após retornarmos à Índia foram em nossa casa ancestral em Kesur, onde meu avô, os irmãos do meu pai e suas famílias moravam. Longe da vigilância do meu pai, eu passava as férias dirigindo o trator, arando os campos e transportando areia, cascalho, tijolos e fertilizantes em uma enorme carroça barulhenta pelos caminhos esburacados e sem pavimentação entre nossa casa e nossas terras.

Também visitávamos Kesur durante os feriados religiosos, incluindo os três maiores: Holi, Diwali e Dussehra. Celebrávamos todos em grande estilo, mas o Dussehra — que simboliza o triunfo do Senhor Rama sobre o demônio Ravana — era o mais importante para os Rajputs.

O acontecimento mais esperado de todos os Dussehra era um programa de música e dança com uma "dançarina" trazida da cidade grande. Todos em Kesur a chamavam de *Randi*, que significa prostituta, embora sua única função nessas festividades fosse dançar e entreter as pessoas.

A Rowla estava aberta a todos da aldeia neste dia. Ao anoitecer, as pessoas começavam a chegar para ocupar os melhores lugares no chão do grande pátio interno, logo após a imensa porta de entrada (alta o suficiente para um elefante passar). Quando Randi e sua equipe de apoio chegaram, eles ficaram em um "camarim" improvisado próximo à área de dança. Nós, crianças, lançamos olhares curiosos naquela direção, imaginando o que estava acontecendo lá dentro. Licores locais com sabor de rosa vermelha e laranja eram servidos livremente, providenciados por meu avô. Logo, o harmônio começou a tocar a música, o tocador de *tabla* deu uma batida de tirar o fôlego e Randi saiu das sombras em direção ao centro iluminado, os pés batendo no chão, as tornozeleiras fazendo barulho e seguindo o ritmo da música pulsante.

Não tinha nada de impróprio acontecendo, porque Randi dançava até o amanhecer, cercada por centenas de homens galanteadores e cada vez mais embriagados. Mas toda a situação exalava o inconfundível aroma do pecado. Proibidas de testemunhar o espetáculo diretamente, as mulheres da Rowla se aglomeravam do lado de dentro da grande porta que separava o pátio externo e as áreas públicas da área privada. Elas riam e espiavam por cima e ao redor umas das outras pelas frestas na porta para tentar enxergar aquela mulher heroicamente devassa, cantando e mexendo os quadris enquanto os homens embriagados a encorajavam. De vez em quando, um se levantava cambaleando, agitando com uma nota de uma ou cinco rúpias, fazia círculos com ela sobre a cabeça da Randi e a deixava cair no chão. Sem perder o ritmo, os músicos a recolhiam na pilha que aumentava entre seus instrumentos.

Na cultura Rajput, o Dussehra também é um momento para rituais de passagem para jovens garotos. Isso incluía aprender a amarrar uma *saffa* (um turbante usado pelos Rajputs) e decapitar uma cabra com uma espada. Ambos os rituais aconteciam no templo local de Hanuman (Hanuman era o deus macaco que ajudou o deus virtuoso Ram a lutar contra o demônio maléfico Ravana e a resgatar sua esposa sequestrada Sita). Eu não conseguia dominar a técnica de amarrar a saffa; o turbante era difícil de manusear e continuava caindo da minha cabeça. O fato de meu instrutor ser um tio de outra Rowla, sempre bêbado, não ajudava. A lição acabava se transformando em uma espécie de comédia pastelão que fazia todos morrerem de rir.

Ao concluir o *havan* (ritual de purificação védica que envolve a queima de ghee e alimentos), vinha um rito de passagem mais sombrio: a decapitação ritualística da cabra. Essa é uma habilidade valorizada entre os Rajputs. Um de meus tios era famoso pela capacidade de decapitar uma cabra de qualquer tamanho com um golpe de um braço só de sua enorme espada.

Parecia uma cena de *Indiana Jones e a Última Cruzada*: tambores batendo, homens segurando tochas flamejantes, uma multidão estrondosa. Um homem se agachava atrás da cabra, segurando as patas traseiras. A cabra frenética, cujo balido era abafado pelo barulho, pulava sobre as patas dianteiras. Meu tio me entregou uma espada pesada e me disse para desferir um golpe suave e inclinado no pescoço da cabra. Se eu (e a cabra) tivesse sorte, a cabeça se soltaria limpa, quicando na terra, ainda balindo em silêncio, o restante do corpo se contorcendo e sangrando abundantemente.

Fiquei pulando para tentar encontrar um bom ângulo no pescoço da cabra, e, por fim, dei o golpe. A espada acertou de raspão, ferindo mais meu orgulho do que o pescoço dela. Meu tio pegou a espada de minhas mãos trêmulas para terminar o serviço. A multidão começou a zombar de mim: "Tenta cortar cebolas da próxima vez!"; "Coloca uma saia e pulseiras!"

Como não consegui matar a cabra, acabei causando estragos em criaturas menores com minha nova pistola de ar comprimido. Nunca tinha segurado uma arma até então, mas essa logo se tornou parte do meu corpo. Ela me deu um estranho tipo de poder que era sedutor enquanto durava.

Logo me tornei um atirador de elite, disparando contra sapos, esquilos, pássaros, cobras e lagartos — sem razão ou misericórdia — simplesmente porque eu podia. A arma não era suficientemente potente para matar animais maiores, mas eu podia abater galinhas de outras pessoas e levá-las para nossa cozinha.

Logo ganhei a reputação de ser um terror em Kesur — uma criança estranhamente inconsequente (com meu Hindi terrível) que tinha a intenção de matar qualquer coisa que se movesse. Um dia, atirei em um pombo e o feri gravemente. Batendo a única asa que ainda funcionava, ele pousou em uma beirada dentro de um poço atrás da Rowla e protagonizou uma longa cena de morte. Esse poço era a principal fonte de água potável para as casas ao redor, incluindo a nossa. As mulheres que estavam lá para buscar água gritaram comigo, dizendo: "O que há de errado com você, seu demônio? Como poderemos beber essa água agora?"

Esse foi o dia em que parei com as matanças sem critério e me tornei um pacifista parcial, atirando apenas em animais que comíamos, como coelhos selvagens. Quando contei ao meu pai, ele ficou bravo. "Por que parar de matar? O que há de errado em matar?"

O Lado Sombrio de Kesur

A primeira vez em que fomos a Kesur após retornar do exterior, ouvi uma sequência de palavrões vindo de um pequeno cômodo de canto. Era meu tio, o irmão mais velho do meu pai. Logo descobri o motivo de ele estar trancado naquele quarto.

Bhupendra, conhecido por todos como Kunwar Sahib, nasceu herdeiro, o próximo Thakur de Kesur. Em sua juventude, ele fora uma figura impressionante e amada: alto, bonito, de maneiras gentis. Meu avô dependia dele; meu pai o admirava.

Poucos meses após seu casamento, o comportamento de Bhupendra começou a mudar. Ele começou a ter breves lapsos de fúria incontrolável, após os quais voltava ao estado naturalmente gentil. Nos anos que se seguiram, os episódios perturbadores se tornaram mais frequentes. Por fim, meu avô o trancou com uma corrente ao redor da perna. Ele passou os próximos 25 anos de vida ali, até morrer. Nu na maior parte do tempo, Bhupendra se enfurecia e esbravejava dia e noite, gritando palavrões e se jogando contra a parede. As pessoas no vilarejo podiam ouvi-lo pela janela. Os sons terríveis vindos daquele quarto se tornaram parte inesquecível das minhas memórias de infância, a trilha sonora de fundo das minhas visitas a Kesur.

Gradualmente, eu me tornei insensível à presença dele na Rowla, prestando pouca atenção, assim como meus tios e primos faziam. Décadas depois, eu viria a saber a verdade sobre o que desencadeou a loucura de Bhupendra. Enquanto isso, observei coisas sobre Kesur que me chocaram.

Um ano após nosso retorno à Índia, um servo do vilarejo foi enviado para trabalhar para nós na cidade, um menino de olhos brilhantes e enérgico chamado Bhattia. Poucos meses depois de começar a trabalhar conosco, Bhattia cometeu uma pequena transgressão, cuja notícia chegou ao vilarejo. Meu primo Ranjeet (o filho mais velho de Bhupendra) logo apareceu na cidade para puni-lo. Bhattia começou a chorar e implorou por perdão, em vão. Ranjeet o arrastou até o quintal, amarrou a ponta de uma corda em uma árvore e a outra bem apertada ao redor da cintura de Bhattia. Em seguida, tirou seu cinto e o chicoteou, enquanto os transeuntes na rua paravam e olhavam.

Fiquei chocado e paralisado, incapaz de dizer uma palavra. Tentei consolar Bhattia depois, mas era tarde demais. As agressões apagaram o espírito alegre que o definia. Ele logo voltou para o vilarejo.

Por fim, percebi que esse incidente não tinha a ver com a crueldade do meu primo. Ranjeet costumava ser gentil e simpático. No entanto, como o filho mais velho do filho mais velho, ele foi criado para herdar o manto do patriarca. Seu orgulho em ser um Rajput e o futuro Thakur de Kesur era perceptível. Para ele, estava apenas cumprindo seu dever, por mais duro que fosse; atenuar a justiça com misericórdia seria um sinal de fraqueza.

O lado sombrio de Kesur era intenso, como logo descobri.

O irmão mais novo de Ranjeet, Himmat (que significa coragem), era um jovem alegre, mas de cabeça quente, conhecido por sua ousadia. Assisti, admirado, enquanto ele retirava favos de mel ainda pingando de cima das árvores, assoprando calmamente fumaça de cigarro para cegar temporariamente as abelhas enfurecidas que o cercavam.

Além do meu pai, Himmat era o único que ousava retrucar meu avô. Ele até zombava dele, dizendo que sabia o que acontecia na pequena cabana em um de nossos pomares.

Mais tarde, soube que a cabana era onde nosso avô mantinha relações sexuais com trabalhadoras da fazenda. Muitos dos maridos, irmãos e filhos dessas mulheres também trabalhavam na fazenda. Mesmo que os maridos soubessem o que acontecia, não podiam fazer nada a respeito.

Após um período de conflitos particularmente intensos com nosso avô, Himmat acabou estourando. Ele vestiu várias camadas de roupas e correu até o galpão onde meu avô armazenava gasolina, diesel e querosene em grandes tambores de metal. Usando uma frágil bomba manual de lata, ele encheu um recipiente de 20 litros com querosene e o levou para o pátio interno.

Como muitas residências hindus, a Rowla tinha uma estrutura de alvenaria no centro do pátio interno que abrigava uma planta de *tulsi* (manjericão sagrado). Parado ao lado dela, Himmat gritou: "Eu não aguento mais!" Sua mãe e outras pessoas correram da casa para o pátio. Elas estavam acostumadas com sua selvageria, mas nunca o tinham visto assim. Enquanto assistiam horrorizadas, ele ergueu o recipiente de querosene e o esvaziou sobre a cabeça, encharcando suas roupas e fazendo uma poça no chão. Antes que alguém pudesse reagir, ele acendeu um fósforo e ateou fogo em si mesmo. As camadas de roupas se transformaram em um inferno em segundos. Engolido pelas chamas e gritando de agonia, Himmat saiu correndo pela entrada dos fundos da Rowla e desceu a colina até o rio. Ele mergulhou na água para apagar as chamas, mas o estrago já estava feito; ele sofreu queimaduras horríveis em 90% do corpo.

O telefone tocou no andar de cima na casa do nosso senhorio em Indore (morávamos no andar de baixo e não tínhamos telefone). Meu pai imediatamente entrou no Impala e dirigiu os 48km até Kesur. Levou quase duas horas. Himmat, semiconsciente, foi colocado no banco de trás, coberto por cobertores. Ele gemia baixinho, com os olhos arregalados, a cabeça apoiado no colo da mãe, que chorava. Meu pai dirigiu o mais rápido que pôde até o hospital de queimados em Indore.

No dia seguinte, fui visitar Himmat no hospital. Apenas uma pequena parte de seu rosto estava visível por entre as bandagens que cobriam a maior parte de seu corpo. O cheiro horrível de carne humana queimada ficou gravado em minha memória (que me lembraria dele 30 anos depois, quando outro primo estava morrendo em outro hospital de queimados). Nos dias que se passaram, eu o alimentei com biscoitos proteicos, conforme o médico disse ser necessário para seu corpo. Não adiantou nada. Himmat morreu uma semana depois, na manhã seguinte após contar à mãe sobre uma visão em que "Deus disse que me levaria esta noite". O médico nos disse que foi o mergulho na água que o matou. Se o fogo tivesse sido apagado por outros meios, ele poderia ter sobrevivido.

Eu tinha 14 anos. Estava começando a perceber que havia uma crueldade em Kesur que eu não havia percebido. Eu estava vendo as consequências humanas do regime impiedoso e cruel do meu avô. Himmat não havia sido a primeira vítima. Nem seria a última. Sua morte não provocou nenhuma reflexão, nenhum questionamento sobre o que levou esse jovem espirituoso a tirar a própria vida de maneira tão horrível.

Comecei a perceber a crueldade casual de meus tios e primos. Também vi desespero e raiva contida nos olhos dos servos e trabalhadores rurais. Percebi como eles eram explorados e tratados como objetos.

Nas manhãs de sábado, eles vinham até a Rowla para receber o pagamento da semana anterior. Muitas vezes, meus tios se recusavam a pagá-los. Meu tio mais novo era especialmente cruel. Ele brincava com os trabalhadores, jogando dinheiro neles com desprezo ou pagando muito menos do que lhes era devido. Os homens ficavam agachados no chão, implorando, por vezes chorando. As mulheres, com a cabeça coberta, diziam em voz baixa e respeitosa quantos dias haviam trabalhado. Meu tio olhava o livro registro de contas em mau estado e as acusava de mentir. Elas não tinham nenhum recurso. Sua insensibilidade diante desses trabalhadores que viviam à beira da fome me chocou. Eu tinha certeza de que nenhum de nós poderia fazer o trabalho que eles faziam, com seus corpos frágeis trabalhando sob o sol escaldante por 10 a 12 horas por dia, todos os dias, o ano inteiro, exceto nos feriados religiosos.

Um dia, esse tio estava arando um campo com um trator. Um trabalhador que ele havia maltratado demasiadas vezes finalmente estourou. Louco de raiva e ressentimento, correu com um machado em direção ao trator. Por causa do barulho do motor, meu tio não o ouviu se aproximar. Com a intenção de matá-lo, o trabalhador girou o machado em um arco aberto, com a ponta afiada apontada diretamente para a cabeça do meu tio. Felizmente, o trator tinha uma estrutura de metal ao redor do assento do motorista (na qual uma lona poderia ser fixada para fazer sombra). A lâmina do machado atingiu a estrutura. O machado girou e o lado cego atingiu meu tio na lateral da cabeça. Ele ficou gravemente ferido, mas não morreu. O trabalhador fugiu, mas logo foi capturado, brutalmente espancado pela polícia e jogado na cadeia.

Ficou um corte profundo no lugar em que a lâmina atingiu a estrutura — um lembrete mudo das consequências do abuso sem motivo ou remorso de pessoas impotentes. A partir daquele dia, fomos advertidos a sempre carregar uma arma conosco, não para caçar ou afastar animais na floresta, mas para autoproteção.

Tirania em Cascata

O responsável por essa casa de sofrimento era meu avô Girwar. Seu pai, Hari Singh, tinha sido uma alma gentil e generosa que nunca se recusou a ajudar qualquer pessoa que precisasse. Trabalhadores e comerciantes inescrupulosos costumavam enganá-lo, levando o que ele não dava de boa vontade, e ele acabou com dívidas enormes. Girwar era o oposto: duro como o aço e incrivelmente determinado. Ele trabalhou de maneira obsessiva para pagar as dívidas, recuperar as terras ancestrais hipotecadas, reconstruir a base econômica da família e construir uma nova Rowla. Algo incomum para aquela época, ele deixou o pai ainda vivo em segundo plano e assumiu o controle da casa e das terras.

Como um patriarca da velha guarda, Girwar gerou uma família grande — 13 filhos, dos quais apenas 6 sobreviveram. A esposa era uma mulher dócil e simples, cuja presença mal se notava. Girwar a espancava regularmente. Ela enlouqueceu um pouco aos 40 anos e morreu aos 50.

Girwar comandava as mulheres da casa com punho de ferro e uma boca extraordinariamente profana, repreendendo-as constantemente por suas supostas transgressões. Elas se encolhiam em silêncio durante os ataques, com a cabeça baixa e o rosto coberto até o queixo (ele nunca viu o rosto de nenhuma de suas noras, incluindo o de minha mãe).

Os homens e meninos não viviam uma situação muito melhor. A casa era desprovida de amor e repleta de medo, abuso e um foco exclusivo no trabalho árduo e no dinheiro. Tudo e todos dependiam do patriarca. Toda a renda da fazenda ia para meu avô. Ele pagava todas as despesas e mantinha tudo de valor trancado. A maioria de seus filhos e netos o roubava com frequência — arrombando seu armário para pegar dinheiro, desviando e vendendo gasolina e diesel, vendendo grãos do depósito.

Meu avô transformou sua riqueza em uma arma, usando-a como ferramenta para recompensar ou punir os filhos e netos. Para esconder o dinheiro dos filhos ladrões, ele enterrava maços de dinheiro em recipientes de metal no subsolo. Anos depois, encontramos as caixas enferrujadas; os vermes haviam devorado as notas, agora sem valor.

Meu pai e meu avô estavam sempre entrando em longos conflitos, gritando um com o outro por horas a fio. Narayan costumava soltar o mesmo lamento: "Por que você nos trouxe ao mundo se insiste em controlar cada parte de nossas vidas?"

A única vez em que confrontei meu temido avô foi quando eu tinha 14 anos, depois que ele e meu pai tiveram mais um de seus épicos embates. Meu avô havia chamado meu pai de *gunda*, que significa "gângster" ou "capanga contratado". Indignado, exigi saber como ele poderia dizer isso ao meu pai, uma figura ainda considerada heroica aos meus olhos juvenis. Meu avô ficou atônito e em silêncio ao ser confrontado por mim, um sujeito de boas maneiras. Mais tarde, ele perguntou ao meu primo se eu tinha bebido.

Reflexões

Kesur era um ambiente no qual todos da minha família tinham muito status e respeito não conquistados entre os aldeões. Isso pode ter um efeito corrosivo em um psicológico jovem, a menos que os adultos o orientem e deem perspectiva às coisas. Infelizmente, isso não aconteceu comigo. Os adultos ao meu redor se deleitavam em seus privilégios não conquistados.

Se você está lendo este livro, é provável que esteja entre as pessoas mais privilegiadas deste planeta. Com que idade reconheceu seu privilégio? Você o considerou algo garantido ou foi grato a ele?

A experiência no templo de Hanuman foi uma humilhação pública e uma demonstração da masculinidade tóxica que permeava nossa cultura. Isso deixou uma cicatriz duradoura em minha psique, até que eu conseguisse enxergá-la de uma perspectiva diferente.

Você se lembra de episódios semelhantes de sua infância? Você conseguiu superá-los?

Quando testemunhei a horrível cena do meu primo chicoteando o servo, não falei nada. Sempre me arrependi de não ter intervindo para impedir esse tratamento cruel.

Você se lembra de alguma situação em que ficou em silêncio diante de atitudes nitidamente inadequadas? Você reagiria de modo diferente hoje e, se sim, como?

Meu primo Himmat se matou, mas o que o matou de verdade foi o patriarcado tóxico. Muitos são levados ao desespero em virtude da crueldade, da falta de respeito e da ausência de amor que caracterizam esses sistemas; alguns sucumbem ao desespero tirando a própria vida.

Você já testemunhou as consequências de um patriarcado tóxico em sua família ou no local de trabalho?

As galinhas costumam voltar para o poleiro. As consequências do comportamento abusivo dos meus tios eram inevitáveis. Você só pode torturar as pessoas até certo ponto antes que elas se revoltem.

Você se lembra de exemplos de retaliação tardia por parte de pessoas que foram tratadas injustamente no passado?

Quando se estabelece um tom de abuso e opressão no topo, isso acaba se espalhando; todos se tornam tiranos mesquinhos à própria maneira.

Você consegue se lembrar de famílias ou empresas em que os líderes tenham um comportamento abusivo, fazendo com que outros se comportem da mesma maneira?

5

Sem Tempo para Sonhar

À medida que me aproximava do fim do ensino médio e considerava minhas opções de carreira, fui confrontado com a dura realidade econômica da Índia em meados da década de 1970.

Naquela época na Índia, ninguém perguntava: "Qual é seu sonho? Qual é sua paixão?" Até fazer esse tipo de pergunta era um luxo. A única questão relevante era: "Como diabos você vai conseguir um emprego e sobreviver nesse mundo?" Diferente dos meus primos, voltar para o vilarejo não era uma opção para mim. Mas minhas perspectivas fora da Índia não eram boas. Desde a Independência, em 1947, a Índia vinha sendo governada como uma democracia semissocialista. O primeiro-ministro do país, Jawaharlal Nehru, considerava que o governo deveria controlar as "posições de liderança" na economia, por meio de participação direta e forte fiscalização. Como resultado, a Índia tinha uma economia centralizada e planificada com um setor público gigante; as empresas estatais dominavam muitos setores. As regulamentações rígidas do governo geravam estagnação e corrupção em grande escala.

A filha autocrática de Nehru, Indira Gandhi, tornou-se primeira-ministra em 1966 e intensificou o domínio estatal. Ela nacionalizou todos os bancos do país em 1969. A crise do petróleo de 1973 quadruplicou o preço da commodity, prejudicando uma economia já bastante debilitada. Os impostos eram assustadoramente altos; a maior alíquota individual de imposto de renda em 1974, ano em que me formei no ensino médio, foi de 97,75%![1] O PIB per capita naquele ano foi de US$163.[2] A economia estava praticamente fechada para o mundo; as importações não petrolíferas e não alimentícias representavam míseros 3% do PIB da Índia em 1975. As barreiras tarifárias eram ridículas, com direitos de importação altos, a 300%. As pessoas falavam, meio que de brincadeira, sobre a "taxa de crescimento hindu" — o crescimento da renda per capita da Índia teve uma média de 1,3% ao ano de 1950 a 1980, enquanto a população crescia 2,3% ao ano.

As indústrias locais fortemente protegidas fabricavam produtos de má qualidade e caros. Por exemplo, havia apenas dois modelos de carro disponíveis — um Fiat italiano de 1953 e um Morris britânico de 1955. Havia uma lista de espera de quatro anos para conseguir um deles — se você pudesse pagar. Poucas pessoas da classe média podiam, então elas compravam uma das duas marcas de scooters disponíveis (as italianas Vespa e Lambretta, ambas produzidas na Índia) e transportavam famílias de até cinco ou seis pessoas em cima delas. Havia uma lista de espera de sete anos para comprar essas! O mercado clandestino para quem não estava disposto a esperar era bastante dinâmico. O serviço telefônico era um monopólio do governo; isso significava uma lista de espera de catorze anos para obter um telefone precário e pouco confiável.

Tínhamos poucas opções de carreira. Não havia orientadores vocacionais na escola; precisávamos descobrir tudo por conta própria. Aqueles que eram bons em matemática e ciências tentavam entrar em uma das poucas escolas de engenharia. Se você era bom em biologia e ciências, esforçava-se para entrar em medicina. Se não estava em nenhuma dessas duas categorias, que Deus o ajudasse! Uma opção era conseguir um diploma de Bacharel em Comércio e tentar se tornar um revisor de contas, ou um diploma de Bacharel em Artes e rezar para ter conexões suficientes para conseguir um cargo público com pouco prestígio, um salário irrisório e a oportunidade de aceitar subornos.

Eu não tinha ideia do que fazer ou o que estudar. Meu pai consultou o mercado e chegou a duas opções. Uma delas era me alistar na mari-

1 https://www.business-standard.com/article/interim-budget-2019/the-70-yearjourney-of--income-tax-in-india-from-a-peak-of-97-75-to-30-119013000397_1. html#:~:text=By%20 FY%201973%2D74%2C%20the,limit%20of %2070%20 per%20cent

2 https://www.macrotrends.net/countries/IND/india/gdp-per-capita

nha mercante, o mundo do comércio marítimo. Isso significaria anos de treinamento semelhante ao treinamento militar, seguidos por uma vida basicamente dentro de um navio. A outra opção era a faculdade de engenharia. Por ser bom em matemática e ciências e ter abandonado a biologia após o oitavo ano, meu caminho era óbvio. Isso certamente parecia menos angustiante do que ficar isolado no mar durante meses. Meu pai ouviu falar de uma instituição de elite chamada Instituto Birla de Tecnologia e Ciência (BITS), uma iniciativa filantrópica criada por G. D. Birla, um dos principais nomes da indústria indiana. Birla era um grande apoiador de Mahatma Gandhi. Para ajudar na construção de sua nação, ele fundou uma universidade de nível internacional em Pilani, sua cidade natal no Rajastão (o estado de onde vieram meus ancestrais)

Por ser um grande defensor da importância e do poder da educação, meu pai viajou sozinho para Pilani — uma jornada cansativa de trem e ônibus de vinte horas cada trecho — para explorar o campus, conversar com a equipe de admissões e experimentar a comida. Ele gostou do que viu e voltou com o formulário de inscrição, incluindo uma cópia reserva. Enquanto isso, meu amigo Sushil também estava tentando descobrir o que faria. Quando lhe contei sobre o BITS, ele também se inscreveu. Ambos fomos admitidos nessa instituição icônica.

Mas havia um problema: Como pagaríamos pelos estudos? O valor era simbólico: 500 rúpias indianas por semestre para a mensalidade e a moradia. O principal custo era com a alimentação, cerca de 200 rúpias por mês — o que meu pai certamente não poderia pagar. Ele me enviou a Kesur, dizendo: "Você precisa pedir a seu avô para pagar por isso." Após algumas brincadeiras sobre se a engenharia era um caminho profissional digno para um Rajput, meu avô concordou em pagar meus estudos.

Com uma mistura de empolgação e nervosismo, Sushil e eu partimos juntos para Pilani, com nossos baús de metal cheios de nossos pertences. Após uma viagem de trem noturna para Jaipur, embarcamos em um ônibus para a poeirenta viagem de cinco horas até Pilani. Quando chegamos lá, descemos do ônibus, subimos em ciclo-riquixás e entramos pelo portão do Instituto.

A vista do campus era impressionante. Embora fosse cercado por um deserto arenoso, era verde e vibrante. E estava relativamente vazio. Na primeira semana, nós, os "calouros", éramos os únicos estudantes no campus, junto com alguns azarados que foram obrigados a passar o verão fazendo aulas de reforço no calor escaldante.

O campus tinha 12 dormitórios (chamados de alojamentos) para meninos e 1 para meninas. Nossa turma tinha 400 meninos e 8 meninas. Os alojamentos eram nomeados em homenagem a figuras religiosas ou políticas: Ram, Buda, Krishna, Gandhi, Ashok, Rana Pratap (meu ancestral) e assim por diante. Sushil e eu fomos alocados em quartos individuais anexos ao Vishwakarma Bhavan durante a primeira semana. Com saudades de casa, colocamos nossas camas em um quarto e as mesas de estudo e cadeiras no outro. Assim, podíamos conversar à noite para aliviar a ansiedade. Essa solução acolhedora teve vida curta; em poucos dias, os alunos mais velhos começaram a zombar de nós, nos chamando de homossexuais. Reorganizamos os móveis de volta ao que eram antes, às pressas.

Saímos para explorar o que seria nosso lar pelos próximos cinco anos. Ao contrário do caos de grande parte da Índia, o campus era um oásis de ordem. O imenso edifício principal do Instituto, de cor creme, com a icônica torre do relógio no meio, ficava em uma das extremidades de um enorme gramado. Os alojamentos ficavam nas laterais do gramado e, um pouco adiante da outra extremidade do gramado, de frente para a torre do Instituto, estava o Saraswati Mandir, um espetacular templo de mármore branco adornado com inúmeras esculturas (Saraswati é a deusa hindu do conhecimento, da música, da arte, da oratória, da sabedoria e do aprendizado). Ao lado, havia uma pequena área comercial conhecida como Connaught, nome da principal área comercial em Nova Delhi (que, por sua vez, copiou o nome de Londres), aonde íamos na maioria das noites para tomar milkshakes, cafés gelados, comer em restaurantes, comemorar aniversários, cortar o cabelo, comprar revistas, material de papelaria e outras atividades essenciais.

Entre cada par de alojamentos havia um refeitório, ou "bandejão". Na primeira semana, os calouros eram acomodados em dois alojamentos e comiam no mesmo bandejão. Em meio ao barulho de bandejas de aço e do bate-papo interminável, notei um estudante sikh, incomumente alto e magro, andando igual a um robô atrás de cada fileira de meninos, olhando diretamente para cada um deles do outro lado da mesa. De tempos em tempos, ele estendia o braço comprido, colava um selo na testa de um aluno e murmurava algo. Por fim, ele chegou à nossa mesa e colou um selo em nossa testa. Ele se inclinou e sussurrou: "15h30, Ram Bhavan 162.

Se não aparecerem, que Deus os ajude. Mas duvido que até mesmo Deus possa ajudá-los, porque Ele é um calouro este ano."

Obedientes, Sushil e eu fomos até seu quarto às 15h30; ele nos mandou varrer o quarto e o corredor. Esse foi nosso primeiro trote.

Apesar de ser proibido pelo Supremo Tribunal do país, o trote continua fazendo parte da vida universitária na Índia como uma prática extremamente abusiva. Na maioria das faculdades da época, o trote perdurava enquanto você fosse estudante. Conforme subia na hierarquia, você recebia trotes dos mais velhos e tinha a chance de aplicar trote nos mais novos. Muitas vezes, o trote era abusivo, tanto psicológica quanto fisicamente. Por sorte, o BITS estabeleceu uma tradição mais pacífica: só permitia trotes durante o primeiro mês, que terminava com uma festa de boas-vindas aos calouros.

Mas, durante esse mês, a situação podia ficar intensa. Como eu havia descoberto em Kesur, o poder não conquistado revela a verdadeira natureza das pessoas, trazendo à tona tendências sádicas implícitas em muitas pessoas. Alguns rapazes eram criativos e inventavam maneiras de atormentar os calouros, como ordenar que se sentassem em garrafas de Coca-Cola na vertical. Se o trote fosse bem-intencionado e divertido, eu entrava na brincadeira. Mas, se alguém ultrapassava o limite, eu me recusava a cumprir. Eu dizia: "Se você vai me fazer passar por um trote, faça direito. Caso contrário, estou fora." Eu havia descoberto em mim uma coragem que não permitia que os valentões saíssem ganhando.

Passada a semana de adaptação, eu me instalei no Buddha Bhavan. Logo descobri que existia um sistema de castas cultural entre os alunos: os ocidentalizados, que ouviam rock 'n' roll, usavam jeans e fumavam maconha eram conhecidos como "casters". O restante, que preferia música indiana e tinha gostos mais simples, era conhecido como "maisters". Os dois grupos raramente se misturavam.

Todos no BITS tinham sido alunos excepcionais na escola. Havia uma forte competição, uma vez que os professores nos avaliavam com base em uma média — apenas 10% obtinham nota máxima em qualquer disciplina e cerca da mesma porcentagem era reprovada. No primeiro semestre, a dinâmica da minha dedicação à preparação para a prova final do ensino médio me ajudou muito; consegui tirar três 10,0 e um 7,5.

Nossa vida se passava majoritariamente dentro do campus. Às vezes, nos aventurávamos indo até um cinema em ruínas na cidade chamado de

Jayshree Talkies. Sentados nas cadeiras surradas com as molas saltando para fora, ouvíamos barulhos de algo se movendo acima de nós, no tecido vermelho pendurado no teto. Podíamos ver a silhueta de ratos correndo de um lado para o outro. Felizmente, nenhum deles caiu sobre nós. Em outubro, acontecia o festival cultural anual denominado Oasis, que atraía muitos atores talentosos, músicos, cantores e mulheres deslumbrantes de faculdades de todo o país. O Oasis era o ponto alto da nossa vida social; fora isso, nossa existência era bastante monótona, só rapazes e livros.

Os verões eram longos e insuportavelmente quentes, alcançando 49°C. Não havia ar-condicionado em lugar algum no campus, exceto no quarto que abrigava um computador principal IBM 1430. Quase não chovia. Os invernos eram terrivelmente frios, com temperaturas próximas de zero à noite. Não havia aquecimento, então nos cobríamos com gorros de lã, jaquetas pesadas, xales — qualquer coisa que pudesse nos aquecer. Buscávamos o sol como plantas que florescem ou répteis de sangue frio.

E ainda havia as tempestades de areia. O céu escurecia de repente e o vento uivante levantava a areia do chão e a girava no ar. Usávamos toalhas úmidas nas frestas de portas e janelas. Após a tempestade, uma fina camada de areia cobria todas as superfícies e cada móvel do quarto. Penetrava no cabelo e nas narinas, até mesmo na comida.

Minha Sorte Acaba

Ao final do primeiro semestre, voltei para uma nova casa. Agora meu pai era o diretor de uma estação de pesquisa de trigo em um local remoto. Dez dias depois, recebi um telegrama; o sindicato dos estudantes do BITS havia decidido que entraríamos em greve no início do semestre seguinte. A questão era: quem deveria pagar o salário dos funcionários que preparavam nossa comida e nos serviam? Os alunos ou o Instituto? Foi uma atitude egoísta e mimada por parte dos alunos. O BITS subsidiava grande parte de nossos estudos, incluindo livros didáticos e moradia; pagávamos apenas 500 rúpias por semestre. A greve estúpida e autoindulgente durou quase dois meses até os alunos finalmente cederam.

Eu estava pronto para voltar com um baú cheio de roupas novas, caixas dos meus doces favoritos que minha mãe havia feito, 500 rúpias para gastos que durariam o semestre inteiro, minha coleção de autógrafos e minha preciosa coleção de moedas estrangeiras. Sempre que meu pai visitava um país, ele me trazia as notas e moedas do lugar. Durante as férias prolongadas, eu havia polido as moedas e organizado tudo em um álbum.

Na viagem noturna de trem para Delhi, dormi na parte de cima de um beliche. Meu baú de metal estava na parte de baixo dele. Acordei no início da madrugada na parada de Mathura (reverenciada como o local de nascimento do deus hindu Krishna). Calcei meus sapatos e procurei meu baú. Para meu horror, ele não estava lá. Procurei desesperadamente por toda parte, entrando em pânico. Ela tinha sumido. Avistei outro aluno do BITS que reconheci e pedi dinheiro emprestado para poder voltar para casa. Ele me deu o que tinha. Desci do trem no momento em que ele estava partindo.

Com o coração batendo forte, caminhei até a delegacia de polícia ferroviária. O policial atrás do balcão me empurrou um formulário para relatar o furto. Quando preenchi o formulário em inglês, os policiais zombaram de mim por não usar o hindi, aumentando minha desgraça. Em vez de "servir e proteger", a polícia na Índia muitas vezes hostiliza e intimida os indefesos. A maioria é corrupta e completamente desprovida de compaixão.

O próximo trem de volta para minha cidade natal só sairia daqui a oito horas. Eu não tinha dinheiro extra para comprar algo para comer ou beber. Passei o dia inteiro atordoado, sentado em um banco de metal, me recriminando e me sentindo culpado pelo que havia acontecido. Eu não só tinha perdido as 500 rúpias e minha insubstituível coleção de moedas, como todas as minhas roupas novinhas em folha, que custaram aos meus pais outras 800 rúpias. A dimensão do prejuízo, em minha mente aflita, era intransponível. Assim como fiz quando alguém roubou minha bicicleta, eu me culpei por ter sido tão descuidado. Mas ninguém tinha me alertado que eu precisava prender o baú à estrutura do assento com uma corrente e cadeado.

Quando o trem finalmente chegou, estava lotado, como tudo na Índia. Eu me sentei no chão frio e sujo do lado de fora do banheiro e mal me mexi durante as 16 horas seguintes. Ao amanhecer, o trem finalmente chegou à estação mais próxima da nossa casa. Sem dinheiro para um riquixá, caminhei até a casa, chegando no momento em que meus pais estavam se sentando para tomar chá. Eles ficaram chocados ao me ver. Eu me mantive firme por 24 horas, mas então desabei em lágrimas. Eu lhes contei o que havia acontecido e pedi muitas desculpas por ser um fardo tão caro. Minha mãe foi amorosa e compassiva, como eu esperava, mas meu pai me surpreendeu ao ser compreensivo também. Embora parecesse um pouco abalado em virtude do prejuízo financeiro.

Enquanto isso, minhas aulas em Pilani começaram sem mim. Depois de me dar alguns dias para me recuperar, meu pai me mandou ir a Kesur pedir dinheiro a meu avô para comprar um baú e costurar roupas novas. Comprar roupas "prontas" não era uma opção naquela época. Você tinha que ir a uma loja de tecidos, escolher as cores, os modelos e tecidos certos, pedir que cortassem a quantidade necessária e, então, levar a um alfaiate, que tirava suas medidas e costurava as roupas em uma semana ou mais.

Tudo isso levou muito tempo, e minha ansiedade só aumentava. Finalmente, pude voltar ao campus duas semanas e meia após o início das aulas e, imediatamente, me deparei com um problema. Com uma grade horária de cinco disciplinas, tive dificuldade para me atualizar. O semestre se estendeu até o verão por causa da greve. Consegui tirar um 10,0, três 7,5 e meu primeiro 5,0. Minha média despencou, junto com minha confiança.

O BITS era um ambiente bastante competitivo e também uma terra de sonhos frustrados — ou, pelo menos, interrompidos. Todos os alunos chegavam lá com o objetivo de conseguir um diploma de engenharia, mas somente metade deles conseguia. Só na Índia, o BITS (em parceria com o Instituto de Tecnologia de Massachusetts) havia criado um currículo integrado e inovador de cinco anos que incluía disciplinas de artes liberais. Todos começávamos sem escolher a especialidade. No final do primeiro ano, 86% dos estudantes escolhiam a área de engenharia e ciências, enquanto 14% tinham que escolher outro curso, como economia, farmacologia ou literatura inglesa. Tudo dependia de sua média de notas. No final do segundo ano, metade daqueles 86% conseguiam entrar na engenharia, enquanto os outros 36% tinham que escolher uma especialidade na área de ciências, como matemática, física ou química. No final do terceiro ano, você era designado para sua especialidade dentro da engenharia: química, mecânica, elétrica, eletrônica ou uma combinação de elétrica e eletrônica. Mais uma vez, isso dependia de sua média e da demanda por especialidades. Era extremamente comum que os alunos ficassem deprimidos e inclusive cometessem suicídio quando não conseguiam entrar na especialidade desejada nessa selva competitiva.

Sobrevivente Resiliente

Quando entrei no segundo ano, tive um colapso quase total. Foi necessário passar por algumas disciplinas incrivelmente difíceis. Em termodinâmica, a média na primeira prova foi 1,6; a nota mais alta foi 3,4. A minha foi 1,2. Uma disciplina de física moderna me apresentou ao mundo confuso da mecânica quântica e da equação de Schrödinger. O livro usado na disciplina, apropriadamente, era de H. J. Pain.

Não entendia quase nada do que estava acontecendo e não sabia para onde correr. Ainda estava me recuperando do choque do semestre anterior: o roubo no trem, o dinheiro que tinha desperdiçado, o atraso no retorno às aulas e as notas baixas. Agora minha culpa tinha aumentado. Como eu poderia desperdiçar todo esse dinheiro que minha família estava gastando comigo? Eu me sentia totalmente impotente e inútil.

Chorava sozinho no quarto todas as noites, sofrendo profundamente com a síndrome do impostor. Eu pensava: "Não mereço estar aqui. A única razão de eu estar aqui é porque me saí bem na prova do ensino médio, e só porque o Sushil me ajudou." Eu tinha vergonha de pedir ajuda para ele de novo. Ele só tirava 10,0; no final dos cinco anos de curso, ele seria o segundo melhor entre os 400 alunos, apenas com notas 10,0 e uma ou outra nota 7,5 em inglês. Ele nem precisava estudar muito; era brilhante por natureza. Eu senti que estava me afastando dele, refletindo: "Por que ele deveria perder tempo com um fracassado?" Nossa amizade enfraqueceu e busquei a companhia daqueles com quem eu conseguia me relacionar, que também estavam sofrendo nesse ambiente competitivo.

Escrevi cartas cheias de lágrimas e angústia para casa, pedindo desculpas. Meu pai disse que eu poderia interromper o semestre se fosse necessário. Mas eu não sabia o que isso implicaria, então continuei. Quando o semestre finalmente terminou, eu tinha tirado uma nota 7,5, três notas 5,0 e minha primeira nota abaixo de 5,0. Minha média diminuiu muito; de 9,39 no primeiro semestre, foi para 7.

A questão agora era sobreviver. O quarto semestre foi um pouco melhor; eu ainda estava me debatendo no fundo do poço, mas agora meus pés tocavam o chão. Minha média geral caiu menos. Consegui atingir o limite mínimo exigido para entrar na engenharia. Um ano depois, consegui me sair bem o suficiente para entrar no programa de engenharia elétrica e eletrônica. Descobri algumas disciplinas de que gostava e nas quais me saía bem. Mas uma delas quase acabou comigo, a chamada "UHF e

Micro-ondas". Ainda tenho pesadelos com essa disciplina. O fato de o professor ter lepra e ter perdido vários dedos não ajudava.

Despertar Político

Durante as curtas férias de verão após meu primeiro ano (por causa da greve), eu estava a caminho do vilarejo de minha mãe, partindo da cidade vizinha de Nagda, em uma carroça puxada por bois. Em um rádio portátil, ouvimos a chocante notícia: a primeira-ministra Indira Gandhi havia declarado estado de exceção no país. Duas semanas antes, o Tribunal Superior de Allahabad declarara sua eleição nula por práticas ilegais. O juiz ordenou que ela desocupasse seu lugar no Parlamento (conhecido como Lok Sabha, ou Assembleia do Povo). Encorajada por seu filho despótico Sanjay e desconfiada dos ministros, ela centralizou todo o poder no Gabinete do Primeiro-Ministro, recusou-se a renunciar diante dos inúmeros protestos em todo o país e declarou estado de exceção em 25 de junho de 1975. Ela cortou a distribuição de energia elétrica para os jornais, suspendeu as eleições, restringiu as liberdades civis e prendeu centenas de adversários políticos. Ela e o filho emitiram um plano de 25 medidas para "reformas" radicais, incluindo uma brutal campanha de esterilização compulsória de homens para reduzir a taxa de natalidade. Ao longo do ano seguinte, o governo esterilizou 8,3 milhões de homens, a maioria contra a vontade.

As tentativas de Indira Gandhi de destruir nossa jovem democracia de 28 anos me indignaram. Suas ações poderiam muito bem levar ao fim da democracia; eu tremia diante da possibilidade de um futuro despótico para a Índia, uma guinada em direção à violenta política repressiva do Paquistão. Quando voltei para Pilani, eu me juntei a um movimento ilegal contra o estado de exceção, frequentando reuniões secretas onde ouvíamos discursos clandestinos em fitas cassetes feitos por líderes políticos presos.

O estado de exceção durou 21 meses. Indira Gandhi finalmente se lembrou do que a Índia representava. Desafiando o filho, ela encerrou o estado de exceção e anunciou novas eleições. Iniciou-se uma campanha política agitada. Muitos partidos de oposição se uniram para formar um novo partido chamado Janata, ou Partido do Povo. No dia em que saíram os resultados das eleições, eu estava em Delhi. Fiquei do lado de fora do prédio do *Indian Express*; esse era o jornal que tinha demonstrado mais coragem durante o estado de exceção. De tempos em tempos, os jornalistas atualizavam os resultados das eleições em um grande quadro. À medida que a noite avançava, a multidão ficava eufórica enquanto a oposição chegava perto de obter a maioria dos votos. O eleitorado reprovou em massa a Sra. Gandhi e seus métodos ditatoriais.

Naquele verão, eu estava em Delhi para meu primeiro estágio ou "escola prática" nas antigas fábricas Birla de tecelagem e fiação de algodão. Eu estava lá para aprender como uma fábrica têxtil opera. No primeiro dia, quase desmaiei em virtude da combinação de calor intenso, umidade de quase 100%, que precisava ser mantida para que as máquinas de fiar e tecer operassem de modo adequado, e um barulho alto insuportável. Havia fibras de algodão pairando no ar, sendo inaladas por um grande número de pessoas que trabalhavam na estrutura em ruínas. Era infernal.

Anos depois, li a descrição de Alexis de Tocqueville das fábricas têxteis de Manchester em 1835, e isso me lembrou daquela experiência em Delhi: "Aqui a humanidade atinge seu desenvolvimento mais completo e seu aspecto mais bruto; aqui a civilização opera seus milagres e o homem civilizado é quase transformado em um selvagem."[3]

Por sorte, meu amigo e colega de classe Rajiv morava em uma casa próxima ao local, pois seu pai era o Chefe do Departamento de Trabalho da fábrica. Passamos a maior parte daquele verão confortavelmente sentados na sala de estar de Rajiv, onde nos serviam lanches, doces e chá, enquanto uma série de gerentes nos informava sobre as operações da fábrica. Essa era a minha ideia de engenharia!

Entrei no quinto e último ano do programa. Tinha chegado o momento de fazer a escola prática 2, uma experiência de um semestre. Fui parar no Banco Central da Índia, em Mumbai. Eles me pediram para avaliar algumas empresas de tecnologia que estavam solicitando empréstimos. É claro que eu não fazia ideia do que estava fazendo. Na maioria das vezes, encarei esse período como férias remuneradas. Eu me dediquei ao meu hobby de escrever, criando, editando e escrevendo para uma publicação que chamamos de *Mumbai Newsletter*, que era enviado para as pessoas

3 Alexis de Tocqueville, *Journeys to England & Ireland*.

em Pilani para que soubessem o que estávamos fazendo em Mumbai. No ano anterior, eu havia feito algo semelhante no campus, editando uma publicação para os alunos e professores de engenharia elétrica e eletrônica chamada *Sinusoidal Times* — piada da engenharia em sua pior versão.

Eu estava começando a perceber como amava escrever, embora não visse futuro nisso. Um episódio sobre o qual escrevi foi quando o professor encarregado precisou repreender um grupo de alunos por se comportarem de maneira pouco profissional enquanto estavam na escola prática. Após lhes dar uma severa lição de moral, ele terminou dizendo: “Lembrem-se, meus amigos: quando estiverem em Roma, vocês devem se comportar como romeus.”

De volta a Pilani para o último semestre, eu me preparei para as entrevistas no campus. Como uma das instituições de engenharia mais conceituadas da Índia, o BITS atraiu grandes empresas, e eu fiz muitas entrevistas, apesar de ser um aluno mediano. Eu devia ser bom em entrevistas, porque recebi meia dúzia de ofertas de emprego. Aceitei uma da Larson & Toubro, renomada empresa de engenharia de origem dinamarquesa, para trabalhar na fábrica de equipamentos elétricos em um subúrbio de Mumbai, por um salário de 800 rúpias por mês — o mesmo que meu pai recebia quando voltamos para a Índia nove anos antes.

Rumo a Mumbai

Fui até a cidade grande para iniciar minha vida profissional. Após cinco anos na isolada, pacata e arenosa Pilani, Mumbai foi uma mudança e tanto. Eu dividia um apartamento com um amigo em um subúrbio chamado Santa Cruz. Por volta das 7h, caminhei até a estação de trem, entrei em um trem local lotado para uma curta viagem até a estação de Andheri e embarquei em um dos ônibus amarelos e pretos da L&T que estava à espera. Meia hora depois, estava no extenso campus montanhoso, onde trabalhava das 8h20 às 17h40 como engenheiro de controle de qualidade.

Logo percebi que meu diploma de engenharia não havia me preparado para o que era esperado de mim. Mergulhei nos livros para aprender sobre transformadores de corrente, a fim de poder interagir com fornecedores cujos produtos não estavam à altura. No meio da manhã, um garçom passava pelo escritório com um carrinho, oferecendo um pequeno lanche e uma xícara de chá para cada um. Às 12h30, subíamos a colina até o refeitório para uma refeição farta e subsidiada — o ponto alto do dia. Depois disso, era voltar para minha mesa; outro carrinho de lanche no meio da tarde, até que fosse hora de fazer a viagem de volta para Santa Cruz. Essa foi minha rotina seis dias por semana — em um total de 29 dias!

Antes de começar no emprego, eu havia aprendido que, se conseguisse um diploma mágico chamado MBA, meu salário provavelmente dobraria e eu trabalharia em um escritório com ar-condicionado. Imerso no calor e na umidade de Mumbai e na atmosfera sufocante da fábrica de equipamentos elétricos, isso me parecia bastante atraente. Eu havia me inscrito no Instituto Indiano de Administração de Ahmedabad (IIMA), a principal escola de negócios da Índia. A concorrência era acirrada, beirando o ridículo — menos de 1 em 300 candidatos conseguia. O IIMA tinha o próprio teste de admissão; por ser engenheiro e ter um inglês bom, achei o teste fácil. Passei por essa etapa e fui chamado para uma entrevista individual e uma “discussão em grupo”. Mais uma vez, minhas habilidades linguísticas me serviram bem. Recebi uma carta informando que eu estava na 36ª posição na lista de espera. Duas semanas depois, chegou a fatídica notícia: a lista de espera havia sido encerrada após admitirem os primeiros 25 candidatos. Fiquei arrasado.

Por sorte, eu também havia me candidatado a uma vaga no Instituto Jamnalal Bajaj de Estudos em Gestão, em Mumbai, que tinha um processo de admissão similar. A turma de entrada era de apenas 45 pessoas, e eles tiveram cerca de 7 mil candidatos naquele ano. Poucos dias após o fim do meu sonho no IIMA, recebi uma carta de admissão do Bajaj. Fiquei eufórico e imediatamente escrevi minha carta de demissão. Meu gerente leu a carta em silêncio e, depois, me olhou por cima dos óculos de leitura. “Jovem, você está cometendo o maior erro de sua vida.”

Eu não me importava. Estava prestes a deixar de ser um engenheiro sem noção e me tornar um engenheiro com um MBA em busca de tranquilidade. Voltei para casa para um breve descanso antes do início das aulas. Coloquei meu salário em um envelope — oito notas novinhas de 100 rúpias — e o entreguei à minha mãe, como é o costume na Índia. Ela enxugou as lágrimas, me disse como estava orgulhosa de mim e me abençoou.

O Bajaj ficava na ponta sul da ilha de Mumbai — a parte glamourosa da cidade, com os hotéis mais chiques e os prédios mais altos. Ficava a uma curta caminhada das sedes corporativas de muitas das principais empresas da Índia e em frente à assembleia legislativa do estado. Nosso dormitório da pós-graduação ficava em uma rua estreita entre a estação de trem Churchgate e a famosa Marine Drive de Mumbai, uma pitoresca rodovia curva ao longo do Mar Arábico. De repente, a vida se tornou muito mais interessante.

O Bajaj atraía estudantes de todo o país com diversas formações. Muitos eram formados em engenharia, mas outros se formaram em economia, literatura e comércio. Éramos 5 moças e 40 rapazes. Logo no início, um aluno chamado Manjeev Singh Puri (que mais tarde se tornaria embaixador da Índia na União Europeia), com uma personalidade marcante, tornou-se o líder absoluto da nossa turma. Ele vinha de uma família de funcionários públicos ilustres; seu pai era o secretário-chefe do estado de Punjab. Seus apelidos eram Tito e Loiro; inexplicavelmente, ele tinha cabelos castanho claros e olhos verdes.

Era tradição no Bajaj os alunos receberem apelidos. Tito se autoproclamou o responsável pelos apelidos da turma. O pequeno Sanjay Sharma passou a se chamar Shorty (Baixinho). O sempre preocupado Sudhir Yadav virou Hassle (Problema). Um craque em matemática foi apelidado de Stats (Estatísticas). Um rapaz excessivamente anglicizado chamado Praveen Meduri foi batizado de Wog, um termo jocoso que os ingleses usavam para "cavalheiro oriental ocidentalizado". Wog abraçou seu novo apelido com entusiasmo; quando passávamos por um grande gramado a caminho do Instituto, ele fazia um gesto com seu cachimbo e exclamava: "Vejam só, um verdadeiro gramado britânico!"

A família de Ashwini Malhotra era proprietária da Weikfield Food Products, mais conhecida por sua mistura em pó para pudim, um item básico na despensa de toda casa de classe média indiana. Para evitar ser apelidado por Tito, ele disse: "Obrigado, mas já tenho um apelido; todos me chamam de Kitu." Ao que Tito respondeu: "Suas opções são Custard (Creme) ou Pudding (Pudim). Escolha um." Custard foi o escolhido.

Com um sobrenome como Sisodia, meu destino estava selado. Pelos dois anos seguintes, meu apelido foi Sis. Eu odiava. Foi com muita dificuldade que me livrei do apelido de infância, Pappu, para agora receber esse.

Fui morar em um quarto triplo no dormitório. Meus colegas de quarto eram dois estudantes do segundo ano, ambos usuários de maconha. Formávamos um trio e tanto: o escritório de advocacia Sis, Crow e Fuzz. Toda noite, ao inalar o fumo passivo deles, eu tinha a nítida sensação de estar flutuando sobre minha cama, com o nariz a centímetros do teto.

Após o rigor de Pilani e as exigências do meu breve período de trabalho na L&T, o Bajaj provou ser moleza. Esse negócio de MBA era fácil, até divertido! No primeiro semestre, fizemos 10 disciplinas, mas nenhuma era difícil. Comecei a dar aulas de estatística e programação de computador informalmente para meus colegas com formações em artes liberais e descobri que era algo natural para mim. As duas principais opções para especialização eram finanças e marketing. Eu não gostava de finanças, achava um ramo monótono e entediante, então escolhi marketing. O marketing ativou o lado direito do meu cérebro, há muito adormecido, após anos fazendo disciplinas na área de engenharia extremamente analíticos.

Os dois anos no Bajaj foram como férias remuneradas. Meu pai havia recentemente aceitado um emprego na Universidade da Zâmbia, na África, trabalhando para a Agência Canadense de Desenvolvimento Internacional. Eu sabia que ele estava ganhando bem e em dólares; pela primeira vez na vida, não fiquei angustiado por causa de dinheiro. Muitos jovens no Bajaj vinham de famílias ricas. A comida no dormitório era horrível, então formamos um grupo e passamos a comer fora todas as noites nos inúmeros excelentes restaurantes daquela região da cidade.

Nosso professor de planejamento estratégico, o Dr. Manesh Shrikant, era o melhor professor no Bajaj. Ele fez um MBA da Cornell e um DBA da Harvard Business School. Após o primeiro ano, fiz um estágio na empresa dele, a Shrikant Consultants Private Limited. Depois, fui para a África por um mês para visitar minha família.

A Zâmbia era uma ex-colônia britânica que, até recentemente, era conhecida como Rodésia do Norte. Fazia fronteira com o Zimbábue, que havia acabado de encerrar sua luta pela liberdade dos britânicos e abandonado o antigo nome Rodésia. Fiel ao espírito aventureiro de meu pai, passamos a maior parte daquele mês viajando de carro pela região, vivenciando uma autêntica experiência africana. Visitamos o Malawi, a Tanzânia e o Zimbábue. Fizemos dois safáris e visitamos as mundialmente conhecidas Victoria Falls. Foi um período bastante descontraído e relaxante, que lembrou os anos que passamos nos Estados Unidos e no Canadá.

Meu segundo ano no Bajaj manteve a trajetória do primeiro. Ajudei a organizar uma conferência com o tema "O Negócio do Negócio é o Negócio", que contou com uma série de discussões entre líderes empresariais de destaque e jornalistas sobre a responsabilidade social das empresas.

Tive a oportunidade de conhecer os lendários J. R. D. Tata e G. D. Birla, dois homens que fizeram parte da construção da Índia moderna.

Estávamos nos aproximando do último semestre e do frenesi das ofertas de emprego no campus. Mais uma vez, recebi várias ofertas e aceitei uma de uma empresa de consultoria de renome chamada AF Ferguson, com um salário inicial de 2 mil rúpias por mês — duas vezes e meia o que eu ganhava como engenheiro, até mais do que o dobro que eu esperava. Achei que minha trajetória profissional estava definida.

De Volta para o Futuro

Uma semana após aceitar o emprego, desci para o café da manhã em nosso dormitório, ainda de pijama, em um dia em que não tínhamos aulas. Um grupo de sete amigos meus se preparava para sair. Então perguntei: "Aonde vocês estão indo?"

"Vamos até a Agência de Informações dos EUA, buscar formulários de inscrição para o teste de admissão para graduados em administração."

"Por quê? Já estamos fazendo um MBA."

"Queremos nos candidatar ao doutorado em administração nos EUA."

"Dá para fazer doutorado em administração?! Não sabia disso! Me deem cinco minutos. Vou com vocês!" Há tempos eu sonhava em voltar para os Estados Unidos, o lugar onde passei minha infância feliz, mas não sabia como tornar isso realidade. Uma porta acabara de se abrir.

Seis semanas depois, fizemos o teste. Logo, os pequenos envelopes chegaram. Eu tinha obtido uma pontuação no percentil 97, transformando meu sonho de miragem em uma possibilidade concreta. Acelerei o passo e me inscrevi em várias universidades. Dr. Shrikant escreveu uma carta de recomendação brilhante para mim, que provavelmente garantiu minha aprovação. Em pouco tempo, recebi propostas de admissão da Universidade de Columbia, da Universidade de Michigan e da Universidade Cornell — todas com bolsas de estudo integrais, incluindo despesas de moradia. Era bom demais para ser verdade!

Quando contei ao meu pai, ele ficou atônito. Ele não conseguia acreditar que, sozinho, eu havia conseguido uma bolsa integral para a Universidade de Columbia, que tinha o departamento de marketing mais bem avaliado do mundo. Eu estava prestes a me tornar um professor de marketing. Dois anos antes, eu sequer sabia o que a palavra "marketing" significava!

A ironia é que fui o único daquele grupo de oito alunos que acabou indo para os Estados Unidos fazer doutorado. Ninguém sabe como minha vida teria se desenrolado se eu tivesse descido para o café da manhã cinco minutos antes ou cinco minutos depois naquela manhã.

Meus pais ainda estavam na África, então eu me preparei para deixar a Índia sozinho. Fui a Kesur para me despedir de meu avô, tios e primos. Era a temporada de monções; tinha água e lama por toda parte. Meu primo me levou até o ponto de ônibus no trator. Após uma viagem de três horas até Ratlam, passei alguns dias com a família da minha mãe. Tenho uma foto minha com guirlandas de flores ao redor do pescoço sendo abençoado por meu avô materno na estação de trem. O teto do trem atrás de mim na foto estava lotado de pessoas que não conseguiram encontrar lugar dentro dele. A loteria da vida tinha me dado uma oportunidade que era inimaginável para eles.

Após alguns dias em Mumbai, segui para o Aeroporto Internacional de Santa Cruz, com US$65 na carteira, duas malas no compartimento de bagagem do avião e um emaranhado de pensamentos, emoções e sonhos na cabeça. Eu havia me enfiado em outra montanha-russa. O que estava por vir?

Reflexões

O medo impulsionou minha decisão de ir para a faculdade de engenharia. Era tudo sobre maximizar as chances de conseguir um emprego. Não sobre conhecer a mim mesmo e seguir minha paixão.

> *Relembre um momento em que você enfrentou uma decisão semelhante. Como tomou essa decisão? De que modo você se beneficiou ou não ao tomar a decisão dessa maneira?*

A tradição do trote revelou o sadismo latente em muitos. Isso refletiu o ditado de que o poder não muda a pessoa; ao contrário, ele revela quem você é.

> *Você já observou isso em si mesmo ou em outras pessoas? Uma vez que nos tornamos cientes dessas tendências, o que podemos fazer para combatê-las?*

A greve dos universitários foi insensata e insignificante. Não serviu para nada além de atrapalhar nossos estudos.

Você já se pegou envolvido no pensamento coletivo, em que um grupo inicia uma ação claramente equivocada e que não pode levar a um bom resultado?

Tive meu primeiro episódio de depressão profunda ainda na faculdade. Meu mundo encolheu, e senti que não tinha nenhuma alternativa e nenhum recurso. Precisei sair dessa situação e descobrir como sobreviver.

Você se lembra de ter tido uma experiência com depressão? Como lidou com isso? O que faria diferente hoje?

Encontrar meus amigos que estavam indo para a Agência de Informações dos EUA acabou sendo um dos momentos mais importantes da minha vida. Tive um vislumbre de oportunidade e imediatamente agi de acordo com ela.

Você se lembra de algum desses momentos decisivos em sua vida? Oportunidades surgiram e você não as aproveitou? O que você poderia fazer para pensar de maneira diferente sobre essas situações no futuro?

6

Nova York, Nova York

Em 25 de agosto de 1981, onze anos e meio após retornar à Índia, aterrissei no Aeroporto JFK, em Nova York. De certa forma, esses anos foram uma despedida; voltar para os Estados Unidos parecia um pouco como voltar para "casa".

Com US$65 em dinheiro e sem cartão de crédito, eu teria que planejar cada centavo até receber minha bolsa de estudos da Columbia. Então eu precisava de um lugar barato para ficar naquela primeira noite. A atendente no balcão de informações do aeroporto sugeriu o YMCA, na Times Square. A corrida de táxi do aeroporto até o centro de Manhattan foi empolgante — e ao mesmo tempo desanimadora. Nova York parecia abandonada e muito mais suja do que minhas lembranças áureas da América do Norte, com pichações por toda parte — nos trens, nas paredes, nos fachadas dos edifícios. O táxi parou no Y, que ficava ao lado de um cinema pornô — algo inconcebível na Índia. Fiz o check-in, enfiei minha bagagem no quarto minúsculo e saí para explorar o bairro. Havia muitos bêbados e drogados cambaleando pela rua. Em cada esquina, prostitutas em minissaias justas e brilhantes e saltos incrivelmente altos me faziam propostas quando eu passava.

Atordoado, eu me refugiei no santuário do meu quarto apertado.

Após uma noite de insônia devido ao *jet lag*, peguei um táxi amarelo Checker para a International House, que seria meu lar pelos próximos dois anos. A poucos quarteirões ao norte do campus de Columbia, a I-House acomodava 500 alunos de pós-graduação de mais de 80 países. Foi reconfortante ver alguns rostos indianos, incluindo a pessoa que fez meu check-in. O quarto era pequeno e moderno, não muito diferente do Y.

Restando apenas US$20, fui até a universidade para informar que havia chegado e perguntar sobre o acesso ao dinheiro da minha bolsa de estudos. O pessoal do escritório de doutorado da Escola de Negócios de Columbia, no Uris Hall, me recebeu com muita cordialidade. Eles me entregaram um cheque no valor de US$300 e me encaminharam ao Chemical Bank para abrir uma conta.

Antes de ir, parei no banheiro. Na parede do banheiro, estavam rabiscadas as palavras: "Se você votou no Reagan, não pode cagar aqui — porque seu cuzão está em Washington." Soltei uma gargalhada com o delicioso senso de humor norte-americano — adorei a irreverência, a consciência política! O contraste era dramático. A Índia fora liderada recentemente pelo esguio Morarji Desai, um homem puritano e inexpressivo que bebia a própria urina por seus supostos benefícios à saúde. Apesar da predileção pelo "uísque de virilha", ele viveu até os 99 anos, então talvez tivesse alguma razão!

Depois do clima de *Mad Max* da Times Square, Morningside Heights estava pacífica e tranquila. Mas aqui o perigo também estava à espreita. O campus da Columbia ficava na periferia do Harlem. Na época, o crime estava aumentando na cidade de Nova York, com 2.100 assassinatos e mais de 120 mil roubos em 1981, mais do que em qualquer outro ano. Os estudantes eram vítimas de assaltos rotineiros no curto trajeto entre o campus e a I-House.

Meca do Marketing — ou Caos?

Dois anos antes, eu não sabia o que era marketing; quase não se falava disso na Índia. Agora, estava nadando em um verdadeiro tsunami de marketing. Mais de 50% dos recursos de marketing do mundo estavam sendo gastos nos Estados Unidos, visando 4% da população mundial. Você era inundado com anúncios na TV, no rádio, no jornal, na sua caixa de correio, em outdoors, na parte de cima dos táxis, nas laterais dos ônibus e edifícios, no metrô, acima dos mictórios, em todo lugar! Era inevitável. Na Índia, o marketing tinha uma função comercial secundária; aqui, era uma realidade onipresente e opressiva.

Na TV, era a história real que envolvia dois Eddies. O prefeito Ed Koch, impetuoso e irritante, parecia estar em todo lugar, sempre abordando as pessoas na rua e exigindo saber: "Como estou me saindo?" Em todos os canais, o Crazy Eddie, de olhos arregalados, fazia propaganda dia e noite para sua loja de eletrônicos, balançando os braços e gritando: "Nossos preços são *ins-a-a-a-nos*!" O *New York Times* de domingo tinha quase 8cm de espessura, sendo que 5 deles eram preenchidos por anúncios, incluindo milhares de cupons. Eu me perguntava: "Como pode o mesmo lugar fechar as portas toda semana? Será que alguém compra algo que não esteja em promoção?"

A publicidade e a badalação constantes fizeram com que eu me lembrasse de uma frase de Shakespeare: "Uma história contada por um idiota, cheia de som e fúria, sem significado algum." Será que eu havia me inscrito para me tornar um futuro sacerdote desse tipo de negócio — dessa forma exaustiva e tipicamente norte-americana de propaganda enganosa?

Comecei a ficar inseguro sobre minha escolha de carreira. Eu me perguntava qual seria o impacto do marketing onipresente. "Quanto as empresas gastam com marketing? Quão bem isso funciona? É eficiente? É eficaz? É ético? É bom para as empresas? É bom para a sociedade? É bom para os clientes?" Essas perguntas definiriam minha carreira e acabariam direcionando minha busca por uma maneira melhor de fazer negócios.

Torre de Marfim da Ivy League

Eu tinha pouco conhecimento sobre a Escola de Negócios de Columbia, a não ser o fato de que tinha o departamento de marketing mais bem avaliado do mundo (medido pelo número de publicações de seu corpo docente em periódicos de destaque). Todos os escritórios da universidade eram ocupados por um nome conhecido no mundo acadêmico. Meu primeiro trabalho como assistente de pesquisa foi com o lendário professor John Howard, que havia publicado *The Theory of Buyer Behavior* em 1967 em parceria com Jagdish Sheth (que se tornaria meu mentor uma década depois).

Logo percebi que havia entrado na derradeira torre de marfim acadêmica. Cheguei à Columbia em 1981, no início do que viria a ser conhecido e celebrado como a Década da Ganância, simbolizada por Gordon

Gekko no filme *Wall Street* de 1987. A Escola de Negócios de Columbia estava situada em meio à sujeira, ao crime e à corrupção da cidade de Nova York e do Harlem, mas o trabalho feito lá tinha pouco a ver com o que estava acontecendo na sociedade. Não havia outro propósito senão ajudar as empresas a obter ainda mais lucros, capacitar os alunos de MBA a conseguir empregos bem remunerados e produzir o maior número possível de publicações. Maximização de lucros e maximização de publicações — esse era o sistema de valores. Ninguém no departamento poderia dizer de que maneira seu trabalho (todos eram homens) causou um impacto positivo no mundo.

Don Lehmann era a pessoa mais autoconsciente do departamento. Ele era espirituoso e humilde, afirmando: "Não me levo a sério, mas levo meu trabalho muito a sério." Don era o único que parecia ter pensado no panorama geral, lamentando os incessantes truques do marketing. Ele perguntava: "Será que nos resumimos a um departamento de promoções relâmpago e cupons de desconto?"[1]

Na primeira confraternização entre professores e alunos de doutorado, outro membro do corpo docente, Don Morrison, fez o que, tenho certeza, era sua piada anual nesses eventos: "Bem-vindos ao programa de doutorado. Espero que percebam que um doutorando é um indivíduo único que voluntariamente abre mão da renda atual para abdicar de uma renda futura." Isso provocou gargalhadas de nervosismo, especialmente entre os alunos norte-americanos. "E só agora você avisa!", alguém gritou.

Logo percebi que havia uma diferença básica entre os alunos norte-americanos no programa de doutorado e aqueles que vieram do exterior, principalmente da Índia. Para os norte-americanos, o que Don Morrison disse era a pura verdade. A maioria já tinha diplomas de MBA, que eram o bilhete premiado para uma ascensão rápida no mundo corporativo da América do Norte. Se eles conseguissem um emprego em uma empresa e fossem bem-sucedidos, mesmo que de forma moderada, a renda deles dispararia. Esses alunos haviam sacrificado a renda que teriam recebido para se inscrever em um programa de doutorado de três a quatro anos com uma bolsa de estudos que mal cobria suas despesas básicas. Eles

1 As promoções relâmpago, ou "Bluelight Specials", eram uma tática usada pela rede de varejo Kmart; sirenes azuis piscantes no centro da loja eram acionadas anunciando descontos em um item, acompanhadas por um anúncio no alto-falante: "Atenção, clientes da Kmart!" Essa frase se tornou parte da cultura popular norte-americana.

então conseguiam um trabalho acadêmico com uma remuneração mais baixa; seu salário aumentaria lentamente ao longo do tempo e, por fim, atingiria um patamar. Os alunos norte-americanos que ingressavam em programas de doutorado tinham que ser verdadeiramente motivados pelo amor à bolsa de estudos e ao trabalho docente.

O cálculo era muito diferente para a maioria dos alunos estrangeiros, e certamente para mim. Não baseei minha decisão de me tornar um acadêmico de marketing em propósito ou paixão. Minhas oportunidades eram quase nulas. Meu MBA indiano não me possibilitou obter um visto de trabalho nos Estados Unidos. Para mim, o programa de doutorado era um meio de atingir dois objetivos: retornar aos Estados Unidos e ter uma vida decente no futuro. Certamente não era minha vocação.

Na década de 1980, havia uma séria escassez de estudantes de doutorado na área de negócios nos Estados Unidos. A procura por cursos de administração estava rápido crescimento, portanto as universidades precisavam contratar um grande número de doutores em administração. Havia, em média, sete vagas abertas para professores titulares para cada recém-formado no doutorado em marketing. Gostei dessa probabilidade.

Acadêmico por Acaso

Toda disciplina é uma espécie de sacerdócio. Entrar em um programa de doutorado é como vagar dentro de um mosteiro e se tornar um padre sem realmente acreditar em Deus. Alguns padres perdem a fé; nunca tive fé, para começo de conversa. O que acontece quando um ateu se torna padre?

Como um "acadêmico por acaso", eu era mais objetivo sobre o que estava estudando do que muitos de meus colegas. Não tinha bebido o Ki-Suco do marketing, então não corria risco de perder o discernimento.

Percebi que os profissionais de marketing estão em uma posição um tanto quanto única, como os psicólogos: eles são os sujeitos (aqueles que realizam uma ação) e os objetos (aqueles que sofrem a ação) de seu trabalho. São profissionais de marketing no trabalho e clientes na vida real. Eu tinha dificuldade em separar esses dois papéis, que muitas vezes pareciam conflitantes; o que era melhor para o profissional de marketing geralmente não o era para os clientes.

Os primeiros dois anos do programa de doutorado incluíam disciplinas fundamentais e seminários nos quais tínhamos que escrever artigos de pesquisa. Passei com facilidade pelas disciplinas, escrevi artigos que não me interessavam e me saí bem no teste de avaliação geral no final dos dois anos. Achei a maioria da produção acadêmica maçante. Meus professores sempre escreviam em meus artigos: "Por favor, deixe este texto mais acadêmico."

Na época, não percebi, mas o que estava faltando para mim era um objetivo mais nobre para a pesquisa que estávamos fazendo; tudo se resumia a um esforço incansável para obter mais resultados nas principais publicações. Para isso, era preciso empregar um rigor matemático extraordinário em questões (que me pareciam) triviais. Os artigos mais elogiados eram repletos de métodos quantitativos sofisticados e de equações ininteligíveis — quanto mais densos, melhor. As pessoas competiam para superar umas às outras em quantificação.

Eu estava cada vez mais desiludido com minha trajetória profissional; desde que tropecei nela, sentia que minha carreira havia me escolhido, e não o contrário. O marketing, eu lamentei para mim mesmo, não é uma profissão que se justifique por si só. O mundo precisa de médicos, bombeiros, engenheiros; até mesmo de alguns advogados. Mas será que precisa mesmo de mais profissionais de marketing?

Passada uma década do início do meu curso superior, nada disso tinha me inspirado ou engajado de verdade: o curso de engenharia, o MBA e agora o doutorado. Eu me perguntava: "Por que sou tão diferente dos meus colegas? Por que não consigo me interessar de verdade por essas coisas?"

Eu era um peixe fora d'água nesse ambiente. O falso corporativismo é um combustível muito fraco para mim; se meu coração não estiver engajado no que estou fazendo, se eu não estiver inspirado, rapidamente ficarei sem energia e motivação. Em alguns momentos, fui intelectualmente estimulado no doutorado, mas nunca me engajei emocionalmente — nenhuma vez.

Eu podia ser um peixe fora d'água, mas, comparado à maioria dos alunos, eu era um peixe rico! Na época, o salário mínimo era de US$3,35 por hora. Alguns de meus professores me contrataram para fazer análises estatísticas para seus projetos de consultoria e me pagavam US$25 por hora. Eu também dava aulas particulares de estatística para alunos de MBA pelo mesmo valor. Terceirizava o trabalho de entrada de dados (feito em cartões de perfuração da IBM na época) para meus amigos das artes liberais no I-House. Eu pagava US$5 por hora para eles, o que os deixava entusiasmados, enquanto cobrava dos professores US$25. O capitalista que havia em mim estava vivo e passava bem!

Drama do Dote

Em dezembro de 1983, viajei para a Índia para o casamento do meu primo Gajendra. Meus pais também estavam lá, vindos da Zâmbia.

Aos 22 anos, minha irmã havia atingido a "idade de casar", então meus pais começaram a procurar um companheiro adequado. Após se formar na universidade, Manju estava lecionando em uma escola primária na Zâmbia. Meu pai nos disse para não contar a ninguém que ela tinha trabalhado fora de casa. Eu não conseguia acreditar; por que isso seria uma coisa ruim? De alguma forma, isso mancharia a honra da nossa família. Ele pediu ajuda à comunidade Rajput de seu país para "encontrar um bom rapaz" para ela. E deixou claro que estava disposto a pagar um dote grande. Ele estava ganhando um bom salário trabalhando para a Agência Canadense de Desenvolvimento Internacional e havia economizado dinheiro para esse fim.

O futuro casamento de uma filha era o pagamento antecipado que todo pai indiano temia, especialmente um pai Rajput, que esperava ter que pagar um dote grande para garantir um "bom" noivo. Os pais Rajput se referiam às filhas, de forma rotineira e sem ironia, como "passivos", como em: "Tenho um filho e dois passivos".

A atitude dele me deixou indignado. Eu odiava a prática do dote e estava consternado o fato de meu pai, tão instruído, ter cedido a esse tipo de pressão. Deixando de lado minha tendência de buscar harmonia, perguntei a ele: "Por que você está oferecendo um dote?" Ele respondeu irritado: "Você não entende nada; é ingênuo e idealista. Quando você faz parte de uma sociedade, deve viver de acordo com as regras dessa sociedade. Só quero o melhor para minha filha." Eu disse: "Que tipo de família e marido ela terá se é com isso que eles mais se importam?" Ele ignorou minhas objeções.[2]

2 Uma história verdadeira, frequentemente contada, ilustra a importância que o dote tinha na cultura Rajput. A festa de casamento de um de meus tios-avós estava a caminho do vilarejo da noiva quando receberam a notícia de que outra família estava disposta a pagar um dote maior. O ônibus do casamento foi prontamente redirecionado para o novo destino, enquanto a outra noiva esperava em vão pela chegada do futuro marido.

Após o casamento de Gajendra, ficamos em Kesur por alguns dias. No final do dia, vimos uma nuvem de poeira se formar e, então, um carro subindo a ladeira íngreme e entrando pelo portão da Rowla. Era o Tio Chaddha, um amigo próximo da família. O porta-malas de seu carro estava cheio de caixas de doces embrulhadas em papel dourado. Ele saltou do carro sorrindo e disse em voz alta: "Parabéns, parabéns! Os horóscopos combinaram!"

O marido que estávamos procurando para Manju era Sangram, meu colega de classe do ensino médio em St. Paul, que agora era médico. Nossas famílias se conheciam bem. No entanto, o mapa astrológico deles não combinava. Tio Chaddha levou ambos os mapas para a cidade sagrada próxima de Ujjain para consultar um astrólogo de categoria superior. Eles descobriram que, ao mudar a data de nascimento da minha irmã de 18 para 19 de junho, os mapas se tornaram uma combinação perfeita!

Manju se derramou em lágrimas de felicidade, e todos comemoramos até tarde da noite. Dois dias depois, fomos a Indore para formalizar o noivado. Meu pai se aproximou do futuro sogro de Manju (a quem todos chamavam de *Mamosa*, que significa tio materno; ele era o tio do Rei de Narsinghgarh) com as mãos juntas em um gesto subserviente. "*Hokum* (meu senhor), quanto posso oferecer?" O imponente Mamosa o encarou. "Quem diabos você pensa que eu sou? Acha que quero dinheiro de você? Sua filha será minha filha. Dê a ela o que quiser. Não fale comigo sobre dinheiro." Meu pai murmurou suas desculpas e recuou, parecendo se encolher um pouco diante dessa repreensão.

Ao presenciar essa resposta inesperada de Mamosa, fiquei instantaneamente aliviado e vingado. Eu sabia que Manju seria bem tratada nessa família, principalmente pelo sogro. O casamento aconteceu alguns meses depois, e ela teve um casamento feliz por 39 anos e não para por aí.

Depois que minha irmã se casou definitivamente, a atenção se voltou para mim. Eu nunca tinha discutido essa questão com meus pais, mas estava aberto tanto a um casamento arranjado quanto a conhecer alguém por conta própria. Meus pais começaram a me enviar "biografias" de moças Rajput. Depois de conhecer algumas delas, fiquei cada vez mais convencido de que seria mais feliz com uma pessoa menos tradicional, alguém mais compatível com meus valores e minha visão de mundo.

Dilema da Tese

Havia chegado a hora de escolher um tema para a minha tese. Dada minha natureza idealista, eu queria trabalhar com algo que interessasse, que me empolgasse. A maneira ideal de fazer isso teria sido buscar dentro de mim e escolher um problema não resolvido pelo qual eu me interessasse profundamente. Mas os professores nos desencorajavam, dizendo: "a melhor tese é uma tese concluída"; eles nos incentivavam a identificar uma pequena brecha na literatura, coletar alguns dados, usar um método sofisticado de análise, escrever sobre isso e seguir com nossa carreira acadêmica.

Enquanto eu tentava encontrar um tema, John Farley se aproximou de mim. John era um dos professores mais antigos do departamento. Ele também fazia parte do conselho de uma empresa chamada Greenwich Research Associates, que coletava dados do setor de serviços financeiros e vendia relatórios com base nesses dados. Eu havia trabalhado como assistente de pesquisa para um livro sobre planejamento estratégico que John havia escrito com outros dois professores da Columbia. Ele me disse: "Esta empresa tem muitos dados, mas não fez muita coisa com eles. Acho que temos uma tese aí dentro."

Essas foram as palavras mágicas; foi como ganhar na loteria. Eu estava me debatendo na parte mais funda da piscina e John acabara de me jogar um colete salva-vidas. Meus colegas, que estavam com dificuldade para encontrar tópicos viáveis para teses, ficaram com inveja. "Você tem tanta sorte!" Como no filme *O Poderoso Chefão*, John tinha me feito uma oferta irrecusável.

Não percebi que estava fazendo um pacto com o diabo; a oferta de John me proporcionou um alívio a curto prazo, mas me causaria dor a longo prazo. Não havia nada no projeto que me intrigasse ou me empolgasse, e nada de proveitoso sairia dele. Mas eu não tinha maturidade suficiente para saber o que realmente queria fazer, e não tinha coragem de dizer não a John.

Minha tese se transformou em um clássico caso de "colocar a carroça na frente dos bois". Eu já tinha os dados; agora precisava formular uma pergunta que conseguisse "responder" usando esses dados. Para isso, era preciso criar uma teoria e desenvolver um modelo matemático. Escrevi uma proposta e fiz algumas análises preliminares dos dados, mas as lacunas eram evidentes. Toda a estrutura frágil era sustentada por barbante e fita adesiva. Qualquer leitor inteligente poderia ver o que realmente estava acontecendo — e os acadêmicos não são nada além de inteligentes.

Em pouco tempo chegou a hora de ir para a conferência acadêmica de verão da American Marketing Association (AMA) em Dearborn, Michigan — o grande evento anual de recrutamento de profissionais acadêmicos de marketing. Com meu histórico na Columbia e John Farley como meu orientador, muitas das principais universidades estavam interessadas em mim. Minha programação durante os três dias foi preenchida com 25 entrevistas, incluindo Harvard Business School, Universidade de Michigan, Yale, Darden e muitas outras. Mas as entrevistas foram excruciantes. Quando descrevi minha tese, os professores perceberam e não hesitaram em dizer: “Isso é manipulação de dados! Você está tentando ajustar um modelo a dados que já existem. Boa sorte com isso.”

Voltei para Nova York e fiquei aguardando os editais dos campi para dar continuidade ao processo de entrevistas. Só tive notícias da Darden e da Universidade de Boston (BU). A BU me fez uma oferta. Eu adorava Boston e aceitei imediatamente. Eu tinha cerca de 10 meses para terminar a tese e me preparar para lecionar.

Durante o tempo em que estava tendo dificuldades com a tese, propus casamento de forma impulsiva e prematura a uma pessoa de quem gostava muito, mas não conhecia bem. Tínhamos passado algum tempo juntos, mas não namoramos de verdade. No entanto, eu achava que a conhecia bem o suficiente — muito melhor do que conheceria qualquer garota que conhecesse por meio do casamento arranjado. Ela recusou, o que é compreensível. A rejeição me deixou arrasado, e fiquei bastante deprimido. Eu passava os dias sozinho em meu apartamento, desanimado e sem conseguir trabalhar. Estava desmotivado e estagnado.

Seis meses se passaram em meio a uma confusão. Eu simplesmente não sabia como progredir na tese e não tinha ânimo para descobrir. A Columbia tinha me garantido ajuda financeira por três anos, período que já estava chegando ao fim. Implorei ao diretor do programa de doutorado para estender essa ajuda por um semestre, o que ele concordou com relutância. Liguei para a Universidade de Boston e disse ao diretor do departamento que entraria no programa um semestre mais tarde. Ele não ficou feliz com essa notícia, pois já me atribuído duas disciplinas para lecionar naquele outono, mas acabou concordando.

Eu não estava nem perto de concluir minha tese; na verdade, estava mais perto do começo do que do fim. Eu era um ABD, "*all but dissertation*" (tudo, exceto a tese), o cemitério de elefantes de muitos doutorandos. Dois em cada três estudantes de doutorado em alguns programas nunca completam suas teses; eu temia muito esse fosse o meu destino.

Fuga de Nova York

Eu não tinha carteira de motorista, então pedi a dois amigos para me ajudar a fazer minha mudança. Sushil voou do outro lado do país, da Califórnia, até Nova York e Ravi veio do Alabama. Alugamos um carro e um reboque da U-Haul e partimos para Boston em uma fria tarde do início de janeiro. A expectativa do que estava por vir me enchia de apreensão.

À medida que anoitecia, a rodovia ficou perigosa. Uma camada invisível de gelo negro cobria grandes trechos da I-95. Não acostumado a dirigir nessas condições, Sushil pisou no freio e virou levemente o volante para mudar de faixa. As rodas travaram, fazendo com que o carro e o reboque girassem na rodovia, aparentemente em câmera lenta. Paramos, apontando de volta para Nova York. Seria esse um presságio de como minha vida seria em Boston? Perigos invisíveis, girando sobre rodas, enfrentando ameaças existenciais, retrocedendo?

Chegamos a Boston tarde da noite, passando por ruas desertas e geladas, com muita neve suja amontoada, até encontrar o pequeno complexo de apartamentos de alvenaria que seria minha casa. No dia seguinte, depois que meus amigos partiram, peguei um ônibus até uma loja de móveis próxima e, em uma hora, comprei todos os móveis de que precisava. Custou muito mais do que eu havia economizado. Fiz um parcelamento com uma taxa de juros exorbitante. Então, fui comprar os utensílios para a cozinha e o banheiro.

Na Escola de Negócios da Universidade de Boston, conheci o diretor do meu departamento. Don Kanter era um psicólogo organizacional mal-humorado e ex-executivo de publicidade cuja fama era de ter feito parte da equipe que criou o personagem Mr. Clean. Ele me alocou em um escritório sem janelas no subsolo de uma antiga construção de pedras vermelhas na Commonwealth Avenue, perto da Kenmore Square e do Fenway Park. Eu tinha duas semanas para me preparar para minha primeira aula. Eu daria aulas à noite no MBA em gestão de marketing.

Durante meus três anos e meio na Columbia, não tínhamos passado um minuto sequer aprendendo como ensinar; a única coisa que importava era aprender a publicar (o que eu também não havia conseguido). Eu tinha 26 anos e meio e não havia concluído meu doutorado. Meus alunos tinham, em média, 38 anos e mais de uma década de experiência profissional.

O segredinho sujo da formação em administração nos Estados Unidos é que as universidades geralmente confiam a jovens de 26 anos a tarefa de ensinar alunos de pós-graduação de 40 anos sobre algo que eles mesmos nunca praticaram, sem nenhuma orientação sobre como estruturar uma experiência de aprendizagem significativa.

Tive que encarar a possibilidade de ministrar uma aula de três horas — 180 minutos, 10.800 segundos — à noite, durante as quais eu teria que envolver e impressionar 50 "alunos" exigentes e cansados: gerentes experientes que tinham trabalhado um dia inteiro. Eles (ou as empresas para as quais trabalhavam) estavam pagando caro para estar lá; a mensalidade da BU era mais alta do que a de Harvard.

O temido dia da minha primeira aula havia chegado. Em meu escritório no subsolo, fiz exercícios para aquecer as cordas vocais. Em seguida, me agasalhei e caminhei na escuridão gelada sobre a neve que estalava sob meus pés em direção ao prédio onde ficava a sala de aula, com a respiração visível no ar gelado. Ao entrar na sala ampla e bem iluminada, eu estava tremendo por dentro, mas tentei transmitir uma imagem de serenidade e competência. Segurando as 44 páginas de anotações manuscritas, eu me virei para o quadro-negro e escrevi em letras grandes: "O que é marketing?"

Ao final da aula, eu tinha usado apenas 17 páginas de minhas anotações. De alguma forma, as três horas passaram voando. Fiquei bastante aliviado; tinha gostado de estar diante da turma e ainda tinha 27 páginas de material que poderia usar na próxima aula. Talvez eu conseguisse pegar o jeito dessa coisa de ser professor, pelo menos a parte de ensinar.

Mais tarde naquela semana, tivemos uma reunião do corpo docente da Escola de Negócios. O diretor da BU, um imponente misantropo de um braço só chamado John Silber, estava presente. Ex-professor de filosofia da UT Austin, o cáustico Silber dirigiu a universidade como se fosse seu feudo particular, tendo sido diretor por 25 anos e reitor por mais seis. Ele se tornou o reitor de universidade mais bem pago do país. Silber desprezava abertamente o corpo docente. Ele desdenhava especialmente das professoras, referindo-se ao departamento de inglês como "a merda de um maldito matriarcado" (tinha uma mulher como diretora e 6 professoras em um total de 26). Silber me lembrava de um vilão de histórias em quadrinhos. Ele estabeleceu o padrão de liderança para toda a universidade. Isso se estendeu até no Departamento de Marketing, que estava dividido em duas partes do corpo docente que não se falavam, cada uma ligada a um dos dois professores mais antigos. A situação me lembrava da célebre frase de Henry Kissinger: "A razão pela qual a política universitária é tão cruel é porque os riscos são muito baixos."

Após meu primeiro mês na BU, senti como se estivesse nadando em um tanque cheio de tubarões. Foi então que recebi uma carta sinistra do Immigration and Naturalization Service (INS). Nela, constava que meu pedido de visto de trabalho havia sido negado, pois eu não havia cumprido o requisito de permanência de dois anos no país de origem do meu visto de intercâmbio. A carta era uma notificação formal de deportação, terminando com "Você está intimado a deixar os Estados Unidos dentro de trinta dias".

Foi um soco no estômago. Eu tinha vindo para os Estados Unidos com um visto de intercâmbio porque me disseram que era menos provável que ele fosse sr negado do que um visto de estudante comum. Eu poderia abrir mão da obrigatoriedade de dois anos de residência no país de origem se conseguisse que três órgãos do governo da Índia enviassem cartas ao Departamento de Estado. Eu tinha solicitado as cartas meses antes. Duas chegaram a tempo; a terceira chegou uma semana depois de eu ter começado a trabalhar. Como resultado, eu estava em situação "irregular", não estava mais legalmente no país.

O escritório internacional da BU me aconselhou a contratar um advogado e entrar com um recurso. Meu salário era de US$32 mil por ano. Eu já estava bastante endividado por causa dos móveis. Encontrei um advogado de imigração nas páginas amarelas. Era uma figura bastante local de Boston: com um terno escuro listrado de três peças, corpulento, cabelos brancos como neve, bochechas rosadas, bem irlandês. Ele disse que entraria com um recurso no Departamento de Estado, alegando que as circunstâncias eram atenuantes e me garantiu que eu poderia continuar lecionando. E disse para eu deixar um cheque com sua secretária como um adiantamento.

Enquanto eu tentava organizar minha vida profissional, minha vida pessoal estava prestes a ficar ainda mais complicada.

Reflexões

Logo fiquei desiludido com minha escolha profissional de me tornar professor de marketing. Mas é nessa desilusão que reside uma oportunidade. Quando você vê algo que a maioria dos outros não vê, essa pode ser a sua chance de agregar valor, de fazer a diferença.

> *Você já se sentiu descontente ou teve sérias dúvidas sobre sua profissão? Consegue pensar em maneiras de direcionar essa angústia para uma ação produtiva?*

Meus estudos não tinham qualquer referência a um propósito maior, o que foi trágico. O ensino sem propósito absorve jovens, que são mais idealistas do que jamais serão na vida, e destrói esse idealismo.

> *Sua formação alimentou ou restringiu seu idealismo inato? Se a atenuou, como você conseguiu mantê-lo vivo? Se você tem filhos, como pode ajudá-los a preservar e agir de acordo com o idealismo deles?*

A submissão do meu pai à tradição cultural de oferecer um dote para o casamento da minha irmã foi decepcionante e perturbadora para mim. Eu entendi a justificativa, mas também percebi pela primeira vez quão diferentes éramos em nossas visões de mundo.

> *Você se lembra da primeira vez que percebeu que seus valores e os de seus pais eram diferentes? Como reagiu a essa constatação?*

Quando John Farley me ofereceu a oportunidade de trabalhar com ele em minha tese, isso me pareceu um presente divino. Aliviou minha dor de curto prazo de tentar encontrar um tema, mas plantou as sementes para desafios muito maiores no futuro. E também me privou da oportunidade de fazer uma pesquisa que fosse relevante para mim.

> *Reflita sobre um momento em que você fez a escolha mais conveniente em vez da "certa". Que orientação você daria a seu eu mais jovem, do ponto de vista atual, sobre como tomar essas decisões?*

7
Boston Blues

Em uma das minhas noites solitárias em casa, em Boston, recebi o telefonema de uma amiga nepalesa da International House de Nova York. Alguns meses antes, ela tinha levado uma amiga da escola, de Kathmandu, para minha festa de despedida em Nova York. Ela me perguntou: "Você se lembra da minha amiga Shailu? Gostaria de vê-la de novo?"

Eu me lembrava dela, embora mal tivéssemos conversado na festa. Eu disse à minha amiga que aceitaria um novo encontro. "Você pode ir a East Lansing, em Michigan?", ela perguntou. "Ela vai se formar na Universidade Estadual de Michigan."

Eu estava muito solitário em Boston, e isso foi minha salvação. Era quase o final do semestre, então eu tinha tempo para fazer uma viagem.

Passei alguns dias agradáveis em Michigan. Shailu e eu conversamos até tarde da noite. Sua família era nepalesa de origem punjabi. Ela me pareceu ser animada, inteligente, culta e divertida de conversar. Ela tinha concluído um mestrado em comunicação e estava prestes a terminar um segundo em relações trabalhistas e industriais. Identificamos algumas semelhanças em nossas origens; ela havia passado parte da infância nos Estados Unidos; seu pai foi embaixador na ONU e, depois, nos Estados Unidos. A família retornou ao Nepal quando ela tinha 7 anos. Ela perguntou se poderíamos dirigir até Kalamazoo, a algumas horas dali, para eu conhecer sua irmã e seu cunhado, um professor de marketing na Western Michigan University nascido no Paquistão. Ambos foram gentis e simpáticos.

Em 15 de maio de 1985, liguei para meus pais na Zâmbia para contar que havia conhecido alguém com quem talvez quisesse me casar. Era de manhã cedo lá. Meu pai imediatamente teve uma explosão de raiva. "Isso é um ultraje, é inaceitável! Nunca concordarei com isso." Ele se serviu de uma bebida forte e continuou seu discurso enfurecido. "Você terá que escolher entre ela ou nós."

Eu esperava que a conversa fosse difícil, mas nada parecido com isso. Quando desliguei o telefone, eu estava tremendo. Eu acreditava, ingenuamente que meu pai, um homem muito culto que tinha vivido em diversos países ao redor do mundo, teria a mente aberta em relação a isso. Muitos dias depois, recebi um envelope grosso, coberto de selos coloridos da Zâmbia. Eis parte do que meu pai escreveu:

> *Raj, devo dizer que é lamentável que você esteja esquecendo quem é e onde estão suas raízes. Você está cercado de amigos que não têm uma herança rica como a sua. Você é uma pessoa muito direta e simples e está sofrendo uma lavagem cerebral. Infelizmente, em um lugar distante, não recebe conselhos adequados e confiáveis.*
>
> *Tenho plena certeza de que você se arrependerá se, depois de nos abandonar, decidir seguir o próprio caminho. Acho que é por causa da solidão e da lavagem cerebral que hoje você está preparado para sacrificar seus pais, seu irmão, sua irmã, entes queridos, bem como sua cultura, seu modo de vida e sua identidade. Raj, pense bastante e analise a si mesmo para tente entender por que de repente resolveu jogar essa bomba sobre nós!*
>
> *Quanto a isso, nossa posição é clara. Você terá que fazer uma escolha entre nós, Kesur, Berchha, Indore etc. e a garota que você parece estar "adorando".*
>
> *Pode chamar isso de mesquinhez minha, mas é nossa visão realista dessa situação no seu interesse e no interesse de todas as pessoas envolvidas. Fiz muitos sacrifícios por Kesur, os quais vocês conhecem muito bem. O resultado é que hoje Kesur avançou muito e estou orgulhoso disso. Todos, inclusive nós, tinham grandes esperanças de que você continuasse a engrandecer o nome de Kesur, mas isso parece um sonho distante após nossa conversa. Em hipótese alguma deixarei que você ou qualquer outra pessoa destrua o que valorizei e construí ao longo da vida.*

De nove em cada dez casos, vi relacionamentos como esses fracassarem. Eles devem ser considerados como "casamentos de conveniência". Como sabe, tenho muitos amigos punjabis, bastante próximos. Mas sempre discordamos em relação a questões de "valores", sejam de natureza social ou financeira. Basicamente, os punjabis são pessoas egoístas e farão qualquer coisa por seus interesses. Isso é completamente diferente de nós. É por causa desse egoísmo que eles estão prontos para sacrificar sua identidade. Nós não somos assim. Pelo que você está sugerindo, eles ganharão, e nós perderemos em tudo. Dê uma olhada no jornal India Abroad. *Quantos anúncios de casamento aparecem para essas pessoas? Onde elas poderão encontrar um jovem bonito, culto e estabelecido como você? Por que não deveriam sacrificar a identidade deles por isso?*

Desde que você soltou essa bomba, sua mãe tem estado deprimida e calada. Ela não é de falar muito, mas tenho certeza de que está ardendo em fogo eterno e que isso pode destruí-la um dia. Você sabe muito bem quais eram as expectativas dela.

Começo a sentir que os dias de prosperidade de nossa família estão chegando ao fim. Nunca me senti tão impotente. Agora está tudo em suas mãos. Espero que a sensatez prevaleça e que você não decida nos enterrar vivos.

Após alguns dias, chegaram mais duas cartas; meu pai havia pedido a um de meus tios e a um tio-avô que ajudassem a me dissuadir.

Abalado com o bombardeio de insultos e palavras duras, procurei entender o que eu sentia. Meu choque e consternação aos poucos deram lugar à raiva. Eu me recusei a concordar com um sistema tradicional que maltratava as pessoas. Meu idealismo e meus valores latentes vieram à tona. A reação radical de meu pai fortaleceu minha determinação e me deixou mais determinado do que antes a seguir meu caminho.

Escrevi uma carta de 25 páginas em resposta. Aqui está parte do que escrevi:

Tem me entristecido profundamente ver o grau de infelicidade que pareço ter causado a você.

Gostaria de abordar alguns pontos da carta de Masosa[1]*. Como era de se esperar, ele exaltou as virtudes do sistema de castas e da comunidade, e o "fato" de que casamentos entre castas "nunca" funcionam. Considero esse conselho particularmente pouco convincente vindo de um homem com seu histórico. A carta dele também continha uma passagem curiosa: "Teria sido muito melhor se você tivesse se casado com uma garota norte-americana." Você concorda com isso? Eu me pergunto: com base em que noção de valores distorcida estou sendo julgado? A pele branca de uma norte-americana justificaria todo o restante? Qual seria sua reação se eu quisesse me casar com uma garota norte-americana negra? Não ouso nem sequer imaginar.*

O fato é que nossa sociedade Rajput é caracterizada por uma mentalidade limitada, cega e dogmática que leva a atrocidades indescritíveis em nome da preservação da cultura e da tradição.

Posso lhe dizer o seguinte: a comunidade Rajput tem quase zero influência sobre minhas ações. Meu conhecimento sobre castas é limitado e meu interesse neles é ainda menor. Considero o sistema de castas irrelevante; o que importam são as pessoas. Preciso viver de acordo com minha consciência.

Peço que não me rejeite por motivos tão fracos. Eu mereço mais como seu filho.

Pouco tempo depois, meu pai fez planos de vir a Boston para conseguir pessoalmente o que não conseguiu por telefone ou cartas.

Algumas semanas após minha viagem a Michigan, Shailu se formou e foi até Boston com alguns dos amigos da faculdade. Ela gostou tanto de lá que decidiu ficar, passando a dividir um apartamento com uma colega que havia se mudado recentemente. Eu não tinha muita experiência com relacionamentos e gostava de passar tempo com ela. Para mim, poder escolher com quem me casar era fundamental.

1 "Masosa" refere-se a meu tio-avô, um homem culturalmente sofisticado que serviu no Exército Britânico antes da Independência da Índia. Casado com a irmã da mãe de meu pai, ele deixou a esposa no vilarejo enquanto vivia em Jaipur com seu verdadeiro amor, uma mulher britânica.

As coisas começaram a acontecer a uma velocidade surpreendente. Em meu 27º aniversário, em 28 de junho de 1985, comprei meu primeiro carro — um Honda Accord LX azul-escuro novinho em folha. Seis dias depois, em 4 de julho, às margens do rio Charles, pedi Shailu em casamento. Ela aceitou em princípio, desde que sua família aprovasse. Eles moravam em Roma e deveriam chegar em alguns dias. Fomos de carro até Nova York para buscá-los no aeroporto. Mais tarde naquele dia, no hotel, pedi permissão formalmente ao pai dela para me casar com sua filha, e ele deu. Conheci a irmã mais nova de Shailu e fiquei impressionado com sua inteligência e vivacidade. No dia seguinte, Shailu e eu fomos de carro até Washington para conhecer sua outra irmã, com quem também simpatizei imediatamente.

Isso era um bônus incrível no relacionamento: eu me uniria a uma família grande de pessoas exuberantes, modernas, muito cultas e cosmopolitas — muito diferente da minha família, mais séria e formal. Os punjabis são como os texanos da Índia, personalidades sociáveis com energia de sobra. Eu não tinha um único parente nos Estados Unidos; agora teria uma família grande e solidária para chamar de minha.

O que mais me atraiu foi o pai de Shailu. Ram Chandra Malhotra era o meu ideal de uma figura paterna nobre: forte, sábio, amoroso, realizado, respeitado e religioso. Após uma carreira notável como funcionário público e embaixador nepalês, ele havia se juntado às Nações Unidas, primeiro em Bangkok, depois em Roma. Logo desenvolvi um vínculo profundo com ele. Nosso respeito era mútuo; ele me compreendia e me respeitava de uma maneira que meu pai nunca fez.

Meu relacionamento com Shailu progredia rapidamente, como um trem desgovernado. Embora tenha sido eu quem a pediu em casamento, tudo parecia predestinado de alguma forma. Como muitos indianos, talvez eu tivesse uma crença subconsciente de que a vida se desdobra de acordo com o destino. Tomado pela euforia do momento, ignorei inúmeros sinais preocupantes do que estava por vir: minha situação financeira estava complicada, eu não conseguia avançar em minha tese, meu trabalho como professor continuava sendo um desafio e minha situação de imigração era incerta. O mais importante de tudo, o dia de acerto de contas com meu pai estava muito próximo.

Fora da África

Meus pais foram de Lusaka para Roma de avião e passaram alguns dias lá. Meu pai sabia que meus futuros sogros moravam lá, mas não os encontrou; seria uma abertura para uma possibilidade que ele se recusava a considerar. Os dois chegaram a Boston com uma passagem de ida e volta, decididos a fazer o que fosse necessário, pelo tempo que fosse necessário, para me colocar de volta aos eixos.

Durante os três meses seguintes, meus pais ficaram hospedados em meu pequeno apartamento. A rotina era a mesma todos os dias. Eu saía para o trabalho com o coração apertado e, relutantemente, voltava para casa à noite. Todas as noites, meu pai bebia vários copos de uísque, refrigerante e água, sempre me dizendo por que o que eu estava fazendo era errado e totalmente inaceitável. "Você é ingênuo, despretensioso, acredita demais nas pessoas. Você não entende como o mundo funciona. Não sabe como essas pessoas são. Elas são muito espertas, dissimuladas e não têm vínculos com sua cultura e suas raízes. Estão sempre tentando pegar jovens como você." Quando eu discordava, ele ficava irritado e dizia: "Como você pode ser tão egoísta a ponto de esquecer do seu compromisso com a família? Você só pensa em si mesmo."

Minha mãe ficava sentada em silêncio durante esses sermões. Ela não ousava se opor abertamente ao meu pai. Verdade seja dita, ela provavelmente se sentiria mais confortável com uma tradicional nora Rajput que falasse hindi; mas jamais colocaria a própria felicidade acima da minha.

Após seis semanas, meu pai finalmente concordou em se encontrar com Shailu. Ele deu um sermão sobre como éramos diferentes e por que isso nunca daria certo. E terminou com: "Volte para o seu povo." Quando ela tentou responder, ele não a deixou falar. "Garotas que se prezem não se defendem." Shailu suportou a atitude arrogante e os insultos do meu pai com graça e coragem extraordinárias. O encontro durou 45 minutos.

Shailu lecionava em meio período na Universidade de Boston, então eu podia vê-la durante o dia. Na maioria das noites, conversávamos por telefone. Meu pai pegava um telefone em outro cômodo para escutar nossas conversas. Um dia, ele não conseguiu se conter e explodiu: "Se você casar com meu filho, eu amaldiçoo esse casamento."

O clima no apartamento ficava cada dia pior. Era como eu imagino que deve ser viver dentro de uma panela de pressão. Perdi o foco e ficou cada vez mais difícil dar aula ou trabalhar em minha tese.

Uma noite, meu pai bebeu mais do que o habitual. Após repetir sua rotineira lista de críticas a mim, ele acrescentou: "Meu erro foi ter sido muito permissivo com você. Dei liberdade demais. Deixei você se safar de muita coisa." Balancei a cabeça, incrédulo. Ele se levantou, foi cambaleando até a cozinha e exclamou: "Se você casar com essa garota, eu me mato!" Pegou uma faca grande de cima da bancada e perfurou a pele de seu peito. Em segundos, o sangue se espalhou por sua *kurta* branca, formando um círculo marrom-avermelhado que se expandia.

Eu tinha corrido na direção dele quando ele pegou a faca. Quando vi o sangue em sua *kurta* e algumas gotas no chão de porcelanato, tudo escureceu; minhas pernas fraquejaram, e eu caí no chão aos prantos. Eu tinha chegado ao meu limite físico e emocional; não aguentava mais. Murmurei entre soluços: "Tudo bem, eu desisto. Não vou me casar com ela."

Assim que meu pai ouviu isso, ele passou por uma transformação milagrosa, me ajudou a levantar e disse: "Está tudo bem, *beta* (termo afetuoso para filho). Todos cometemos erros. Agora vai ficar tudo bem."

No passado, houve muitas vezes em que vi meu pai usar a inteligência para manipular as pessoas a fazerem sua vontade. Ele era estratégico em utilizar os instrumentos certos para obter o resultado desejado. Na época não percebi, mas foi exatamente isso que ele acabara de fazer comigo.

Depois de passar horas virando de um lado para o outro, sem entender direito o que tinha acabado de acontecer, finalmente caí em um sono inquieto.

Na manhã seguinte, meu pai estava bastante animado. Ele havia colocado alguns anúncios na seção de imóveis do *Boston Globe*. Ele disse: "Não faz sentido você pagar tanto pelo aluguel deste apartamento. Devíamos comprar um para você. Será um bom investimento."

Apenas concordei e fui trabalhar. Com o tempo, eu reconheceria esse tipo de atitude. Meu pai, assim como o pai dele, costumava usar dinheiro como instrumento, como uma forma de demonstrar seu poder e amor condicional. Agora que eu havia concordado em fazer o que ele queria, ele estava soltando as rédeas. A generosidade do pai seria mais uma vez derramada sobre o filho antes um rebelde. Eu não estava interessado em nada disso.

Descrevi o que havia acontecido para Shailu e expliquei que tínhamos que terminar. Ela recebeu a notícia com uma extraordinária serenidade e devolveu o anel que eu havia lhe dado. Uma semana depois, com sua missão cumprida, meus pais voltaram para a África para encerrar sua estadia de seis anos na Zâmbia. Eles logo se mudariam de volta para a Índia.

Nas semanas seguintes, vaguei pelo campus em um estado de completo torpor. Meu pensamento recorrente era: "*Não posso deixar esse homem comandar minha vida. É a minha vida e eu é que tomo as decisões. Se eu ceder a isso, nunca serei capaz de enfrentá-lo no que quer que seja. Nunca serei eu mesmo. Mesmo que isso seja um erro, o erro é meu.*" Meu pai me colocou em um beco sem saída; eu não conseguia enxergar uma saída para esse beco emocional.

Com tempo e espaço para refletir, aos poucos recuperei meu equilíbrio psicológico. Procurei Shailu e disse que me casaria com ela se ela ainda estivesse disposta. Ela disse que sim. Agora eu precisava descobrir como dar a notícia ao meu pai.

Não precisei esperar muito. Novamente recebi um envelope de aparência familiar do INS. Eu o abri e tirei a carta de dentro dele com mãos trêmulas. Nela, dizia que meu pedido de ajuste de minha situação havia sido aprovado. No entanto, como eu estava "em situação irregular", precisava me apresentar em um consulado dos EUA fora do país e solicitar a readmissão com meu novo visto dentro de 30 dias.

Meu advogado sugeriu que eu tentasse fazer isso em um país vizinho. Liguei para os consulados dos EUA no Canadá, México, Barbados e diversos outros países. Todos disseram a mesma coisa: "Você não pode vir para cá; vá para o seu país de origem e faça a solicitação de lá."

Estávamos no meio do semestre, mas não havia tempo para atrasos. Pedi a meus colegas para cobrirem minhas aulas e comprei uma passagem para a Índia. No caminho, parei em Roma por alguns dias (onde meus futuros sogros moravam). Fui ao consulado dos EUA todos os dias, implorando para que carimbassem meu passaporte. Eles se recusaram, então segui para Mumbai.

O advogado tinha me avisado que o consulado dos EUA procuraria evidências de que eu pretendia voltar para a Índia. Se não houvesse nenhuma, eles me considerariam um "imigrante em potencial" e me negariam o visto. Entrei em contato com o Dr. Srikanth, meu mentor durante o programa de MBA, que havia me dado uma recomendação muito positiva para minha candidatura ao doutorado. Perguntei se ele poderia me fazer uma oferta de emprego em sua empresa de consultoria e mantê-la aberta até que eu decidisse se queria voltar. Em poucas horas, ele me enviou uma carta de oferta com um visual impressionante. Com isso em mãos, fui para Indore para reunir documentos que comprovassem a quantidade de propriedades que tínhamos. Eu também precisava dizer ao meu pai que pretendia me casar com Shailu.

Meus pais haviam acabado de retornar da África e estavam morando em uma casa alugada. Meu primo Gajendra e alguns outros parentes estavam lá na noite em que cheguei. Eu disse ao meu pai: "Papa, o que você fez em Boston foi errado. Você nunca deu uma chance para Shailu. Você a rejeitou antes mesmo de conhecê-la. Além disso, escreveu cartas insultando os pais dela e se recusou a encontrá-los quando estava em Roma. É minha vida e minha decisão. Decidi que *vou* me casar com a Shailu."

Ele explodiu de raiva, e em pouco tempo estávamos gritando um com o outro. Em seguida, ele foi até o quarto e saiu de lá com o rifle Remington calibre 22 que eu conhecia muito bem. Ele resmungava: "Vou matar esse desgraçado. É melhor não ter um filho do que ter um filho assim."

Atordoado com a ameaça, meu primo rapidamente se colocou entre nós dois. Então, ele me levou às pressas para fora da casa e para a casa da minha irmã (ela tinha se casado um ano antes). Eu estava atônito. O que tinha acabado de acontecer?

Até hoje, não tenho nenhuma lembrança de meu pai segurando aquela arma. Mas meu primo Gajendra lembra claramente. Ele me contou isso alguns anos atrás, descrevendo de forma muito clara o que havia acontecido. Eu apaguei o episódio da minha memória por mais de três décadas. Desde então, aprendi que essa "amnésia dissociativa" protege nossa psique de reviver incidentes traumáticos. Esse mecanismo de sobrevivência foi ativado porque a dimensão desse trauma era demais para minha natureza sensível.

Gajendra também contou como meu pai tinha distorcido a história para nossos parentes. "Raj é muito simplório e inocente. Foi enganado por uma família esperta com valores norte-americanos superficiais. Esses casamentos nunca duram. Mesmo que ele se case com ela, tenho certeza de que logo se divorciarão. Então eu o casarei adequadamente."

Fiquei na casa da minha irmã por alguns dias. Após o almoço no segundo dia, eu me deitei para tirar uma soneca. Minha mãe tinha chegado e estava sentada na varanda do lado de fora, conversando com minha irmã Manju. Elas ouviram um tumulto na rua do lado de fora do complexo. As pessoas estavam gritando: "Kali Devi chegou!"

Tratava-se de um garoto de uma família pobre que morava nas proximidades. Ele tinha uma gagueira acentuada e parecia ter uma deficiência intelectual. De tempos em tempos, ele era possuído, aparentemente pela deusa Kali (considerada um símbolo de forte amor maternal). Quando esses "encantamentos" aconteciam, sua voz e conduta se transformavam. Ele falava fluentemente com uma voz adulta e um vocabulário que normalmente não tinha. Como já havia presenciado isso antes, minha irmã percebeu o que estava acontecendo e disse: "Mãe, você tem que ver isso." Elas correram para o local em que uma multidão havia se reunido ao redor do menino. Ele estava sentado ereto no chão com uma expressão serena. Quando minha mãe se aproximou, seus olhos encontraram os dela. Ela se inclinou para tocar seus pés e receber a bênção da deusa. Ele colocou a mão direita na cabeça dela e disse: "Filha, sei que você está preocupada com seu filho. Saiba que vai ficar tudo bem. Tudo está acontecendo exatamente como deveria."

Minha mãe, uma testemunha silenciosa do drama e do trauma dos meses anteriores, desabou em lágrimas enquanto minha irmã a abraçava. Manju mandou alguém vir me acordar e me levar até lá, mas o encanto havia se dissipado quando cheguei. O garoto estava de volta ao seu eu habitual. Quando me contaram o que aconteceu, fiquei ao mesmo tempo intrigado e confortado. As palavras dele foram profundamente reconfortantes para minha mãe, que talvez agora se sentisse um pouco mais fortalecida para enfrentar os tempos difíceis que estavam por vir. O episódio também me mostrou que, muitas vezes, a vida se desenrola de maneira misteriosa, que há experiências de vida que estão além de nossa compreensão.

No dia seguinte, eu me despedi da minha família (exceto de meu pai) e segui para Mumbai para a minha fatídica entrevista para a obtenção do visto. Entreguei minha solicitação no consulado dos EUA e esperei ansiosamente, olhando para os cartazes das atrações turísticas norte-americanas pendurados nas paredes. Sentei ao lado de uma imagem do Faneuil Hall em Boston, um lugar que eu amava. Fiquei olhando para ela com nostalgia. Será que eu conseguiria voltar para minha vida em Boston ou seria ali que meu sonho americano terminaria? Havia uma possibilidade real que meu visto fosse negado e eu não pudesse voltar. Meu trabalho, meus alunos, minha noiva, meu carro, meu apartamento, minha vida estavam todos me esperando em Boston. Agora tudo dependia do humor de um agente consular.

Após mutias horas de espera, uma janela de correr se abriu e uma voz rouca chamou meu nome. Um sujeito norte-americano grande e de aparência hostil, com uma barba ruiva espessa, me examinou de cima a baixo. Ele perguntou: "Você tem algum outro documento que comprove sua afirmação de que pretende voltar para a Índia?" Com o coração acelerado, coloquei minha pasta no balcão e a abri para ver o que mais eu poderia lhe entregar. Ele esticou o braço pela janela, agarrou a pasta e a puxou em sua direção. Sem dizer uma palavra, fechou a divisória.

Voltei com as pernas trêmulas e me sentei, convencido de que esse era o fim. O homem barbudo estava vasculhando minha pasta, procurando por evidências de que eu tinha inventado tudo sobre pretender voltar para a Índia — o que era verdade. Minha mente se esforçava para se adaptar à nova e triste realidade que parecia estar se desdobrando diante de meus olhos. O que eu faria? Onde viveria? Como sobreviveria? Eu mal conseguia respirar.

Não tenho ideia de quanto tempo se passou; pode ter sido dez minutos ou uma hora. Enfim, a janela mais à direita se abriu e alguém chamou meu nome. Quando cheguei lá, uma pessoa invisível deslizou a pasta com meu passaporte em cima para o lado fora e fechou a janela com força. Folheei as páginas do passaporte, procurando desesperadamente pelo característico adesivo do visto dos EUA. Quando finalmente o localizei, senti uma onda de alívio e incredulidade. As estrelas estavam do meu lado naquela noite abafada de Mumbai.

Peguei um táxi preto e amarelo surrado e segui para o aeroporto. Algumas horas depois, embarquei em um voo da KLM para Amsterdã e, então, de volta para Boston, um "estrangeiro" recentemente legalizado (a palavra depreciativa que os EUA usam para não cidadãos) e muito certamente um imigrante em potencial.

Um Casamento sem Bênçãos

Marcamos a data do casamento para quatro meses depois, 29 de março de 1986. Meio atordoado, segui os trâmites de olhar cardápios e locais para a cerimônia. Escolhemos um elegante prédio antigo no campus da BU chamado The Castle. Um professor de matemática da Cambridge College, que também era um sacerdote hindu, conduziria a cerimônia simples. Convidamos aproximadamente 75 pessoas, incluindo alguns de meus amigos de diversas partes dos Estados Unidos, a família e os amigos de Shailu, e alguns de meus colegas.

Minha maior tristeza era que eu estava me casando em um país distante, sem minha família, meu querido primo Gajendra e todos os outros parentes próximos. Na noite de 27 de março, o telefone tocou. Era meu pai. Sem rodeios, ele começou: "Quero que você adie o casamento." Surpreso, respondi: "Isso significa que você concorda?" Mesmo a essa altura, eu teria cancelado o casamento se pudéssemos ter um casamento tradicional indiano.

Houve uma longa pausa. E meu pai respondeu: "Vou pensar a respeito."

Eu sabia que não era suficiente. Parecia que eu estava sendo manipulado outra vez. Desliguei o telefone. Essa foi a última vez que nos falamos em cinco anos.

Esse último "troca-troca" emocional de última hora me afetou bastante. Aquele breve lampejo de esperança despedaçou meu coração já partido.

Eu estava anestesiado no dia do meu casamento. Era como se estivesse em um velório. Senti a ausência daqueles que eu amava muito mais do que a presença daqueles que *estavam* lá.

Isso foi, é claro, totalmente injusto com Shailu e sua família. Eu gostaria de ter tido condições emocionais de separar o drama com meu pai do meu casamento e da vida que estava tentando construir, mas as duas coisas estavam intrinsecamente ligadas.

Estávamos no meio do semestre, então uma lua de mel estava fora de cogitação — não que eu estivesse com muita vontade de comemorar. Eu me sentia deslocado. Não me sentia à vontade com Shailu; nossa casa de recém-casados tinha um clima carregado e tenso, e eu mal conseguia trabalhar.

Algumas semanas após o casamento, alugamos *Gente como a Gente*, vencedor do Oscar de Melhor Filme em 1981. É uma história partir o coração que começa com dois irmãos adolescentes que se envolvem em um acidente de barco no qual um deles morre afogado. O filho que morreu era o favorito da mãe. O sobrevivente havia tentado desesperadamente salvar o irmão, mas não conseguiu. O filme retrata o luto insuportável da família e a repreensão implícita da mãe ao filho sobrevivente, atormentado e cheio de: "Se um de vocês tivesse que morrer, por que ele? Por que não você?" Mergulhado na dor, ele tenta, sem sucesso, o suicídio e aos poucos é resgatado do desespero por um terapeuta experiente e atencioso.

Enquanto assistia, lágrimas escorriam pelo meu rosto. Minha nova esposa olhou para mim e disse: "O que você está fazendo? Por que está chorando?" Eu respondi: "Este é o filme mais triste que já vi." Ela retrucou: "Nunca vi um homem chorar. Que tipo de homem chora?"

Meu coração ficou apertado. As palavras dela me soaram como algo que meu pai poderia ter dito. Um sentimento familiar de vergonha tomou conta de mim e, naquele instante, concluí subconscientemente que não eu conseguiria ser eu mesmo nesse casamento.

O casamento deveria ser um lugar no qual você pode ser mais autêntico e vulnerável. Meu casamento era o tipo de relacionamento em que eu estava sempre precisava me manter alerta e adotar uma postura que fizesse com que eu fosse aceito aos olhos da minha parceira. Eu estava exausto de tanto batalhar para defender a mim mesmo e a ela. Enfrentar meu pai e o patriarcado tóxico que ele representava tinha me deixado esgotado.

Aquele incidente aparentemente trivial abriu um enorme abismo entre nós. Algo dentro de mim se fechou. Nas duas décadas seguintes, não consegui chorar por nada: filmes, livros, traumas pessoais, morte de entes queridos, tragédias em massa. Ouvir essas palavras dela plantou dentro de mim uma semente de invalidação que se transformou em amargura e ressentimento ao longo dos anos. Comecei a erguer uma barreira em meu coração.

Em retrospecto, percebo como esse episódio poderia ter se desdobrado de maneira diferente. Em vez de me fechar, eu poderia ter ficado curioso para saber por que minha esposa reagiu daquela maneira. Qual foi a experiência dela com homens e como ela esperava que eles se relacionassem com suas emoções que a levou a dizer o que disse? Hoje, consigo imaginar um desfecho diferente, em que poderíamos ter explorado esse assunto juntos com curiosidade e compaixão e nos conhecido melhor. Mas, na época, eu não tinha autoconhecimento, autoconfiança e inteligência emocional para reagir dessa forma.

Muitos anos depois, percebi que, em um nível subconsciente, eu me ressentia com minha esposa por ser o motivo pelo qual minha família tinha me excluído. É claro que isso não era verdade; eu tinha pedido Shailu em casamento e meu pai tinha rejeitado a própria ideia de eu escolher uma companheira fora da comunidade. Nosso casamento foi apenas o catalisador que trouxe à tona questões que acabariam chegando até nós. Quando lutei contra o patriarcado tóxico e abusivo representado pelo meu pai, nosso casamento se tornou um dano colateral. Um de meus maiores arrependimentos é que, aos 27 anos de idade, eu não tinha a força ou a sabedoria para enfrentar essas dificuldades de uma maneira mais amorosa e construtiva.

Meu pai havia me dito repetidas vezes que grande parte de minhas qualidades inatas — ser amante da paz, sensível, confiante — representavam fraquezas. No casamento, essas mesmas qualidades se tornaram fontes de conflito. Minha essência se transformou em cinismo, desconfiança e, por vezes, até confronto explosivo. Para sobreviver, suprimi minha sensibilidade e me endureci diante das lágrimas e do sofrimento dos outros.

Depois disso, viriam outros momentos difíceis, mas ficamos juntos por três décadas, presos às regras culturais e por minha determinação em provar que meu pai estava errado. Desistir do casamento significaria admitir uma derrota para meu pai.

O fato de meu trabalho ter se tornado muito mais desafiador não ajudou em nada.

Pesadelo na Commonwealth Avenue

Eu continuava travado com minha tese. Meu orientador, John Farley, havia se mudado para Cambridge ao ser nomeado diretor executivo do prestigiado Marketing Science Institute. Eu me encontrava com ele regularmente para dar andamento à tese. Escrevi algumas centenas de páginas sobre o marketing de serviços, a importância dos relacionamentos e assim por diante. Ele rejeitou tudo, dizendo: "Isso não é redação acadêmica." Tive que jogar tudo fora e começar do zero.

Enquanto isso, meu chefe de departamento alterou minha atribuição como professor. Em vez de me permitir continuar lecionando gestão de marketing, que eu havia aprendido a fazer bem, ele me designou para dar aulas em uma nova disciplina experimental chamado "Marketing e Operações em Serviços Financeiros", simplesmente porque minha tese tinha a ver com serviços financeiros. Ministrei a disciplina junto com um executivo de uma empresa local de serviços financeiros. De alguma forma, consegui passar o semestre contando com a ajuda do meu colega professor.

A situação piorou. Don Kanter me atribuiu a tarefa de ministrar uma disciplina chamada "Sistemas de Informação de Marketing". "Você era um engenheiro elétrico antes de entrar para a área de negócios", ele disse. "Isso deve ser fácil para você." Eu não tinha experiência em sistemas de informação, uma área bastante especializada. O domínio de "sistemas de informação de marketing" praticamente não existia. Não havia nenhum material sobre o assunto. Em poucas semanas, eu teria que enfrentar uma sala lotada de 40 alunos do programa de mestrado em sistemas de informação da BU, altamente avaliado: uma aula de três horas todas as segundas-feiras de manhã durante 16 semanas. O que eu poderia ensinar a eles que justificasse minha presença na frente da sala?

Se eu tivesse mais autoconfiança e segurança, teria dito a Don: "Não. Eu não posso e não vou ministrar uma disciplina sobre a qual não sei nada." Mas acabei cedendo em silêncio.

Até hoje, não sei como sobrevivi àquele semestre. Fiquei paralisado por dias antes das aulas, tendo pesadelos sobre como aquelas três horas se desenrolariam. A realidade foi pior do que os pesadelos. Os alunos ficaram perplexos com a falta de conteúdo da disciplina e com minha total falta de conhecimento na área. Acredito que nenhum professor na história da Universidade de Boston tenha recebido uma avaliação tão ruim quanto eu recebi para aquela disciplina. Foi uma experiência dolorosa.

Essa experiência — e o fato de eu não ter publicado um único artigo e ainda não ter terminado minha tese — tornaram inevitável que a BU não renovasse meu contrato de três anos. Mas, quando recebi a carta de rescisão, ainda senti como se estivesse levando um golpe. Eu teria que voltar ao mercado de trabalho, mas para ter credibilidade, eu precisava terminar aquela maldita tese.

Com um novo senso de urgência, pedi ajuda a um professor do MIT com a abordagem metodológica; a esposa dele era minha colega. Isso me ajudou a superar o obstáculo e terminar a tese. Fui para Nova York para fazer a defesa da tese e consegui passar. O pesadelo finalmente havia acabado. Eu havia produzido uma tese medíocre que o restante do mundo poderia certamente ignorar.

A única parte boa foi que consegui dedicá-la a meu amado sogro. Meu relacionamento com ele tinha evoluído, preenchendo um vazio doloroso em minha vida. Apesar de minhas dificuldades, ele me apoiava e era otimista sobre meu futuro. Ele me inspirou a manter meu idealismo, apesar de meu pai ter zombado dele.

Para Ram Chandra Malhotra

Com afeto e admiração — por sua integridade incomum, seu idealismo lúcido e sua diligência infalível ao longo de uma carreira excepcional. Sua sabedoria, sua enorme compaixão e o alcance de seu pensamento visionário inspiraram a mim e a inúmeras outras pessoas a ir além do que é limitado e banal, que tanto nos preocupa. Talvez sua maior virtude seja o fato de nunca ter hesitado em suas crenças; nesta época marcada pelo cinismo, deu um bom nome ao idealismo e continua a se doar generosamente aos verdadeiros necessitados deste mundo. Que seus esforços sejam abençoados, que o mundo preste atenção e que todos nós nos inspiremos em um homem que representa o melhor da humanidade.

Com meu doutorado finalmente concluído, voltei ao mercado de trabalho, buscando um novo começo na Conferência de Educadores da AMA em Toronto. Fiz 40 entrevistas, oito visitas a campus e recebi quatro ofertas de emprego. Escolhi a Universidade George Mason, nos subúrbios de Washington, D.C., onde uma de minhas cunhadas morava. A GMU tinha ficado conhecida recentemente porque um de seus professores havia sido premiado com o Nobel de Economia. Meu salário seria de US$47 mil por ano, quase 50% a mais do que eu ganhava na BU.

No verão de 1988, logo após completar 30 anos, fomos de carro até a Virgínia do Norte para procurar uma casa. Algumas semanas depois, alugamos um caminhão, carregamos nossos pertences e partimos pela I-95 para nossa nova vida suburbana. O Sonho Americano, tomada 2.

Reflexões

A descrição que meu pai fez de mim, de que eu era uma pessoa simplória e direta, tinha um fundo de verdade. Mas ele a transmitiu de maneira depreciativa e desrespeitosa. De imediato, optou pela alternativa mais radical, exigindo que eu me adequasse às suas exigências ou ele me excluiria da família. Ele cometeu o erro básico de um pai que desaprova; isso me forçou e não me deixou outra escolha a não ser me rebelar contra ele.

Como você resolveria essa situação se estivesse falando com seu filho ou sua filha? Você se perguntaria primeiro: "Por que quero esse resultado? Será que é por motivos egoístas ou por causa do que eu realmente acredito ser o melhor para meu filho?"

Quando pedi a Shailu em casamento, ela aceitou sob a condição de que sua família aprovasse. Eles costumavam apoiar suas aspirações, por isso ela buscou a opinião deles. Eu me sentia totalmente controlado por meu pai, por isso não fiz o mesmo.

Se você tem filhos adultos, reflita sobre a relação que tem com eles. Eles procurariam sua orientação nessas situações?

Minha relação com meu sogro foi de profunda transformação para mim por causa da ferida que meu pai me causou. Enxerguei nele o que eu sonhava que um pai poderia ser. Ele via minhas principais qualidades como pontos fortes; meu pai as desprezava como pontos fracos.

Se você teve uma relação difícil com um ou com ambos os seus pais, conseguiu encontrar figuras parentais substitutas que tiveram um impacto terapêutico semelhante em você?

A reação de meu pai demonstrou claramente que seu amor por mim era totalmente condicional. Estava enraizado em uma mentalidade de transação.

Você experimentou o amor condicional ou incondicional de seus pais? Que diferença isso fez em sua vida?

Quando meu pai ameaçou se matar, pareceu genuíno em um primeiro momento. No entanto, mais tarde, passei a ver como uma forma de chantagem emocional, uma estratégia calculada para me forçar a fazer o que ele queria.

Você já sofreu manipulação emocional para agir de determinada maneira? Conseguiu resistir à pressão? Você já usou essa tática com outras pessoas?

O fato de meu pai ter apontado uma arma para mim aumentou ainda mais os riscos. Foi um acontecimento muito traumático que minha psique enterrou por décadas.

Existem lembranças que são tão dolorosas a ponto detê-las suprimido ou minimizado? Você conseguiria desenterrá-las e processá-las agora?

O episódio do filme *Gente como a Gente* deixou uma marca profunda na minha psique e prejudicou meu casamento e minha capacidade de ser vulnerável. Se eu tivesse sido capaz de reagir de maneira diferente, isso poderia feito com que chegássemos a um entendimento mútuo mais profundo.

Você consegue se lembrar de algum episódio em sua vida que poderia ter seguido um caminho diferente do que seguiu? Prepare-se para ter essas conversas terapêuticas com as pessoas envolvidas, independentemente de quanto tempo tenha passado desde os acontecimentos.

8

Um Novo Começo

Nossa casa ficava em uma rua sem saída de uma "comunidade planejada" chamada Burke, ao norte da Virgínia, a cerca de 8km do campus da Universidade George Mason. Era uma casa pequena com quatro quartos, garagem para um carro e um lindo pátio de tijolos nos fundos. Por US$205 mil, era muito mais do que esperávamos gastar.

Foi um alívio estar em um lugar novo após as humilhações e os traumas que vivi em Boston. George Mason era uma universidade estadual com visão e em rápido crescimento, que tinha se beneficiado da expansão da região norte da Virgínia.

Agora que minha tese estava concluída, eu precisava publicá-la. No entanto, eu não havia conseguido desenvolver essa parte de mim e fiquei à toa no primeiro ano. Em vez disso, eu me concentrei em lecionar, em me instalar na casa nova e lidar com a gravidez recém-descoberta.

Exatamente nove meses após começar na George Mason, nosso filho Alok nasceu. Nada o prepara para a experiência do nascimento de um filho. O amor que eu sentia por essa pequena alma era avassalador. Poucos dias após trazê-lo do hospital para casa, eu disse a Shailu: "Isso é incrível! Vamos ter outro logo!" Inicialmente, a experiência nos uniu mais e me distraiu da tensão que havia entre nós e do constante sentimento de rejeição e exclusão por parte de meu pai. Eu estava dando um curso de verão todas as manhãs. À tarde, Shailu conseguia descansar enquanto eu assumia o controle e me deleitava com o progresso de Alok, exatamente como descrito no livro

O que Esperar do Primeiro Ano. Até ele completar 2 anos e meio, não tínhamos indícios de que ele pudesse ser uma criança com necessidades especiais. Na verdade, suas habilidades verbais eram bastante precoces para a idade.

Devido a meu ressentimento em relação a meu pai por ter me rejeitado, eu inconscientemente defini que ser um bom pai era o oposto do que ele tinha feito. Mas isso foi um erro de orientação. Meu pai tinha sido um pai exemplar em alguns aspectos. Ele garantiu que eu frequentasse excelentes escolas e tivesse experiências incríveis. Era forte e ousado. Incutiu em mim um senso de dever e disciplina. Porém não era comunicativo, nunca foi fisicamente afetuoso e nos fazia sentir medo em vez de calma em sua presença. Meu contrassenso em relação à paternidade era ser amoroso e tranquilo, coerente com minha tendência inata de sempre buscar harmonia.

O distanciamento entre meu pai e eu já durava quatro anos. Ao saber de nossa história, alguns de nossos amigos indianos disseram: "Espere até você ter um filho. Com certeza ele vai mudar de opinião." Mas não tive notícias do meu pai quando meu filho nasceu. Meu ressentimento aumentou ainda mais. Eu escrevi uma carta furiosa para ele, condenando sua insensibilidade mais uma vez e lembrando que ele havia "amaldiçoado" meu casamento. Ele tinha me tornado invisível; me "cancelado", na linguagem moderna. Era como a síndrome do membro-fantasma — uma parte de mim estava faltando, mas eu ainda a sentia com intensidade. Será que eu veria minha família novamente?

Então surgiu uma oportunidade. Minha amiga Ruby Roy Dholakia, professora na Universidade de Rhode Island, estava copresidindo uma grande conferência que seria realizada em janeiro de 1991 em Nova Delhi com o tema "Marketing e Desenvolvimento Econômico". Ela perguntou se eu poderia presidir uma sessão sobre "Marketing e Tecnologia da Informação", que incluiria dois eminentes estudiosos: Everett Rogers e Jag Sheth. Everett Rogers ficou conhecido por seu trabalho sobre a difusão de inovações, aplicando a epidemiologia ao estudo de como novos produtos são adotados. Jag Sheth era conhecido pela importantíssima *Teoria Howard-Sheth do Comportamento do Consumidor*. Eu o conhecia desde que fiz meu MBA; ele era um dos acadêmicos de negócios de origem indiana mais proeminentes nos Estados Unidos. Aproveitei a oportunidade.

A conferência atraiu muitos dos principais acadêmicos de marketing dos Estados Unidos, incluindo Phil Kotler, o "pai" do marketing moderno; nós tínhamos usado seu livro em meu programa de MBA. O ministro da Fazenda da Índia e o primeiro-ministro discursaram no evento. O primeiro-ministro, Chandra Shekhar, era um conhecido socialista. Ele entrou em um debate acalorado no palco com Phil Kotler, dizendo que, como um país pobre, a Índia não precisava — nem podia se dar ao luxo de — desperdiçar recursos valiosos em marketing. Phil tentou convencê-lo de que o marketing poderia ajudar o país no desenvolvimento econômico.

A Índia estava passando por uma grave crise econômica naquele momento; o governo estava perto de dar calote em suas dívidas, e as reservas cambiais mal cobriam o valor de duas semanas de importações. O mandato de Chandra Shekhar como primeiro-ministro durou apenas sete meses. Sob intensa pressão do Fundo Monetário Internacional, seu sucessor reduziu a regulação do governo sobre a economia e facilitou muito o investimento estrangeiro. Uma década depois de a China ter aberto sua economia, a Índia estava a caminho de um crescimento econômico rápido e duradouro que permitiria que centenas de milhões de pessoas saíssem da extrema pobreza nas décadas seguintes.

A sessão que presidi ficou lotada de participantes atraídos pelos dois acadêmicos renomados. As percepções e a apresentação de Jag me impressionaram. Essa foi a primeira vez que conheci um acadêmico de marketing que me inspirou. No final da sessão, Jag se virou para mim e disse: "Devíamos conversar. Por favor, entre em contato comigo depois que voltar para os EUA." Fiquei emocionado ao ouvi-lo dizer isso.

A partir daquele dia, Jag teria um papel importante em minha vida, aumentando minha confiança e me dando oportunidades com as quais eu jamais teria sonhado. Ele se tornaria minha segunda figura paterna substituta, depois de meu sogro. Isso aconteceu um dia antes de eu me reaproximar de meu pai, mais de cinco anos após tê-lo visto pela última vez.

O Retorno do Filho "Pródigo"

Após a conferência, seguimos para Indore como eu já havia feito inúmeras vezes antes. Mas desta vez foi diferente. Eu estava ansioso para ver meu pai e todos os outros. Só posso imaginar como Shailu estava se sentindo por estar prestes a reencontrar o homem que a tinha humilhado e rejeitado de maneira tão cruel.

Deixei claro para minha irmã e meu cunhado Sangram que, se houvesse algum tipo de reconciliação entre nós, meu pai precisaria pedir desculpas. Sangram disse: "Raj, você está muito americanizado. Um pai indiano jamais pedirá desculpas ao filho." Ao que respondi: "Não me importo. Não ficarei na casa dele e não terei nada a ver com ele se ele não pedir desculpas."

Meu pai finalmente tinha construído uma casa só para ele — uma estrutura imponente feita de pedras de cor marrom-avermelhadas. Ele tinha viajado por Rajasthan em busca de materiais para a construção. Os pisos eram de mármore branco, e os móveis sob medida, de mogno escuro.

Entrei naquele ambiente desconhecido, cheios de objetos familiares e fotos da minha infância. Toquei os pés da minha mãe e a abracei por um longo tempo enquanto ela beijava minhas bochechas e chorava baixinho em meus braços. Ela sussurrou: "Eu amo você, Raj." As únicas vezes que ela falava inglês eram quando me dizia essas palavras.

Vi meu pai sentado em uma varanda fechada do outro lado da sala de estar, os cabelos brancos como algodão; ele tinha parado de tingi-los durante os anos em que fiquei ausente. Ele tinha apenas 54 anos, mas parecia muito mais velho. Eu me aproximei dele e me curvei em silêncio para tocar seus pés. Ele colocou a mão em minha cabeça e disse: "*Jeete raho*" (vida longa). Shailu fez o mesmo, e ele a abençoou da mesma maneira. Ele tentou pegar meu filho de 18 meses no colo, mas Alok se retraiu.

Agindo como se os últimos cinco anos não tivessem acontecido, meu pai disse: "Você deve estar cansado. Por que não vai para o seu quarto descansar?" Subimos, desfizemos as malas e deitamos por algumas horas.

Desci por volta das 17 horas para o chá. Dei um gole, coloquei minha xícara na mesa, olhei para ele e disse: "Papa, precisamos falar sobre os últimos cinco anos. Você me deve um pedido de desculpas pelo que me fez passar. Você amaldiçoou meu casamento e nunca reconheceu o nascimento do meu filho. Como um pai pode fazer isso com um filho? Você também precisa pedir desculpas à Shailu e aos pais dela pelo modo como os tratou."

Meu pai imediatamente explodiu em uma de suas fúrias características. "Quem diabos você pensa que é? Como ousa dizer isso para mim em minha própria casa?" Ele parecia achar que o fato de nos permitir entrar em sua casa já era um ato de grande benevolência de sua parte. Isso acendeu minha raiva e liberou toda a amargura que eu carregava havia cinco anos. Esses confrontos com meu pai foram os únicos momentos em que gritei com alguém; a maioria das pessoas que me conhece teria se surpreendido que eu fosse capaz de ter esse tipo de reação.

No final do meu desabafo, eu disse: "Não vou ficar nesta casa. Vamos nos hospedar em um hotel amanhã."

"Faça a merda que quiser", meu pai respondeu gritando. Subi e bati a porta do quarto.

Minha irmã nos convidou para jantar naquela noite. Meu pai e eu permanecemos em absoluto silêncio durante o trajeto até lá e durante o jantar. Quando voltamos, abracei minha mãe, dei boa noite e o ignorei. Shailu e eu nos retiramos para nosso quarto e começamos a arrumar as malas.

Na manhã seguinte, desci de pijama para tomar chá. Alguns parentes vieram nos ver e também se hospedaram na casa. Todos estavam sentados em colchões finos de algodão no piso de mármore frio da sala de estar ainda sem móveis. Eu me juntei ao círculo e me servi de uma xícara de chá em silêncio. Assim que a levei até os lábios, meu pai começou a chorar.

Entre lágrimas, ele disse: "Tínhamos esperanças e expectativas como uma família. Fiz o que achei que era meu dever." Fiquei surpreso. Minha raiva tinha me endurecido durante a noite. Eu estava há tanto tempo com o coração partido, arrasado com a ausência de minha família. Após o ocorrido na noite anterior, eu me preparei para uma vida inteira de isolamento e amargura. Fui tomado por uma sensação de alívio e gratidão avassaladores assim que vi as lágrimas de meu pai.

Mal me lembro do que ele disse; suas lágrimas foram a única coisa que importou. Ele não disse as palavras "Eu sinto muito", mas eu já não precisava delas. Em um instante, tudo foi perdoado e esquecido — ou assim eu pensei.

Para minha surpresa, cinco anos após a cerimônia, meu pai organizou uma festa de casamento para nós. Em vez de presentes, os convidados nos entregaram envelopes com dinheiro enquanto estávamos sentados em cadeiras com encosto alto em uma das extremidades do gramado coberto por uma tenda. A bebida estava liberada. Mais uma vez, havia harmonia em minha vida. Parecia um novo começo para todos nós. Naquela noite, dormi em paz pela primeira vez em mais de cinco anos.

Na manhã seguinte, fui trazido de volta à realidade, tendo recebido um indício de que talvez nem tudo estivesse completamente resolvido. Meu pai me disse: "Quanto dinheiro você recebeu? Preciso dele para pagar os custos da festa."

Ficamos mais dez dias. A verdadeira natureza de meu pai logo ressurgiu à medida que ele começou a intimidar minha esposa de maneiras sutis e outras não tão sutis assim. Ele disse: "Ouvi dizer que você gosta de cozinhar. O que gosta de fazer?" Quando ela respondeu "Comida chinesa", ele anunciou: "Shailu vai preparar um jantar chinês completo amanhã à noite para todos nós. Ninguém tem permissão para ajudá-la." Ele estava determinado a humilhá-la. Meu irmão Sanjay (um chef de cozinha) ignorou a ordem dele e a ajudou o máximo conseguiu. Mas o jantar foi um desastre. Não havia muitos ingredientes disponíveis, então ela teve que improvisar. O fogão e os utensílios de cozinha não eram adequados para cozinhar comida chinesa. Quando nos sentamos para comer, Papa criticou as falhas de cada prato, empurrando-o para o lado após dar apenas uma garfada. Ele empurrou a cadeira para trás fazendo barulho e se retirou da mesa de jantar balançando a cabeça.

Fiquei sentado à mesa em silêncio e não reagi a seu comportamento grosseiro. Quando subimos para o quarto, Shailu explodiu em raiva e lágrimas. "Como pode deixá-lo me tratar assim?" Eu não tinha uma boa explicação. Eu deveria ter me manifestado sobre a grosseria dele. Mas a parte de mim que busca harmonia se recusou a fazer disso um problema. Como tinha acabado de encerrar uma batalha de cinco anos (na Índia, usamos o termo *Mahabharata* — a grande guerra) com meu pai, eu simplesmente não tinha estômago para começar uma nova briga imediatamente. "É o jeito dele", murmurei.

Aprendemos ao longo das décadas que não havia como mudar Papa; ele era quem era. Minha mãe sempre tentava desculpar ou explicar seu comportamento grosseiro dizendo: "É um hábito do Papa. É só ignorar." Agora percebo como a passividade de minha mãe ao longo da vida permitiu que a intimidação de meu pai continuasse descontrolada.

Eu deveria ter respondido algo diferente a Shailu. Eu deveria ter reconhecido o comportamento ultrajante de meu pai e ter empatia pelo sentimento dela. Eu deveria ter dito que ela era uma excelente cozinheira e que tinha sido corajosa por tentar preparar aquela refeição sob essas condições. Eu deveria ter confrontado meu pai e dito a ele: "Não vou tolerar isso. Ela se esforçou muito. Estou orgulhoso dela. Nunca mais fale com ela assim." Para meu eterno arrependimento, não fiz nada disso.

Tínhamos feito planos de ir ao Nepal visitar meus sogros antes de voltarmos para os Estados Unidos. Convidamos meus pais para se juntarem a nós, e eles concordaram. Porém desistiram no último minuto, alegando problemas de saúde. Não fiquei surpreso. Tenho certeza de que meu pai nunca teve a intenção de fazer essa viagem, mas disse que iriam apenas para me agradar. Uma década inteira se passaria antes que meus pais conhecessem meus sogros. Isso aconteceu durante um almoço em Boston e durou algumas horas. Novamente senti a dor lancinante do que significava ter um casamento não abençoado e uma família dividida.

Após essa viagem, voltei ao meu antigo padrão de tentar impressioná-lo, provar que era digno dele, fazer com que ele se orgulhasse de mim. Comecei a ir à Índia duas vezes por ano para compensar o tempo perdido, deixando para trás minha jovem família cada vez maior. Eu me exauria dando aulas para executivos durante cinco dias inteiros na Índia para ganhar uma quantia que mal dava para pagar minha passagem aérea. A cada viagem, sempre chegava um ponto em que eu tinha um surto emocional em relação ao meu pai e todos os meus ressentimentos de renovavam. Afinal, não tínhamos nos reconciliado de fato. Apesar de tudo o que ele havia dito e feito e de quão miserável tivesse tornado nossa vida, como era possível que uma parte tão grande de mim ainda desejasse sua aprovação?

Após aquela primeira viagem de volta à Índia, eu me transformei em um ser humano. Retornei aos Estados Unidos me sentindo mais leve e dinâmico, como se um enorme peso invisível tivesse sido retirado dos meus ombros. Livre de parte (não toda) da amargura e da raiva que as atitudes de meu pai haviam incutido em mim, entrei em uma fase muito mais produtiva em meu trabalho. Finalmente comecei a publicar artigos. Também aprendi a reconhecer oportunidades quando as via.

A Escola de Gestão da George Mason estava passando por uma reestruturação estratégica. Por iniciativa própria, escrevi uma análise detalhada apresentando qual deveria ser a estratégia da instituição e a enviei ao reitor e a todo o corpo docente. Isso gerou muita discussão e me tornou conhecido como um membro júnior do corpo docente que contribuía com ideias criativas.

Nessa época, li um artigo de George Gilder na *Harvard Business Review* (HBR) intitulado "Into the Telecosm". Gilder escreveu sobre como a iminente explosão das tecnologias de telecomunicação traria uma mudança na sociedade em geral, dando vez ao ensino remoto, às compras remotas, à telepresença e a outras ideias bastante radicais para a época (isso foi alguns anos antes de o "World Wide Web" decolar). A visão dele me fascinou. Em seguida, li um breve artigo no *Wall Street Journal* sobre o projeto "Ilha Inteligente" de Cingapura, elaborado para criar uma sociedade totalmente conectada, onde as pessoas poderiam realizar muitas tarefas cotidianas remota e digitalmente — uma manifestação real das ideias futuristas de Gilder. Escrevi uma carta ao editor da HBR, comentando o artigo de Gilder e mencionando os planos de Cingapura. Em vez de publicarem minha carta, que era tudo o que eu esperava, o editor me ligou e perguntou: "Você é um especialista em Cingapura? Gostaríamos de saber mais sobre essa iniciativa da Ilha Inteligente." Eu respondi: "Não sou especialista, mas posso me tornar um! Você considera esse assunto como um possível artigo para a HBR?" Ele respondeu: "Pode ser. Sem promessas, é claro, mas levaríamos a sério qualquer coisa que você escrevesse sobre o assunto."

Isso foi o suficiente para mim. Ser publicado na HBR seria um enorme impulso em minha carreira; é uma publicação bastante consultada por diretores executivos e acadêmicos de administração. Mostrei ao reitor minha troca de mensagens com o editor e pedi financiamento para ir a Cingapura pesquisar o assunto. Ele me deu o suficiente para a passagem aérea. Em seguida, escrevi para a Universidade Nacional de Cingapura e solicitei uma acomodação no campus enquanto fazia minha pesquisa, o que eles aceitaram me conceder em troca de algumas palestras.

Passei quase três semanas em Cingapura, entrevistando os principais líderes empresariais e governamentais. Fiquei sabendo que Jag Sheth havia sido consultor do governo de Cingapura a respeito de como um país minúsculo, sem recursos naturais, poderia se preparar para crescer diante do mundo, então enviei um rascunho do meu artigo para que ele comentasse. A experiência foi muito agradável e reacendeu minha paixão pela escrita. Enquanto estava lá, escrevi um longo "Diário de Cingapura", com minhas impressões sobre aquela sociedade única, e meia dúzia de artigos bem-humorados sobre as diversas peculiaridades da vida no local. A HBR publicou meu artigo em 1992 com o título "Singapore Invests in the Nation-Corporation" [Cingapura Investe na Corporação Nacional, em tradução livre], o que me levou a ser entrevistado na National Public Radio. Pela primeira vez na vida, eu estava experimentando certo grau de sucesso profissional.

Enfim um Mentor

Soube através de minha amiga Ruby Dholakia que a Universidade de Rhode Island havia convidado Jag Sheth para passar um dia no campus. Imediatamente comprei uma passagem da Amtrak e fui para Warwick. Passei o dia todo observando Jag enquanto ele fazia reuniões com professores, estudantes e líderes empresariais. Ele deu três palestras, cada uma das quais achei incrivelmente interessante e agradável. A primeira era sobre o impacto das mudanças demográficas no marketing e na sociedade; a segunda era sobre como a globalização poderia se desenvolver; e a terceira, sobre o que ele chamava de "porcos sagrados" do marketing (teorias que os acadêmicos aceitam cegamente). Ele brincou que, como indiano, ele não poderia usar a frase "vaca sagrada", pois todas as vacas são sagradas! Fiquei impressionado como cada uma de suas palestras foi engajadora, prática, perspicaz e acadêmica. Finalmente eu tinha um exemplo acadêmico digno de ser seguido. Jag era entusiasmado com seu trabalho, generoso com seu tempo e agradável de se conviver.

Ele me disse que tinha gostado do meu artigo sobre Cingapura e me convidou para ir a Atlanta conversar sobre nossos interesses em comum. Ele apreciava meu estilo de escrita. Fui até Atlanta na primeira oportunidade que tive e passei um dia inteiro com ele. Fiquei perplexo que esse eminente acadêmico dedicasse tanto tempo a um acadêmico desconhecido, sem titularidade e histórico — alguém que mal havia concluído sua tese. Passei a noite na casa dele e conheci sua elegante esposa, Madhu. Ao final de minha visita, Jag e eu tínhamos pensado em diversos projetos em que podíamos trabalhar. Esse foi o início de uma longa jornada de rápido crescimento pessoal e profissional. Jag me ajudou a encontrar minha voz, respeitar minhas habilidades e ousar sonhar grande — presentes que eu nunca havia recebido de nenhum de meus professores ou de meu pai.

Quando conheci Jag, eu tinha 32 anos e ele, 51. Eu estava apenas começando enquanto ele estava no auge da capacidade e do reconhecimento mundial. Ele trabalhava com entusiasmo, curiosidade e criatividade contagiantes. Era muito requisitado como palestrante, consultor executivo e consultor corporativo. Assim que nos conhecemos, Jag me envolveu em seu extraordinário e amplo fluxo de atividades, incluindo o Center for Telecommunications Management, que ele fundou na Universidade do Sul da Califórnia, o novo Center for Relationship Marketing, que ele acabara de estabelecer na Universidade Emory, e o Institute for Communications Research and Education, que ele dirigia em Atlanta. Embarcamos em diversos projetos de escrita, tanto acadêmicos quanto profissionais. Logo eu estava viajando por todo o país, aprendendo a interagir com líderes empresariais por meio de discursos e programas de treinamento executivo. Em questão de semanas, minha vida passou de monótona a empolgante.

Alguns anos após o início de nossa parceria, Jag teve um descolamento de retina, e seu médico o proibiu de voar por um tempo. Em vez de cancelar os compromissos como palestrante, Jag me pediu para dar as cinco palestras que estavam programadas para aquela semana. Como um verdadeiro mentor, ele acreditou em mim mais do que eu mesmo acreditava. A possibilidade me deixou assustado, mas trabalhei duro para dominar o assunto. Naquela semana, cresci muito e me surpreendi ao falar com confiança para um público de 2 mil auditores internos em Los Angeles, 500 diretores de telecomunicações em Dallas e muitas centenas de profissionais de marketing em Miami. Voei na primeira classe e fui transportado de um local a outro em carros de luxo, incluindo uma limusine branca ridícula em Los Angeles!

Meu trabalho com Jag tomou conta de todos os meus dias. Eu voava para Atlanta pelo menos uma vez por mês, além de todas as outras viagens para dar palestras e realizar programas de treinamento executivo. Sempre tínhamos pelo menos cinco ou seis projetos em andamento. Jag e eu escrevemos diversos artigos acadêmicos importantes, além de dezenas de artigos profissionais. Escrevi estudos de caso, análises sobre o setor, análises prospectivas e perfis de concorrentes que utilizamos nos diversos programas de treinamento executivo que realizamos juntos.

O fato de estar em sintonia com Jag me deu coragem para pensar grande. Um dia, em 1995, enquanto assistia ao CNBC, pensei em como eles tornavam o setor de negócios entediante com seu foco incessante nas oscilações do mercado de ações. Faltava falar da paixão, do sofrimento e do drama que o setor envolvia. Calvin Coolidge disse certa vez: "O negócio dos Estados Unidos são os negócios." Porém não havia nenhum conteúdo relevante sobre negócios na TV. Então eu pensei: "Por que não fundar uma nova rede de televisão a cabo focada em todos os aspectos dos negócios que as pessoas consideram fascinantes?" Foi assim que nasceu a ideia da "MBA Network". Passei quase um ano desenvolvendo um projeto detalhado e tentando fazer com que a rede fosse lançada. A Comcast, a Discovery e a PBS estavam todas interessadas. Em nossa reunião, John Hendricks, fundador da Discovery, disse: "Eu nunca tinha pensado nisso antes: o negócio dos Estados Unidos são os negócios, mas não há nada na TV a cabo que fale sobre isso." Chegamos muito perto, porém a iniciativa acabou fracassando devido às mudanças da economia para o setor de TV a cabo, que foi abalado pelo lançamento da Fox News. Em vez de receber dinheiro das operadoras de TV a cabo, como esperávamos, a Fox pagou US$100 milhões às empresas de TV a cabo para aparecer em suas linhas de canais. Não podíamos competir nesse mundo. Embora tenha sido um fim decepcionante para meu sonho, isso reforçou minha confiança para pensar grande e fora da bolha acadêmica.

Meu trabalho com Jag foi financeira e profissionalmente gratificante. Ele viu em mim dons que eu não sabia que tinha. Minha cabeça estava totalmente envolvida no trabalho, mas meu coração permanecia desconectado. Ainda faltava alguma coisa.

Defendendo Minha Posição

A fé que Jag tinha em mim aumentou minha confiança e autoestima. Comecei a defender o que acreditava ser certo e meus valores, como justiça, respeito e fazer uma diferença positiva no mundo. Também estava aprendendo a não me contentar com uma falsa harmonia.

Na manhã de 3 de agosto de 1995, liguei o noticiário e ouvi que a Disney planejava adquirir a Capital Cities, proprietária da ESPN e da rede de televisão ABC. Antecipando uma sinergia expressiva com a fusão, a Disney havia oferecido um preço médio considerável acima do preço das ações da Capital Cities. Minha pesquisa sobre "os efeitos secundários da busca por sinergia" mostrou que, muitas vezes, há uma sinergia negativa em fusões "verticais", nas quais uma empresa adquire o próprio fornecedor ou cliente. No setor das mídias, isso implicava um vínculo entre um produtor de conteúdo, como a Disney, e um distribuidor de conteúdo, como a ABC. Se a fusão acontecesse, o conteúdo da Disney encontraria um lugar garantido na rede ABC; no entanto, a Disney não teria mais a liberdade de escolher e obter as melhores condições para esse conteúdo. Da mesma forma, a ABC perderia a liberdade em determinar quais programas deveria transmitir, pois, agora, seria obrigada a exibir o conteúdo da Disney. Rapidamente escrevi um artigo intitulado "The Celebration May Be Premature" [A Comemoração Pode Ser Prematura, em tradução livre] e o enviei por fax para o editorial do *Wall Street Journal*. Por volta das 14 horas, o editor de opinião Max Boot me ligou para dizer que gostou do texto e que o publicaria na manhã seguinte. Fizemos algumas edições e finalizamos às 17 horas.

Na manhã seguinte, eu estava sentado em meu escritório olhando para o artigo publicada. Seguindo sua lógica editorial, o *Journal* o intitulou "A Goofy Deal" [Um Acordo Bobo, em tradução livre], em vez do meu sóbrio título acadêmico. Eu estava me deliciando com a sensação satisfatória de saber que alguns milhões de executivos leriam meu artigo (e ficariam sabendo meu nome). Uma pancada forte na porta interrompeu meu devaneio. Ao abri-la, encontrei meu colega Bob Buzzell parado lá, segurando um exemplar dobrado do *Journal*. Um renomado professor da Harvard Business School por décadas, Bob havia se juntado recentemente à GMU como um professor honorário na área de negócios para conseguir passar mais tempo com os filhos e os netos antes de se aposentar.

Esperando os elogios desse eminente colega, fiquei perplexo quando ele perguntou em alto e bom som, sem qualquer prenúncio: "Que diabos você está fazendo?"

"Como assim, Bob?"

"Por que você está escrevendo para o *Wall Street Journal*? Você não é jornalista. Esse não é seu trabalho. Você deveria estar escrevendo artigos acadêmicos."

Atordoado, tentei encontrar as palavras certas. "Fiz algumas pesquisas relacionadas ao assunto. Achei que valia a pena divulgá-las."

Bob balançou a cabeça e se afastou. Ele olhou para trás e disse: "A propósito, você deveria ter citado minha pesquisa nessa área."

Ainda abalado, voltei a me sentar à minha mesa. O telefone tocou. Era meu amigo Vinod Singhal, professor de gestão de operações no Instituto de Tecnologia da Geórgia.

"Parabéns pelo artigo no *Wall Street Journal*", ele disse.

"Obrigado, Vinod. Eu precisava ouvir isso!"

"Você sabe que isso é suicídio acadêmico, não sabe?"

Agora eu estava irritado — e um pouco indignado. Que tipo de sistema de valores considera um erro um professor de administração publicar um artigo sobre um desenvolvimento significativo nos negócios em uma das principais publicações de negócios do mundo? Como nós, acadêmicos, pudemos nos distanciar tanto do universo da prática?

Prometi a mim mesmo que não cederia a um sistema de valores tão ridículo. Na verdade, dobrei a aposta. Nos anos seguintes, publiquei mais meia dúzia de artigos de opinião no *Wall Street Journal*. Chegou ao ponto de o editor me ligar para perguntar se eu queria escrever algo sempre que acontecesse um evento empresarial relevante. Por fim, comecei a receber diferentes telefonemas de colegas acadêmicos de todo o país: "Ei, Raj, sabe me dizer como posso ter um artigo publicado no *Wall Street Journal*?"

No ano em que eu estava prestes a ser efetivado, dois professores titulares da GMU me pediram para colaborar com eles em um projeto de consultoria para o Bureau of Land Management. Fiz a maior parte do trabalho, fazendo viagens a Wisconsin para a pesquisa e para fazer a apresentação final. Era um contrato de US$20 mil. Quando terminamos, o colega que tinha iniciado o projeto (que em breve votaria em minha candidatura para ser efetivado) me passou um cheque particular de US$4 mil. Achei injusto, considerando a parte do trabalho que eu havia feito. Em vez de dividir o dinheiro igualmente, sugeri que ele ficasse com US$8 mil como o responsável pelo início do projeto e que nós, os outros dois, recebêssemos US$6 cada. Ele disse: "Deixe-me pensar sobre isso." Alguns dias depois, ele me informou que manteria seu plano original.

Fiquei furioso; estava claro que ele estava se aproveitando de sua influência sobre mim em virtude da iminente votação de titularidade. Eu me lembrei de ver as palavras "Universidade George Mason" em um documento que ele tinha me pedido para assinar. Entrei em contato com o escritório de assessoria jurídica da universidade, pedindo ajuda para mediar a disputa. Em poucos minutos, recebi uma ligação do gabinete do reitor, pedindo que eu comparecesse imediatamente para uma reunião. O reitor me disse que a universidade não tinha registro desse acordo; aparentemente, o nome da universidade tinha sido usado de forma ilegal para garantir um contrato com o governo.

O reitor iniciou uma investigação minuciosa. Fui aconselhado a contratar um advogado, o que fiz com relutância a um custo considerável. O resultado da investigação foi que a universidade obrigou os outros dois professores a devolver o dinheiro e a tirar licenças não remuneradas de um ano. Fui informado de que eu não receberia um aumento salarial naquele ano e que uma carta de advertência seria colocada no meu arquivo pessoal. No entanto, o reitor aprovaria minha titularidade. Achei injusto, mas meu advogado me aconselhou a aceitar os termos; o importante era que eu ainda estava recebendo a titularidade — o maior prêmio do meio acadêmico. O reitor me compensou no ano seguinte, ao me dar um aumento muito maior do que o normal e retirando a carta de advertência do meu arquivo.

Violações da justiça sempre me motivaram a agir. Isso veio à tona novamente em um acontecimento um tanto bizarro na Escola de Gestão. Havia tantas disputas internas entre os professores que um grupo deles conspirou com um reitor complacente para dividir a escola em duas entidades: um "Instituto de Pós-Graduação em Negócios" (GBI), que teria o próprio corpo docente e abrigaria todos os programas de pós-graduação, incluindo o lucrativo e prestigiado programa de MBA em negócios; e uma Escola de Gestão reduzida, cujo corpo docente ministraria apenas cursos de graduação.

Apenas duas universidades no país tinham escolas de negócios de graduação e pós-graduação separadas. Liguei para os professores em ambas; eles confirmaram que havia muitas desvantagens nesse tipo de arranjo e poucas vantagens. Primeiro, criava um sistema de classes dentro do corpo docente, já que a maioria preferia dar aulas para alunos de pós-graduação. Em segundo lugar, gerava ineficiência; cada entidade precisaria contratar mais professores para atender às disciplinas. Escrevi um memorando com minha análise e o enviei para o corpo docente, o reitor, o pró-reitor e o diretor-presidente — sem sucesso.

Então, descobri que o reitor havia criado uma comissão secreta para selecionar professores para o GBI. Imediatamente liguei para o escritório do pró-reitor, pedindo que o reitor identificasse os membros da comissão e usasse critérios transparentes para selecionar o corpo docente. Ele concordou em fazê-lo. Fui convidado a me juntar ao corpo docente do GBI

O experimento do GBI durou alguns anos e acabou por sucumbir à própria ilogicidade. Voltamos a ser uma grande família infeliz.

Eu estava ficando especialista em criar o que o líder dos direitos civis e congressista John Lewis chamaria mais tarde de "boa confusão". Eu tinha adquirido muito mais capacidade de me envolver em conflitos necessários desde que enfrentei meu pai e exigi um pedido de desculpas.

Uma Família em Crescimento

Todos os nossos três filhos nasceram no período em que eu estava na George Mason, ou seja, dos meus 30 aos 40 anos de idade. Alok parecia perfeitamente saudável no início, mas começou a apresentar sinais de uma condição preexistente que só viria a ser identificada dez anos depois. A gravidade de sua condição foi aumentando ano após ano, caracterizando-se por mudanças de humor, um profundo interesse em determinadas áreas ("raps e mapas", no caso dele), hipersensibilidade ao toque físico, dificuldade em perceber sinais de interação, compreender o universo psíquico e interpretar expressões faciais e desafios com habilidades de coordenação motora fina e grossa.

Nossas filhas, Priya e Maya, também nasceram durante esse período. Priya era uma criatura adorável que manifestava alegria em seu próprio ser. Ela amava tudo na vida: música, dança, comida, roupas, filmes, leitura, escrita, viagens. Um de seus muitos apelidos era Gulabi, que significa rosa (sua cor favorita), mas também se refere ao doce indiano *gulab jamun*. Ela dizia: "Sou marrom, redonda e doce, como um *gulab jamun*!"

Maya era inteligente, intensa, sensível, empática e espirituosa desde jovem. Um episódio de quando ela tinha 3 anos de idade é um exemplo perfeito de como ela era. Estávamos prestes a sair de casa para ir jantar na casa de alguém quando Alok disse que precisava ir ao banheiro. Eu disse para ele se apressar. Depois de cerca de dez minutos, bati na porta e disse: "Alok, já está quase terminando?" Ele respondeu: "Sim, estou me limpando." Mais cinco minutos se passaram. Bati outra vez. "Já terminou agora?";"Ainda estou me limpando." Perdendo a paciência, eu disse: "Alok, quanto tempo leva para limpar essa bunda feia?"

Muito protetora em relação ao irmão muito mais velho, Maya se levantou e me repreendeu: "Papai, isso é falta de educação! Você não deve dizer 'bunda'." Em seguida, ela foi até a porta do banheiro, bateu gentilmente e disse: "Alok, não se preocupe. Você não tem uma bunda feia. Seu bumbum é lindo."

Meu período de dez anos na George Mason foi de intenso crescimento. Além do papel de professor, eu havia adicionado os papéis de palestrante, autor e pai. Naquela década, o ritmo acelerado com que eu vivia teve prioridade sobre a tentativa de superar a base instável sobre a qual meu casamento havia começado. No final dela, começamos a fazer terapia de casal, o que não fez muita diferença para mim. Do meu ponto de vista, parecia que algo estava faltando entre nós — independentemente das circunstâncias que nos uniram.

Despertando Meu Lado Criativo

Fui professor no programa de MBA na área de negócios da George Mason desde sua fundação. Os estudantes eram todos executivos veteranos, com uma média de dezesseis anos de experiência profissional. Graças à minha tendência prática e à vasta experiência com empresas, eu estava adapto a lecionar nesse ambiente. Como minha pesquisa era muito aplicada, consegui usar muitas de minhas publicações como leituras obrigatórias nas disciplinas.

Quando surgiu uma vaga para diretor dos programas de treinamento executivos, eu me candidatei. Após lidar com algumas questões burocráticas, o reitor me ofereceu o cargo. Imediatamente lancei uma iniciativa ousada para revisar o programa de ensino. Meu objetivo era criar um programa de EMBA mais inovador e orientado para o futuro do país. Enfatizei o contexto de serviços em vez de manufatura, uma mentalidade voltada para o relacionamento e uma forte ênfase em como a tecnologia da informação estava transformando os negócios. Elaborei experiências intensivas de aprendizado de um único crédito em assuntos de ponta. Também acrescentei dois novos módulos de estágio, começando com um programa de três dias de "Aprendizado de Alto Desempenho", no qual os alunos "aprendiam a aprender". Contratei Michael Gelb, um especialista renomado em criatividade e pensamento integrativo, para desenvolver e ministrar o programa, que incluía mapeamento mental, solução criativa de problemas, leitura dinâmica, habilidades estratégicas de apresentação e até malabarismo (como uma metáfora para estimular um espírito de relaxamento e reflexão).

Conhecer Michael mudou minha noção de quem eu era e o que eu poderia ser. Até então, o conceito que eu tinha de mim mesmo era de um engenheiro analítico e inteligente. Agora, eu percebia que poderia ser uma pessoa criativa, conforme evidenciado por minha reformulação do programa de EMBA. Vinte anos depois, Michael e eu escreveríamos juntos o livro *Empresas que Curam*, que aborda como os negócios podem aliviar o sofrimento e promover felicidade a nível mundial.

Embora gostasse dos aspectos criativos do meu papel como diretor, eu detestava o lado administrativo: supervisionar a equipe, gerenciar orçamentos etc. Foi então que, sem me consultar, o reitor demitiu meu experiente diretor associado alegando motivos fúteis, enquanto eu estava na Índia. Fiquei furioso e comecei a pensar que a GMU talvez não fosse a instituição certa para mim no longo prazo. O ambiente político tinha se tornado insuportável.

Certo dia, enquanto conversava com um colega em seu escritório, peguei uma revista e vi um anúncio da Bentley College, na região de Boston. Eles estavam contratando novos profissionais para cargos que chamaram de "professores fiduciários". Os cargos eram destinados a acadêmicos que trabalhavam na interface de uma disciplina de negócios (como marketing) e tecnologia da informação. Isso fazia parte da estratégia do reitor da Bentley, Joe Morone, de posicioná-la como "A Escola de Negócios para a Era da Informação". Embora o prazo de inscrição já tivesse passado, liguei para ver se ainda estavam aceitando candidaturas. Disseram que haviam recebido 160 candidaturas, mas não tinham preenchido a vaga e ainda estavam procurando. Eu lhes enviei meu currículo e uma carta de apresentação por e-mail.

No dia seguinte, recebi um convite para uma entrevista com o comitê de seleção. Antes de chegar em casa, eles já haviam me convocado para voltar na semana seguinte para uma visita de dois dias ao campus, que incluía uma apresentação ao corpo docente e uma reunião com o reitor. Poucos dias após essa viagem, recebi uma oferta. Meu salário seria 60% maior do que eu ganhava na George Mason, e minha carga horária cairia pela metade, com apenas duas disciplinas por ano. Eu também teria um assistente de pós-graduação e um orçamento próprio. Aceitei sem pensar.

Uma semana depois, fomos até Boston para procurar casa. Eu estava de volta a um lugar que havia causado muitas cicatrizes em minha psique. Dez anos antes, eu tinha saído de lá humilhado; retornaria como professor titular pleno em um cargo de prestígio. Eu tinha acabado de completar 40 anos — bem a tempo para uma crise de meia-idade.

Reflexões

O distanciamento de meu pai afetou tanto minha concepção dele como pai que passei a definir um bom pai como o oposto de tudo o que ele havia feito. Isso foi um erro absurdo. Todos têm algo a nos ensinar, e ele tinha muito a me ensinar sobre ser pai.

> *Você já se afastou tanto de alguém a ponto de não conseguir enxergar nenhuma de suas virtudes? Quais oportunidades e lições você pode ter perdido por causa desse tipo de raciocínio limitado?*

Quanto mais deseja algo, mais baixo é o parâmetro do que você aceitará. Eu me agarrei à possibilidade de alcançar a paz que meu pai estava me oferecendo. E me contentei com ideia de harmonia passageira em vez da verdadeira cura.

Quando um pedido de desculpas não é um pedido de desculpas? Você já aceitou um pedido de desculpas que não foi sincero apenas porque queria que o conflito chegasse ao fim? Como lidaria com isso hoje de maneira diferente?

Eu havia enfrentado valentões durante toda a minha vida, mas consegui fazer isso quando meu pai intimidou minha esposa. Valentões são valentões, sejam eles da família ou não. Esse tipo de comportamento nunca é aceitável.

Você já sofreu bullying? Já confrontou um valentão? Qual foi o desfecho?

A mentoria é uma das coisas mais poderosas que podem acontecer na carreira profissional. O mentor certo pode acelerar drasticamente seu crescimento e expandir seus horizontes. Um mentor enxerga potencial em você que nem mesmo você é capaz de perceber.

Você já experimentou a vantagem de ter um grande mentor em sua vida profissional? Se não, consegue identificar um agora? Você já foi mentor de colegas mais jovens? Se não, pode iniciar agora?

Sempre fui uma pessoa que confia nos outros, por isso confiei cegamente em meus colegas da Universidade George Mason quando eles me pediram para assinar o contrato com a BLM. Fui enganado algumas vezes, mas acredito que o impacto geral da minha tendência a confiar foi positivo.

Qual é seu modo-padrão em relação à confiança? Você confia na pessoas até que provem o contrário, ou não confia até que as pessoas tenham a "conquistado" sua confiança? Como sua escolha foi útil para você ou não até o momento?

Perceber que seu filho tem uma deficiência grave é um momento devastador na vida de um pai. Casais próximos lidam com esse tipo de choque compartilhando sua dor e contando com o apoio um do outro. Infelizmente, minha esposa e eu não conseguimos fazer isso. Cada um sofreu em silêncio e sozinho.

Em momentos de dor e angústia extremas, você tem um parceiro ou alguém a quem possa recorrer para obter consolo? Se não, consegue abrir espaço para essa pessoa em sua vida?

9
De Volta a Boston

Boston era um lugar assombrado para mim. Onde quer que eu olhasse, havia memórias — muitas dolorosas, algumas traumáticas — que se tornavam bastante vívidas: dirigir pelo campus da Universidade de Boston, o lugar onde nos casamos, as salas de aula onde sofri minhas humilhações como professor, o dormitório da graduação em que fui professor residente por dois anos, o complexo de apartamentos onde meu pai enfiou uma faca no peito, o local exato às margens do rio Charles onde fiz o pedido de casamento.

Era hora de deixar tudo isso para trás e recomeçar.

No primeiro ano, alugamos uma casa em Lexington enquanto procurávamos uma para comprar. Lexington desempenhou um papel central no início da história norte-americana. Tinha escolas excelentes e uma mistura de moradores relativamente diversificada. Pelo menos sete ganhadores do Prêmio Nobel moravam na cidade, uma vantagem de estar tão perto de Harvard e do MIT.

Meu novo colega e amigo na Bentley College, Alan Hoffman, professor de planejamento estratégico, brincou que só há duas coisas que os professores querem: ganhar mais e trabalhar menos! Conquistei esses objetivos no cargo. De professor associado, três anos antes de conseguir uma vaga de titular, a Bentley me levou ao topo da hierarquia acadêmica: um professor titular com uma "cátedra dotada".

Eu tinha um cargo de prestígio e de grande visibilidade, com tudo o que o sucesso exige: um bom salário, uma casa grande em uma cidade encantadora e um Mercedes novinho em folha. Porém eu estava muito infeliz. A mudança havia colocado mais tensão em meu casamento. Eu tinha acabado de completar 40 anos e estava passando por uma crise de meia-idade. Meu trabalho com Jag havia sido empolgante e impactante, mas eu estava diante do que parecia ser outra carreira sem inspiração. Meu cargo na Bentley exigia que eu me concentrasse em tecnologia da informação, um assunto que já não me interessava tanto.

Persisti e tentei fazer o que era esperado de mim. Eu me encontrava mensalmente com o reitor da faculdade. A revista *Fortune* nos incluiu em um artigo que falava sobre a nova e ousada estratégia da Bentley de se tornar "A Escola de Negócios para a Era da Informação" e o papel central que eu desempenharia nisso.

Eu estava ministrando aulas sobre tecnologias para diversos aspectos do marketing, como desenvolvimento de novos produtos, gestão de relacionamento com clientes, elaboração de textos publicitários, planejamento de mídia e assim por diante. Certo dia, durante uma reunião entediante do corpo docente, tive a visão de uma "Mostra de Tecnologia de Marketing" que apresentaria um conjunto dessas tecnologias que os alunos poderiam experimentar em um único lugar. Após a reunião, elaborei um folheto simples no computador, listando um conjunto de tecnologias que poderíamos apresentar, e o enviei ao reitor. Ele abraçou a ideia. O projeto decolou; em poucos meses, os diretores alocaram US$1 milhão para reformar um espaço do campus e transformá-lo no recém-batizado "Centro de Tecnologia de Marketing". Ele teria uma grande sala de aula com computadores de última geração e tecnologia de exibição, além de quatro "ambientes de teste", cada uma abrigando um conjunto diferente de tecnologias de marketing.

O problema era que meu entusiasmo por marketing e tecnologia vinha diminuindo muito rapidamente. Eu gostava da parte criativa da concepção e do projeto do centro, mas não estava interessado em administrá-lo. Iniciamos a busca por um novo diretor, mas, então, a faculdade decidiu não investir os recursos adicionais e insistiu que eu administrasse o centro. Isso foi um desastre para eles e para mim.

Novo Milênio, Novos Desafios

No verão de 2000, meus pais finalmente vieram nos visitar, catorze anos depois de eu me casar e nove anos após minha reconciliação com meu pai. Eles ainda não tinham conhecido meus sogros. A visita foi dolorosamente estranha. Evitamos ter qualquer conflito, mas meus pais não se relacionaram com minha esposa de forma alguma; eles se sentiam tão desconfortáveis na presença dela quanto ela com eles. Estávamos todos apenas tentando sobreviver à provação de estarmos juntos.

Como era seu hábito de toda uma vida, meu pai bebia todas as noites e, depois, descarregava todas as queixas e insatisfações em minha mãe quando iam para a cama. Quando eu passava pelo quarto deles, conseguia ouvi-lo falando baixo. Mais tarde, quando minha mãe ficou mais velha e precisou usar aparelhos auditivos, ele insistia que ela os colocasse de volta para que ele pudesse passar uma hora todas as noites enchendo os ouvidos dela com suas queixas indignadas.

Uma noite, meu pai ficou irritado com minha cunhada, que estava de visita, porque não havia feito o jantar antes de sair de casa. Para mim, essa atitude extrapolou os limites. Eu disse a ele que eles deveriam ir embora antes do que o planejado. Triste, percebi que algumas coisas simplesmente não estão destinadas a acontecer.

Meus sogros vieram nos visitar no dia anterior à partida dos meus pais. Se as circunstâncias fossem diferentes, os dois homens poderiam ter encontrado muitas coisas em comum, já que trabalhavam com agricultura e desenvolvimento internacional. Mas eles tinham pouco a dizer um ao outro, e nossas mães tinham ainda menos conexão. Essa foi a única e única vez que eles se encontraram.

Senti um grande alívio quando deixei meus pais no aeroporto para o voo de volta à Índia.

Durante esse período, dei continuidade a meu trabalho com Jag Sheth. Embarcamos em um projeto literário há muito adiado: *The Rule of Three*. Jag tinha desenvolvido uma teoria sólida sobre estratégia de mercado competitivo, mostrando como e por que a maioria das indústrias acabava com um "grande trio" dominando o mercado. Minha função era transformar suas percepções em um manuscrito. Embora eu tivesse escrito dezenas de artigos e relatórios sobre o setor em formato de livro, nunca havia escrito um livro propriamente dito. Não achava que conseguiria; como eu sustentaria uma ideia e manteria uma narrativa coerente em centenas de páginas?

Nosso prazo se aproximava muito rapidamente, e eu continuava paralisado. Percebendo que precisava ficar isolado de qualquer distração, Jag me pediu para ir a Atlanta e reservou para mim três semanas no Emory Inn. Ele sugeriu que eu pensasse no livro como uma série de dez artigos. Isso eu conseguia fazer! Eu escrevia incansavelmente desde o início da manhã até o final da tarde e, depois, revisava o que tinha escrito com Jag. Então saía para caminhar, jantava e continuava trabalhando até tarde da noite. Ao final dessas três semanas, eu tinha produzido o rascunho do manuscrito.

Enquanto isso, eu me interessei muito pelo pensamento sistêmico, um assunto com o qual tive contato pela primeira vez em meu curso de graduação em engenharia. Com base em meu conhecimento limitado sobre o tema, acreditava que era essencial para entender como administrar uma empresa e criar uma sociedade eficiente. Jay Forrester tinha inventado o campo da dinâmica de sistemas no MIT décadas antes. Liguei para John Sterman, diretor do grupo de dinâmica de sistemas do MIT, e perguntei se eu poderia assistir às aulas do curso naquele outono, como forma de cortesia profissional. Ele concordou imediatamente; as aulas eram às terças e quintas-feiras, das 10 horas ao meio-dia, em uma grande sala de aula em formato de anfiteatro, com cerca de 140 alunos de pós-graduação.

A terceira aula foi na terça-feira, dia 11 de setembro de 2001. Saí de Lexington por volta das 9h15 da manhã para dirigir até Cambridge. Ouvi no rádio que um avião havia atingido o World Trade Center, em Nova York. Os jornalistas especularam que talvez um pequeno avião de passageiros tivesse se desviado da rota. Quando entrei na sala de aula, às 10 horas, ainda estávamos vivendo em um mundo "normal". Quando saí ao meio-dia, esse mundo havia se transformado de maneira irreversível. Enquanto John estava nos explicando sobre ações, fluxos e circuitos de feedback, dois aviões de grande porte haviam atingido as torres do World Trade Center, um terceiro havia atingido o Pentágono e um quarto havia sido deliberadamente derrubado em uma área na Pensilvânia por passageiros corajosos. Os alunos se aglomeraram em volta de uma televisão que alguém havia levado para o saguão. Eles olhavam para a tela incrédulos, muitos com as mãos cobrindo a boca. Será que isso aconteceu mesmo? E agora?

Na quinta-feira, John iniciou a aula dizendo: "Vamos deixar de lado o que planejávamos fazer hoje. Vamos tentar entender o que aconteceu na terça-feira e como os EUA devem reagir." Ele fez uma análise sistêmica dos eventos daquele dia. Ele disse: "Qualquer evento que ocorra é apenas a manifestação externa de um sistema em funcionamento. Na terça-feira, quatro grupos terroristas sacrificaram suas vidas para que pudessem infligir o máximo de dano e sofrimento possível nos Estados Unidos. O que os levou a fazer isso? Quais foi a dinâmica do sistema que deram origem a esses atos?"

Durante a hora seguinte, John construiu com maestria um diagrama detalhado descrevendo todos os fatores causais interconectados que levaram ao 11 de setembro: a política dos EUA no Oriente Médio em relação a Israel e à Palestina; os índices tragicamente altos de desemprego entre os jovens da região, o que fez com que fossem alvos fáceis para os fundamentalistas islâmicos que buscavam recrutar homens-bomba; o histórico de relações conturbadas entre Israel e Palestina e o restante do mundo árabe; a ascensão do fundamentalismo islâmico; o papel da Arábia Saudita; e diversos outros fatores. John previu que a provável resposta dos EUA a esse evento seria lançar uma "guerra ao terror", o que significaria encontrar e matar o maior número possível de terroristas. Ele ressaltou que os Estados Unidos tinham um longo histórico de declarar "guerras" fracassadas e geralmente contraproducentes contra muitos problemas sociais enraizados, como crime, pobreza e drogas.

John mostrou como os EUA precisavam abordar as *raízes* do problema, em vez de atacar as ramificações. Era necessário conquistar corações e mentes no Oriente Médio e em outros lugares do mundo, tanto quanto punir os terroristas e seus apoiadores. A política norte-americana na região precisava ser reformulada, de modo a ajudar a estabelecer uma economia mais próspera e dar às pessoas uma sensação de esperança em relação ao futuro. Se os EUA não fizessem isso, acabariam atraindo muito mais terroristas para substituir os que foram mortos. John ressaltou que o terrorismo e o empreendedorismo são, muitas vezes, dois lados da mesma moeda; os jovens que enfrentam perspectivas econômicas pouco favoráveis são presas fáceis para os fanáticos religiosos.

Achei essa análise de John brilhante. Sendo judeu, ele conseguia falar sobre a política norte-americana em relação a Israel e aos palestinos de uma forma que muitos relutaram em fazer. Após a aula, fui até a sala de John para agradecê-lo por suas percepções perspicazes. Em seguida, quase implorei para que ele escrevesse sua análise e a publicasse no *New York Times* ou no *Washington Post* na forma de um artigo de opinião. Ele se recusou imediatamente, dizendo: "Esse não é meu trabalho, Raj. Provavelmente escreverei para um periódico em algum momento."

Isso me recordar o episódio com Bob Buzzell alguns anos antes, quando ele me disse para me limitar a escrever artigos acadêmicos e não me envolver com assuntos do mundo real. John poderia ter tido um impacto positivo maior do que quase qualquer outra pessoa no debate público e na política dos Estados Unidos sobre o assunto crítico naquele momento crítico. Mas ele optou por permanecer na torre de marfim, discursando apenas para estudantes e outros membros do corpo docente. Pensei comigo mesmo: "De que serve nosso conhecimento se não o aplicamos a serviço dos maiores desafios que enfrentamos coletivamente?"

Meu Inverno de Insatisfação

O país estava extremamente abalado naquele outono e minha família também estava passando por dificuldades. Agora nosso filho estava com 12 anos, e sua condição havia piorado. O ambiente doméstico ficou mais tenso e desanimador, afetando a todos e contribuindo para os problemas conjugais entre mim e minha esposa. No início de novembro de 2001, após três anos de terapia, a terapeuta proferiu as temidas palavras: "Acho que seria melhor para todos na família se vocês se separassem."

Eu não queria ouvir isso, mas essa verdade ressoou com força. Até então, o divórcio era um conceito inconcebível para mim. A Índia apresenta o menor índice de divórcio do mundo: cerca de 1%. É claro que isso não significa que 99% dos casamentos indianos sejam felizes. Na verdade, a maioria dos casamentos que eu tinha testemunhado na Índia eram disfuncionais e miseráveis. Mas isso parecia não importar no momento. Na Índia, o casamento era como uma sentença de vida, uma parte de nosso destino. Era algo a ser suportado, um dever a ser cumprido, um meio para o fim de unir famílias e gerar filhos. Terminar um casamento trazia consigo um estigma de fracasso, culpa e vergonha. Muitas vezes, resultava em ostracismo social.

Terminar meu casamento em 2001 poderia ter me trazido paz de espírito e me dado uma chance de ser feliz, mas eu tinha três filhos em quem pensar: minhas doces filhas de 9 e 7 anos e meu filho amoroso, vulnerável e com necessidades especiais. Eu tremia só de pensar como o fim do casamento poderia deixá-los desolados.

Em meio a essa tristeza, o telefone tocou na manhã do Dia de Ação de Graças. Era a irmã mais velha de Shailu. Ela disse: "Papai morreu."

Minhas pernas fraquejaram e eu caí no chão. Como era possível? Com 73 anos de idade, meu sogro era a imagem da saúde e vitalidade. Embora tivesse sofrido um ataque cardíaco leve induzido por estresse e uma subsequente cirurgia de ponte de safena aos 60 anos, ele não tinha vícios (além de trabalhar demais), tinha uma dieta muito saudável e caminhava energicamente todos os dias. Os médicos ficaram maravilhados com a recuperação de seu coração. Nilu preencheu os detalhes enquanto ouvíamos incrédulos. Ele e minha sogra tinham acabado de voltar de uma caminhada perto de sua casa no Nepal. Enquanto ela preparava o jantar, ele (literalmente) subiu correndo as escadas para tomar uma ducha e fazer uma breve oração no pequeno santuário ao lado do quarto deles. Momentos depois, ela ouviu um leve baque vindo do andar de cima. Ela o chamou, mas ele não respondeu, então ela subiu para ver como ele estava. Ele estava deitado de lado em frente ao altar, sem respirar.

Foi uma perda muito grande. Ram Chandra Malhotra representava tudo o que eu gostaria de ter em um pai: inteligente e brincalhão, forte e amoroso, prático e espiritual, humilde e confiante. De certa forma, ele havia me reeducado durante os últimos quinze anos. Ele tinha enxergado minha verdadeira essência. Meu pai havia herdado nobreza, enquanto meu sogro encarnava a verdadeira nobreza: era muito admirado por suas atitudes gentis e sua força de caráter. Meu pai exigia respeito; meu sogro era respeitado por todos. Nunca me senti movido a dedicar um livro a meu pai, mas dediquei minha tese de doutorado e um livro a meu sogro.

Nesse momento trágico de nossas vidas, era impensável para mim terminar meu casamento. Era meu dever e meu desejo estar ao lado da minha esposa e dos meus filhos durante esse período difícil.

Coisa Boa, Coisa Ruim — Quem Sabe?

> A época do fracasso é a melhor época para plantar as sementes do sucesso.
>
> — PARAMHANSA YOGANANDA

O livro *The Rule of Three* foi lançado logo depois, mas não senti muita emoção com a publicação de meu primeiro livro. Eu estava me sentindo vazio, sem energia e motivação. Eu aparecia para dar aula, mas não fazia quase nada além disso. Não fiz absolutamente nada para transformar o Centro de Tecnologia de Marketing (CTM) em algo relevante. Simplesmente, não me importava com marketing ou tecnologia — ou com qualquer outra coisa, na verdade.

Estávamos no início de 2002. Eu estava no quarto ano de meu mandato de cinco anos como "professor fiduciário", o que significava que meu mandato estava prestes a ser renovado. Embora meu histórico acadêmico e de publicações fossem bons, eu não tinha feito grande coisa para justificar o investimento considerável que a faculdade havia feito no CTM. Logo recebi a notícia que eu estava temendo: perderia meu cargo de diretor no ano seguinte. Permaneceria como professor titular efetivo, mas minha carga horária dobraria, eu perderia o salário adicional de US$20 mil que vinha com a cátedra e meu orçamento livre de US$5 mil, e não teria mais um assistente de pós-graduação.

Eu já estava deprimido; esse choque só aumentou minha tristeza. Eu me senti como um general cujas faixas foram arrancadas de seu uniforme diante de uma multidão aglomerada. A maioria das pessoas em cargos não acadêmicos teria invejado minha posição de professor titular efetivo, mas isso não me consolou.

Enquanto tentava absorver o choque, me vi em meio a uma verdadeira crise existencial. Só fui ler o clássico *O Homem em Busca de um Sentido*, de Viktor Frankl, alguns anos mais tarde, mas o que ele escreveu naquele livro emblemático era muito relevante para a situação em que eu me encontrava. Não podemos controlar o que acontece conosco, mas podemos controlar como escolhemos reagir aos acontecimentos. Ele chamou isso de "a última das liberdades humanas: escolher a própria atitude em qualquer conjunto de circunstâncias, escolher o próprio caminho". Frankl também escreveu: "Quem tem um motivo para viver pode suportar quase qualquer coisa."

Minha primeira reação foi me encolher e me esconder com vergonha da humilhação pública, o que teria me levado a uma espiral descendente. Em vez disso, um eu mais sábio, até então adormecido dentro de mim, despertou e começou a tentar encontrar um lado positivo naquela situação. Aos poucos, percebi que meu cargo havia me aprisionado por quatro anos, me algemando a um tipo de atividade que não despertava nenhuma paixão. A Bentley tinha me dado status e algum dinheiro extra, mas nenhuma dessas duas coisas me trouxe felicidade ou realização.

Será que eu poderia aproveitar esse momento como uma oportunidade para me conectar com os aspectos de meu trabalho de que eu gostava e considerava significativos? Eu sabia que poderia ser um excelente professor se estivesse como coração sintonizado com o que eu estava ensinando. Sabia que era um escritor talentoso e que poderia influenciar as pessoas com minhas ideias quando estivesse empolgado com o que estava escrevendo. Sabia que era um excelente orador e poderia inspirar pessoas por meio de minhas palavras e minha presença.

Decidi me comprometer com dois objetivos bastante específicos: primeiro, me reconectar com minha paixão pelo docência e ganhar o prêmio anual de docência da Bentley; e segundo, fazer pesquisas impactantes e ganhar o prêmio de "Pesquisador do Ano". Esse reconhecimento externo restauraria minha reputação na Bentley, mas o mais importante seria o resultado de um trabalho que era importante para mim e para o mundo.

Revigorado e cheio de determinação, reformulei minuciosamente minhas aulas e trabalhei com diversos colegas para criar um novo curso interdisciplinar exclusivo que integraria diferentes aspectos da administração em dez encontros ministrados em parceria. Busquei em meus valores pessoais para obter ideias para artigos de pesquisa e foquei temas como respeito, justiça, sustentabilidade e bem-estar.

Nos três anos seguintes, publiquei dois livros e muitos artigos. Recebi o prêmio de Pesquisador do Ano da Bentley em 2007 e o prêmio de "Inovação no Ensino" em 2008. Em retrospecto, perder o cargo de diretor foi uma das melhores coisas que já me aconteceram.

Seguindo Meu Coração Partido

Poucas profissões são tão ridicularizadas quanto o marketing. Até a popular história em quadrinhos *Dilbert* sempre tirava sarro dela. Uma delas mostrava um grupo de engenheiros olhando para uma porta no corredor com a placa "Departamento de Marketing: Mínimo de Três Drinks". A opinião pública sobre a profissão que escolhi era fútil, sem autenticidade, dispendiosa, irritante e, em grande parte, desnecessária. Então imagine meu entusiasmo quando soube que o Chartered Institute of Marketing (a maior associação de marketing do mundo), sediado no Reino Unido, havia me identificado como um dos "50 Principais Pensadores de Marketing" e me nomeado para a "Guru Gallery". Isso é o que chamaria de uma bênção contraditória! Seria como ser nomeado "O Mafioso Mais Promissor do Ano"?

Isso é um pouco cruel; eu sei que o marketing pode ajudar o mundo. Essa era a premissa da Conferência de Marketing e Desenvolvimento Econômico em Nova Delhi, onde conheci Jag Sheth. Mas a forma como o marketing era praticado de modo geral tinha um peso muito grande sobre mim. O marketing inclui publicidade, promoções, vendas e outras atividades voltadas a fazer com que os clientes comprem produtos e serviços. A profissão muitas vezes se aproveitava de crianças pequenas, fazendo com que se viciassem em junk food ou brinquedos. Ela explorava descaradamente o corpo de mulheres jovens para vender produtos, contribuindo para a depressão e distúrbios alimentares. Visava idosos e outros grupos vulneráveis por meio de campanhas inteligentes criadas para lhes arrancar seu dinheiro.

Para mim, boa parte do marketing era traiçoeiro, invasivo, ineficiente, ineficaz, antiético, tolo, prejudicial ao bem-estar físico e emocional ou ao planeta. Em geral, era tudo isso junto. Apontar os diversos males do marketing se transformou em minha paixão, ou mesmo minha obsessão.

Em 2004, fiz uma pesquisa sobre a imagem do marketing. Entrevistei 2 mil clientes e empresários e confirmei o que já acreditava: a maioria das pessoas (bem mais de 80%) tinha uma visão negativa do marketing. Fiz uma análise detalhada de quanto estávamos gastando nos Estados Unidos em todas as modalidades de marketing: anúncios, promoções de vendas, cupons, vendas, sorteios, mala direta etc. O valor foi de aproximadamente US$1 trilhão — excedendo o PIB da Índia naquele ano em 40%! Fiquei pasmo ao perceber que 1,1 bilhão de pessoas viviam com muito menos do que as empresas nos EUA gastavam em anúncios, cupons e lixo eletrônico para "atender a" 300 milhões de pessoas. Em uma base per capita, o gasto chegava a US$3.300 por pessoa ao ano, ou mais de US$14 mil para uma família média — mais do que a renda de 85% da população mundial.

Fiz uma simples pergunta: o que clientes, as empresas e a sociedade estavam recebendo por essa enxurrada de gastos? A resposta foi "não muito"; na verdade, as consequências negativas superavam as positivas. O marketing agressivo levou à depressão, ao vício, ao consumo excessivo, à obesidade, ao diabetes, a doenças cardíacas e a outras condições. No entanto, os gastos com marketing continuaram aumentando.

Havia algo de muito errado nesse cenário. Enquanto cada uma das outras funções dentro das empresas fazia mais com menos, o marketing estava fazendo menos com mais — ano após ano, década após década. Toda esse panorama me lembrava de um livro bastante popular em 1993: *Stop the Insanity!*

A Vergonha do Marketing?

Em 2002, comecei a brincar com a ideia de um livro intitulado *Práticas Inadequadas do Marketing* e criei um esboço dele. O primeiro capítulo seria intitulado "Ninguém Ama um Profissional de Marketing (Nem Mesmo a Mãe Dele?)". Como alternativa para o título do livro, incluí *A Vergonha do Marketing.* O lendário pensador da área de administração, Peter Drucker, utilizou esse termo para se referir ao movimento dos consumidores nos Estados Unidos. Eu escrevi: "Hoje, a função do marketing, conforme praticada por muitas empresas, transcendeu a vergonha e se tornou descarada."

Eu queria escrever sobre a vergonha do marketing, mas, na verdade, era sobre a vergonha do Raj. Há muito tempo eu vinha repetindo o seguinte diálogo interno em minha mente: "Meu pai fez doutorado em botânica para ajudar a acabar com a fome no mundo. Eu fiz um doutorado em marketing para poder ajudar a vender mais batatas fritas." O fato de meu pai, perplexo, dizer aos outros: "Meu filho é professor de 'marketing'", fazendo aspas com os dedos quando falava a palavra "marketing", não ajudava em nada.

Sentir tanto desprezo pela própria profissão é como ter uma doença autoimune; isso corrói você por dentro. Este livro seria minha penitência, a denúncia final contra o marketing, o testemunho sincero de um profissional de marketing relutante e arrependido. Como Martinho Lutero, eu lançaria minha "reforma protestante", simbolicamente pregando minha tese na porta da igreja do marketing.

Enviei a proposta para Jag. Ele me ligou e disse: "Raj, as pessoas deste país querem ouvir sobre a solução, não sobre o problema."

"É claro!", pensei. Tínhamos passado anos descrevendo o problema, mas não focamos muito as soluções. Reformulei a proposta do livro e dei a ele o título provisório *Em Busca da Excelência em Marketing*, uma referência ao clássico livro *Em Busca da Excelência*. A premissa era simples: a maioria das empresas gasta enormes quantias de dinheiro em marketing, mas obtém resultados ruins em termos de satisfação, lealdade e fidelidade do cliente. O que poderíamos aprender com as empresas que gastam muito *menos* do que a média do setor e têm satisfação, lealdade e fidelidade excepcionais de seus clientes?

Mais tarde, Jag e eu mudamos o nome para *Share of Heart*, algo como a próxima evolução em marketing de relacionamento: de "market share" [participação de mercado] para "share of wallet" [compartilhamento da carteira] até "share of heart" [participação do coração].

Enquanto isso, em agosto de 2004, estava sendo realizada em Boston a conferência anual de professores da American Marketing Association. Organizei um simpósio de um dia imediatamente após a conferência com o tema provocativo "O Marketing Precisa de Reforma?". Jag e eu convidamos os principais acadêmicos para apresentar suas ideias sobre esse tema. Foi um dia bastante estimulante, porém deprimente. Não havia vozes discordantes; nenhum acadêmico saiu em defesa do "marketing como de costume". Todos concordaram que havia muita coisa erada na profissão de marketing e na disciplina acadêmica. Até mesmo o venerável Philip Kotler, o pai do marketing moderno, chegou ao ponto de dizer que deveríamos abandonar completamente a palavra "marketing" e começar do zero. Depois disso, Jag e eu publicamos um livro com o mesmo título, com 40 ensaios escritos por acadêmicos importantes.

Após a conferência, voltamos nossa atenção para o livro *Share of Heart* e assinamos um contrato com a Wharton Publishing. Nossa pesquisa inicial sobre empresas que tinham uma forte ligação com seus clientes revelou que elas tinham ligações igualmente fortes com outros stakeholders. Desenvolvemos um modelo de cinco stakeholders usando o acrônimo

SPICE, para Sociedade, Parceiros, Investidores, Clientes e Empregados. À medida que aprendemos mais sobre como essas empresas operavam, mudamos o nome do livro pela última vez para *Empresas Humanizadas: Pessoas. Propósito. Performance.*

Minha profunda desconfiança em relação ao marketing me levou a embarcar em um projeto literário que mudaria drasticamente o rumo da minha vida e da vida de muitas outras pessoas ao redor do mundo. Isso também ajudaria a lançar um movimento global para redefinir o propósito e a prática dos negócios.

Reflexões

Quando comecei a trabalhar na Bentley College, eu tinha tudo. Porém, estava infeliz e me sentia vazio. Eu havia tomado uma decisão espontânea de aceitar o emprego, mas isso me colocou em uma posição que não correspondia aos meus valores e à minha paixão.

> *Você já se deu conta de que as armadilhas do sucesso não significam a verdadeira felicidade? O que você deveria priorizar que não prioriza?*

Minha conversa com John Sterman reforçou minha convicção de que cada um de nós deve usar o que sabe para causar um impacto positivo no mundo. Isso acabou me levando a transformar minha carreira, explorar meus valores e encontrar meu propósito.

> *Pense em como seu trabalho e sua experiência podem servir a um bem maior. Se fizer isso, sua satisfação pessoal aumentará exponencialmente. De que tipo de suporte e aliados você precisa para que isso aconteça?*

O impacto que a perda do cargo de diretor causou em meu ego, minha reputação e minha situação financeira foi terrível e até traumático. Consegui me recuperar e evoluir com isso, estabelecendo metas reais e me sintonizando mais com a voz do meu coração.

> *A maioria das pessoas é muito rápida em classificar os eventos como bons ou ruins, com base em nossa perspectiva limitada. Mas cada situação abre novas possibilidades; uma porta se fecha, mas muitas ou-*

tras se abrem. Você já passou por essa experiência alguma vez? Isso se aplica a situações com as quais está lidando atualmente?

Minhas inúmeras dúvidas em relação ao "marketing como de costume" se enquadram na categoria de "siga seu coração partido", nas palavras do acadêmico religioso Andrew Harvey. Eu ficava furioso quando via um marketing agressivo, explorador, manipulador ou esbanjador. Mas apenas seguir nosso coração partido não é suficiente; precisamos transformar isso em medidas tangíveis para aliviar o sofrimento que parte nosso coração.

Reflita sobre práticas comuns em sua profissão e em seu ambiente. Alguma delas lhe causa dor? Que tipo de sofrimento deixa outras pessoas indiferentes, mas o deixa paralisado? Será que são sinais que podem direcioná-lo a seu propósito?

10
Propósito nos Poconos

Lágrimas de Felicidade

Fazia dezenove anos que eu não derramava uma lágrima sequer: a última vez tinha sido quando me emocionei com o filme *Gente como a Gente*, para espanto da minha esposa. Eu tinha desenvolvido uma casca aparentemente impenetrável em volta do coração. Em 12 de junho de 2005, essa casca se rompeu da maneira mais improvável.

Eu estava sentado na ponta de uma mesa de jantar de madeira rústica, em frente a David Wolfe, coautor da obra cujo título seria *Empresas Humanizadas: Pessoas. Propósito. Performance.* Estávamos em Poconos, uma região montanhosa no leste da Pensilvânia. David e eu tínhamos acabado de voltar de uma longa caminhada pelas colinas da estação de esqui onde estávamos hospedados para um retiro de escrita. Após um café da manhã reforçado de mingau com aveia e passas, nós nos sentamos para trabalhar no livro. Estava revisando uma história que havíamos selecionado para o inserir no livro e, de repente, percebi que fiquei emocionado. A história era sobre uma funcionária da UPS chamada Christine Virelli, que tinha abandonado os estudos no nono ano e ficado fora do mercado de trabalho por dezesseis anos. Ela começou a trabalhar na UPS como empacotadora em meio período depois que o marido se machucou e não pôde mais trabalhar. A UPS custeou seus estudos para que ela obtivesse um diploma de equivalência geral (GED), para completar o ensino médio, e, depois, para que frequentasse a faculdade. Ela disse: "Não posso sair da UPS. Eles me ajudaram tanto que não consigo me imaginar trabalhando em outro lugar. A UPS me ajudou a mudar minha vida, e eu ainda estou progredindo." A UPS deu a Christine esperança para o futuro, e me deu esperança para o futuro dos negócios.

Eu disse a David: "Esta é a primeira vez que choro de felicidade por causa do meu trabalho. Acho que meu corpo está me enviando uma mensagem. Esse é tipo de história do mundo dos negócios que eu queria conhecer melhor e divulgar pelo mundo."

Naquele instante, senti como se tivesse descoberto meu propósito. Ou melhor, meu propósito havia me encontrado.[1]

Elizabeth Gilbert escreveu: "As ideias passam a eternidade girando ao nosso redor, buscando parceiros humanos com disponibilidade e disposição. Quando uma ideia acredita ter encontrado alguém capaz de trazê-la ao mundo, ela lhe fará uma visita."[2] Isso aconteceu comigo naquele dia.

Metamorfose

Sem estar plenamente consciente disso, eu vinha passando por uma transformação gradual nos anos anteriores, apresentando pequenos sinais de despertar, de esperança e renovação em minha vida. Cada vez mais, eu questionava os valores corporativos e os sistemas de crenças predominantes em relação aos negócios. Os "especialistas" haviam me dito repetidas vezes que considerações de ordem humanitária não eram e não deveriam ser consideradas na tomada de decisões comerciais, exceto como uma maneira de obter lucros mais altos. Nunca se tratava de fazer a coisa certa para as pessoas, o planeta ou as comunidades; era sempre uma questão de fazer a escolha economicamente mais inteligente para os proprietários e os acionistas. Segundo essa lógica, era aceitável vender um carro pouco seguro que provavelmente mataria determinado número de pessoas se as consequências financeiras dessa prática fossem menores do que o custo para de reprojetá-lo.

1 Hoje defino meu propósito como "levar o coração, a cura, a coragem e a alma para os negócios e a liderança, a fim de que possamos construir um mundo melhor para todos".

2 https://www.irishtimes.com/life-and-style/people/elizabeth-gilbert-when-a-magical-ide--comes-knocking-you-have-three-options-1.2474157.

Minha formação em administração de empresas defendia inquestionavelmente a filtragem de todas as decisões empresariais através da lente do EVA: valor econômico agregado. Se uma decisão acrescentasse algo ao EVA, era a decisão certa. Caso contrário, era a decisão errada. Era simples assim. No início, sofri uma espécie de dano moral ao ser solicitado a adotar e ensinar esse sistema de valores aos meus alunos, mas aos poucos aprendi a conviver com isso apenas como um fato da vida — até que não consegui mais.

Comecei a pensar em uma palavra que sempre odiei: *chefe*. Sua origem remonta ao período da escravidão, derivada da palavra holandesa "*baas*", que significa "mestre". Surgiu em minha mente a pergunta: "CHEFE é o equivalente a SFDP?" (que significa "Super Filho da Puta"). No jantar seguinte ao qual compareci, fiz essa pergunta a alguns amigos que eram executivos de empresas. Eles foram categóricos: "É claro que sim. É assim que os chefes devem se comportar."

Perdido nesse mundo de cinismo, algo em mim resistiu. A chama do meu idealismo e da minha crença na essência da bondade dos seres humanos tinha se apagado ao longo dos anos, mas ainda não estava totalmente extinta. Eu sabia que deveria haver uma maneira melhor de pensar sobre os negócios. Percebi que esse mundo dos negócios tinha adotado com entusiasmos os princípios e as estruturas militaristas, usando termos bélicos como estratégia, táticas, operações, linha de frente, sede. Os funcionários eram como soldados, os clientes eram alvos ou territórios a serem conquistados e os concorrentes eram inimigos a serem derrotados. Mas os negócios não são uma guerra, e as empresas não são exércitos. Algumas pessoas tratavam as empresas como uma máquina, enquanto outras as consideravam um jogo. Meus colegas acadêmicos, em sua maioria, tratavam-nas como um problema de matemática. Eu sabia que não era nada disso. Para mim, os negócios consistiam em servir às pessoas e enriquecer a vida delas.

As pessoas costumavam usar a seguinte frase: "Não é nada pessoal, são negócios." Eu achava isso ofensivo. Os negócios envolvem e impactam as pessoas; isso faz com que sejam intrinsecamente pessoais.

Como Se Tornar um Instrumento da Evolução

A obra *Empresas Humanizadas* era como um gato com mais de nove vidas, uma ideia que simplesmente não morria. Escrevi treze versões do projeto antes que uma editora finalmente concordasse em aceitá-la. Algo em mim percebeu sua importância e continuou lutando para mantê-la viva. No final de cada reunião com Jag, após concluirmos todas as nossas outras atribuições, eu dizia: "Podemos falar sobre aquele livro novamente?"

Havia uma sincronicidade em ação aqui. Ram Dass disse: "Procure ser um instrumento do universo, em vez de tentar ser seu mestre." Eu estava recebendo um chamado de forças invisíveis — o "universo implícito", nas palavras de Joseph Jaworski — para ajudar a criar algo que precisava surgir no mundo, algo que fazia parte de um desdobramento evolutivo indispensável.

Após enfrentar inúmeros obstáculos conceituais, convidei David Wolfe para se juntar a nós como um terceiro autor e dar nova vida ao projeto. Eu tinha conhecido David oito anos antes, quando estava na Universidade George Mason. Um autodidata polímata, David teve uma educação católica extremamente rigorosa com um pai rigoroso e mesquinho em uma fazenda na zona rural de Maryland e se tornou empresário e autor de sucesso. Quando o conheci, ele já estava na casa dos 70 anos e era um respeitado especialista em marketing de relacionamento, psicologia do desenvolvimento e nas implicações sociais e comerciais do envelhecimento da população. Ele tinha desenvolvido uma expertise específica em orientar pessoas durante a crise de meia-idade — e eu o conheci justamente quando estava prestes a ter a minha! Ele logo se tornou um amigo e orientador muito querido. Agora eu estava tentando escrever um livro com dois homens que tinham se tornado figuras paternas em minha vida.

Minha pergunta de pesquisa inicial era simples: as empresas podem se tornar bem-sucedidas e ser apreciadas e vistas como confiáveis por seus clientes sem gastar muito dinheiro em marketing? Após descobrir algumas empresas que não gastavam praticamente nada em marketing e eram admiradas por *todos* os seus stakeholders (não apenas os clientes), decidimos nos concentrar nisso. Entrevistamos 2 mil pessoas e pedimos que identificassem empresas de que mais gostavam. Das 400 empresas indicadas, escolhemos 60 para estudar mais a fundo. No final, 28 empresas eram exemplos do padrão que havíamos descoberto no início da pesquisa: elas tinham um propósito heroico e inspirador; buscavam servir e criar inúmeros tipos de valor para todos os seus stakeholders; seus líderes eram motivados pelo serviço às pessoas e pelo propósito, e não pelo poder e pelo dinheiro; e suas culturas eram construídas com base na confiança, no cuidado, na autenticidade e na satisfação.[3]

Não tínhamos ideia das consequências financeiras dessa maneira de fazer negócios. Os líderes das empresas que selecionamos nunca falavam em maximizar os lucros; em vez disso, focavam em viver seu propósito e causar um impacto positivo na vida de todos os stakeholders.

Antes de realizar a análise financeira, escrevemos algumas hipóteses. Esperávamos que essas empresas tivessem um bom desempenho para os investidores, porém não excepcional, uma vez que esse não era o principal foco. Estávamos preparados para argumentar que estava tudo bem se o lucro delas fosse menor que o de seus pares, porque elas pagavam melhor aos funcionários da linha de frente, ofereciam benefícios generosos como assistência médica, investiam na experiência do cliente e causavam um impacto positivo no bem-estar dos clientes, pagavam bem aos fornecedores, ajudavam suas comunidades e cuidavam do meio ambiente. As empresas inclusive pagavam taxas de impostos muito mais altas do que os concorrentes. Elas criavam muito valor que não aparecia nos demonstrativos financeiros ou nos balanços patrimoniais.

Ficamos impressionados quando nossa análise revelou que as 18 empresas de capital aberto de nossa amostra superaram coletivamente o índice de mercado de ações S&P 500 em 9:1 durante um período de dez anos. Como isso era possível? Minha formação em administração de empresas me ensinou que não existe almoço grátis, que os negócios são um jogo de "soma zero" com compensações inevitáveis. Se essas empresas gastassem mais com outros stakeholders, certamente os investidores sofreriam. Mas os números não mentem.

Chegamos à constatação positiva e gratificante de que empresas construídas com base no propósito e no amor são mais fortes, resilientes e bem-sucedidas no longo prazo do que empresas preocupadas apenas com os lucros. Eu tinha aprendido que os negócios se resumiam a uma busca incessante lucros, que "só os fanáticos sobrevivem", que é um mundo de carnificina, que as emoções não têm vez nesse mundo orientado por números. Mas tínhamos produzido evidências contundentes que demonstravam o contrário.

3 Esses quatro princípios se tornariam os pilares do que mais tarde chamaríamos de "Capitalismo Consciente."

Era o Santo Graal que eu estava buscando inconscientemente. Isso me fez acreditar que meu idealismo, minha natureza confiante e minha crença na cooperação não eram passivos no mundo difícil e turbulento dos negócios, ao contrário do que meu pai havia me dito.

O *Empresas Humanizadas* deu início à minha cura. Ele me mostrou que o que era natural para mim e para muitas outras pessoas não era incompatível com o sucesso e a "conquista" no mundo. Ele confirmou que ser cuidadoso e colaborativo são pontos fortes, não fracos. Após a publicação do livro, no início de 2007, comecei a receber notícias de pessoas do mundo inteiro sobre o impacto que ele teve em suas vidas. Escrever esse livro não foi apenas o início da minha jornada em busca de propósito, mas também de realização pessoal e uma eventual cura.

Como Renegociar um Relacionamento

Nessa época, Jag Sheth já havia se tornado uma figura paterna muito respeitada para mim. Ele havia me resgatado da escuridão e da irrelevância em minha carreira. Mas, como em todo relacionamento entre pai e filho, chega um momento em que o filho precisa assumir sua individualidade e sair da sombra do pai.

Quando estávamos nos preparando para enviar o manuscrito final para a editora, David me disse: "Precisamos discutir a ordem de autoria." Ele disse que não seria justo o nome de Jag aparecer primeiro, já que seu envolvimento no projeto tinha sido menor do que o de David ou o meu. Eu sempre coloquei o nome de Jag em primeiro nas dezenas de artigos e nos cinco livros que tínhamos escrito juntos. Na maioria desses trabalhos, as contribuições intelectuais dele superaram as minhas, mesmo que eu tenha escrito o trabalho inteiro. De acordo com a prática acadêmica de listar os autores em ordem alfabética, seu nome precedia o meu, mesmo que nossas contribuições fossem iguais.

Se David não tivesse levantado essa questão, eu teria mantido a ordem original de autoria: Sheth, Sisodia e Wolfe. Eu não queria causar problemas, pois fugia de conflitos e temia que Jag reagisse mal. David disse: "Não se preocupe. Vou falar com ele. Você não precisa se envolver." Isso foi um alívio; eu seria poupado dessa situação desagradável!

David escreveu para Jag, argumentando que a ordem de autoria deveria ser Sisodia, Wolfe e Sheth. Ele não me copiou no e-mail. Jag imediatamente encaminhou o e-mail de David para mim, acrescentando a pergunta: "O que faremos em relação ao David?"

Respondi que a ideia do livro e o título tinham sido meus, que eu tinha feito a pesquisa e que David e eu tínhamos dividido o trabalho de escrever. Também respondi que o projeto significava muito para mim pessoalmente porque refletia minha personalidade muito mais do que qualquer outra coisa que ele e eu tivéssemos feito juntos. Jag ficou furioso, e eu passei várias noites em claro, angustiado com essa situação. Perguntei a amigos do meio acadêmicos o que eu deveria fazer; o consenso foi: "Não dê importância a isso. Se der, ele pode destruir sua carreira."

Por fim, enviei uma mensagem para Jag reforçando meu argumento para ser o primeiro autor. E deixei que ele decidisse; disse que aceitaria qualquer decisão que ele tomasse. Senti que essa era uma forma de defender o que eu acreditava ser certo e, ao mesmo tempo, respeitar o papel que ele desempenhou em minha vida. Após alguns dias, ele me respondeu, aceitando de má vontade a ordem de autoria proposta por David.

Em retrospecto, esse conflito foi necessário. Eu precisava perder meu medo de confrontar uma figura paterna, ser firme quando acreditava que a justiça estava em jogo e defender meus valores. Essa experiência contribuiu para meu amadurecimento e minha individualidade, mas deixou dúvidas em relação ao meu relacionamento com Jag que perdurou por vários anos.

Durante a escrita deste livro, perguntei a Jag se poderíamos ter uma conversa para refletir sobre o que tínhamos aprendido com a experiência e como a víamos quinze anos depois. Ele me disse que um fator importante em sua reação foi a percepção de que David e eu tínhamos "nos unido" contra ele — o que de fato aconteceu. Ele disse: "Teria sido muito melhor se você tivesse me abordado diretamente para discutir o assunto." Não tive coragem de fazer isso e "me escondi" atrás de David, o que provocou uma desestruturação no relacionamento. As lições para mim são claras: não fuja de conversas difíceis e fale diretamente *com* as pessoas em vez de falar *delas*.

Como Dobrar a Aposta

Alguns meses antes do lançamento de *Empresas Humanizadas*, eu estava em Nova Jersey dando um treinamento para um grupo de executivos da Siemens com base em meu livro *The Rule of Three*. Durante o almoço, um dos participantes me perguntou no que eu estava trabalhando atualmente. Respondi: "Estou muito animado com um novo livro que será lançado em fevereiro, chamado *Empresas Humanizadas: Pessoas. Propósito. Performance.*" Sem hesitar, ele disse: "Ah, eu nunca leria isso." Surpreso com a resposta, eu lhe perguntei por quê. "Eu ficaria envergonhado se alguém que eu conheço passasse por mim enquanto eu estivesse sentado dentro de um avião lendo um livro com esse título. Aposto que vocês colocaram um coração na capa."

"Bem, ainda não finalizamos a capa, mas essa não é uma má ideia!", eu respondi.

Levei na brincadeira, mas essa conversa serviu de exemplo para o que estávamos enfrentando: a abordagem agressiva e masculinizada que permeia o mundo dos negócios. Essa mentalidade estava incutida em diversas editoras. Somente depois que fizemos a análise financeira e mostramos que essas empresas superaram em muito o desempenho do mercado é que as editoras ficaram entusiasmadas com o livro. Antes disso, elas o consideravam uma história "comovente, agradável e simpática". Todos sabiam que "os bonzinhos terminam por último" — exceto pelo fato de que havíamos mostrado que eles poderiam terminar em primeiro — e com uma ampla margem.

Logo após esse incidente em Nova Jersey, fui à Índia para a reunião de 25 anos de minha turma de MBA. Antes de ir para a cidade turística de Lonavala, onde meus colegas se reuniriam durante o Natal, fui visitar meu ex-professor, Dr. Shrikant, que tinha sido fundamental em me ajudar a entrar no programa de doutorado na Columbia. Eu o encontrei no final da tarde e lhe dei uma versão pré-publicada de *Empresas Humanizadas*: "Dr. Shrikant, adoraria saber o que o senhor acha deste livro. Tudo o que escrevi antes disso veio de minha cabeça; este livro veio também do meu coração."

Na manhã seguinte, ele me cumprimentou de maneira calorosa. "Sabe, Raj, normalmente vou para a cama às 20 horas porque acordo às 4 horas para meditar. Mas ontem fiquei até as 23 horas lendo seu livro."

"Obrigado, Dr. Shrikant! Isso significa muito para mim, vindo do senhor."

"Sim, estou gostando. Mas conforme leio, percebo que não há nada de novo."

Fiquei surpreso. "Como assim? Isso era muito novo para mim. Foi diferente de tudo o que aprendi no doutorado e no MBA."

"Tudo o que você escreveu aqui foi escrito há 4 mil anos", ele respondeu.

"Que livro de gestão é esse? Ninguém me falou sobre isso."

Ele sorriu para mim. "Está tudo lá no *Gita*. Muito do que pensamos estar descobrindo pela primeira vez já foi profundamente pensado pelos sábios da Antiguidade e escrito no *Gita*."

O *Bhagavad Gita* é um dos principais textos do hinduísmo. Incorporado ao épico espiritual *Mahabharata*, é um poema de 701 versos sobre a interação entre o Deus Krishna e o guerreiro Arjuna no campo de batalha de Kurukshetra. É sobre conhecimento, propósito, amor, dever, atitude altruísta e muitos outros temas espirituais. Eu tinha ouvido falar, mas nunca tinha lido. Na verdade, eu era completamente ignorante a respeito da vasta sabedoria da mais antiga tradição espiritual do mundo. Resolvi aprender sobre ela imediatamente, começando pela leitura do *Gita*.

Portas de Correr

Após meu retorno a Boston, David Wolfe me ligou. "Você não vai acreditar no que aconteceu", ele disse. "Eu estava sentado ao lado de uma mulher no avião. Começamos a conversar, e eu contei a ela sobre nosso livro. Ela disse: 'Meu amigo John Mackey adoraria ler isso. Consegue me enviar?'" David respondeu: "O livro ainda não foi publicado. Ainda é apenas um documento do Word.""Não importa. Apenas me envie." Ele enviou o documento de 300 páginas por e-mail para ela, que, por sua vez, o encaminhou para John, cofundador e CEO da Whole Foods Market. David acabara de receber a resposta de John, que estava entusiasmado com o livro: "Já li todos os principais livros sobre novos negócios, e este é o melhor que li em muito tempo. Adorei e concordo com tudo o que vocês escreveram."

Alguns meses depois, John me convidou para passar um dia com ele em Austin, no Texas. Quando cheguei, ele fez questão de mostrar que estava usando um boné da Whole Foods, um casaco de lã da Patagonia e um tênis da New Balance — todas empresas humanizadas! Visitamos a loja principal da Whole Foods, localizada embaixo da sede da empresa. Foi emocionante; para os amantes de comida, visitar essa loja é como estar na Disneyland. Havia oito restaurantes espalhados pela loja e uma infinidade de produtos por todos os lados. John havia criado algo realmente especial, algo maravilhoso para os sentidos e nutritivo para o corpo.

Subimos até seu escritório e conversamos por horas sobre a vida e os negócios. Quando paramos em frente a uma janela, ele apontou para uma agência de publicidade chamada GSD&M Idea City, do outro lado da rua. "Essa é uma das melhores agências de publicidade do país, e quem a administra é meu amigo Roy Spence", ele disse.

"É a sua agência de publicidade?", perguntei.

"Ah, não. Nós não temos uma agência de publicidade. Não temos um diretor de marketing. Na verdade, mal temos um departamento de marketing. Gastamos 90% menos em marketing do que nossos concorrentes, e 90% do que gastamos é nas lojas, não na sede. A maior parte disso tem a ver com o alcance da comunidade."

Isso era música para meus ouvidos, é claro. Afinal, o projeto do livro *Empresas Humanizadas* começou perguntando exatamente isso: como as empresas poderiam ser admiradas por seus clientes sem gastar muito em marketing? A Whole Foods e as outras empresas citadas no livro eram a prova concreta de que, se você se preocupa genuinamente com todos seus stakeholders, incluindo seus clientes, e os trata com respeito e atenção especial ao bem-estar deles, você não precisa desperdiçar dinheiro em estratégias de marketing. Você obtém o benefício do melhor tipo de marketing que existe: o marketing gratuito de clientes fiéis e satisfeitos, assim como de outros stakeholders.

Naquela noite, em um restaurante indiano, John e eu compartilhamos mais sobre nossas jornadas pessoais enquanto bebíamos garrafas de cerveja Kingfisher. Então, tirei do bolso do paletó um mapa mental da minha visão para o "Institute for New Capitalism", ou INC (sou membro fundador da Anonymous Acronyms). Desdobrei o mapa e o entreguei a ele. "John, isso é o que quero fazer pelo resto da minha vida." Minha visão incluía trabalhar com empresas estabelecidas para que mudassem sua abordagem em relação aos negócios, com empreendedores que estivessem começando novos negócios e com faculdades de administração para que pesquisassem e ensinassem esse novo conceito. John olhou o mapa mental e me devolveu. "Essa é exatamente a minha visão, Raj. Mas gosto do nome Capitalismo Consciente."

Algo sobre a frase atraiu minha atenção imediatamente. Gostei da aliteração e da justaposição inesperada de duas palavras que normalmente não combinam. Mais tarde, descobri que Mohammad Yunus, o pioneiro do microcrédito e ganhador do Prêmio Nobel da Paz, havia cunhado a expressão anos antes. Ele a usou para descrever o que agora chamamos de empresas sociais, que reinvestem todos os seus lucros para alcançar seu compromisso social. Nós a usaríamos para descrever todos as empresas que operam de forma mais consciente e incluem a sociedade como um dos principais stakeholders.

No final do jantar, John e eu concordamos com um plano. Cada um convidaria cerca de meia dúzia de pessoas interessadas em ajudar a implementar essa visão para um encontro no rancho de John, a cerca de uma hora de Austin. Marcamos para fevereiro de 2008.

O Nascimento de um Movimento

Em retrospecto, o encontro no rancho de John foi um evento histórico. Um grupo eclético de uma dúzia de pessoas passou quatro dias transformadores juntos, comendo comida vegana orgânica, bebendo vinho tinto, fazendo longas caminhadas, jogando disc golf e pingue-pongue, relaxando na banheira de hidromassagem, descansando em redes e compartilhando histórias de vida, esperanças e sonhos, além de nossa visão para o futuro dos negócios e do capitalismo. Nos consideramos a vanguarda de um movimento para promover uma história do capitalismo que já tinha mais de 200 anos de formação. Éramos entusiastas do poder e da beleza dos negócios quando bem feitos. Acreditávamos na liberdade, na troca voluntária e, o mais importante, em promover a conscientização nos negócios e na liderança.

Ao final dos quatro dias, havíamos idealizado três entidades distintas: a Conscious Capitalism Alliance (voltada para CEOs e outros líderes empresariais), o Conscious Capitalism Institute (que trabalharia no meio acadêmico de negócios) e a Society for Conscious Capitalism (que levaria essas ideias até o mainstream). Decidimos que nossa primeira atividade seria organizar um encontro ainda naquele ano, no qual reuniríamos pensadores e profissionais de negócios conscientes. Saí do encontro me sentindo animado e esperançoso de que estávamos prestes a escrever um novo capítulo na evolução dos negócios e da sociedade.

O tema do evento foi Catalisando o Capitalismo Consciente. Ele foi realizado no Crossings, um belo refúgio nos arredores de Austin. Eis como o descrevemos em nosso folheto:

> **Isto não** é um seminário, nem uma conferência. **É um evento.** É como o assentamento de uma pedra fundamental. De fato, é o assentamento de uma pedra fundamental. De 6 a 9 de novembro de 2008, em Austin, Texas, um encontro de profissionais de negócios estabelecerá as bases para transformar a ideia de "Capitalismo Consciente" em um movimento global definido pela intenção consciente de empresas de todos os lugares de tornar o mundo um lugar melhor para todos.

Foram os três dias mais estimulantes e enriquecedores da minha vida — um sentimento compartilhado por praticamente todos os participantes. Foi um encontro extraordinário de pensadores e líderes visionários, como o pioneiro da educação Sir Ken Robinson, o guru de estratégia Gary Hamel, Ed Freeman (o "pai" da gestão de stakeholders), os fundadores do Blue Man Group e muitos CEOs.

Infelizmente, David Wolfe não pôde estar conosco. Ele havia lutado contra a leucemia por anos e tinha sido diagnosticado com câncer de pulmão recentemente. Mas seu espírito estava muito presente no evento, no qual ele trabalhou com afinco junto conosco para desenvolver nos meses anteriores. Desafiando as probabilidades médicas, David viveu por mais alguns anos e continuou sua defesa fervorosa dessa maneira de fazer negócios. Ele estava sob cuidados paliativos em sua casa em Reston, Virgínia, quando o vi pela última vez. Até seu último suspiro, ele falava com entusiasmo sobre as belas conquistas que essa maneira de fazer negócios possibilitava. Fiquei maravilhado com sua empolgação em relação ao futuro ao mesmo tempo em que fazia a transição desta vida.

Coincidentemente, a primeira conferência de Capitalismo Consciente foi realizada tendo como pano de fundo a crise financeira global. O Lehman Brothers havia declarado falência algumas semanas antes, levando a uma das maiores quedas já vistas no mercado de ações. Havia caos econômico por todos os lados. As ações da Whole Foods, que tinham alcançado o valor de US$70, estavam por volta de US$6 quando realizamos a conferência. Mas, apesar de tudo, John Mackey estava incrivelmente calmo. Eu perguntei a ele como podia estar tão tranquilo diante da queda de mais de 90% em suas ações; a maioria dos CEOs de empresas de capital aberto estaria em estado de pânico total. "Não sei por que o mercado está apavorado", ele disse. "Ainda somos a mesma empresa que éramos antes. Nossas vendas caíram um pouco, mas elas voltarão. Não estou preocupado." E, de fato, as ações da Whole Foods se recuperaram muito após a crise financeira, chegando a US$120 em poucos anos.

Com Expandir o Movimento

Nos anos seguintes, o movimento do Capitalismo Consciente fincou raízes não apenas nos Estados Unidos, mas ao redor do mundo. No entanto, no meio acadêmico, as novas ideias como o Capitalismo Consciente eram submetidas a um nível de ceticismo que beirava o cinismo e, até mesmo, a hostilidade. Percebi que a maioria dos acadêmicos não aspira a ser líder de pensamento; eles se contentam em ser "seguidores de práticas". Também são bastante apegados às suas teorias e metodologias. Em vez de tentar convencê-los a adotar essa nova mentalidade, decidi que deveríamos nos concentrar em difundi-la no mundo da prática, acreditando e esperando que, uma vez que estivessem estabelecida lá, os acadêmicos se interessariam por ela. Se conseguíssemos mostrar que ela funciona na prática, talvez eles se interessassem em explorar se ela poderia funcionar na teoria!

Em março de 2010, meu amigo Shubhro Sen e eu organizamos uma conferência de dois dias sobre Capitalismo Consciente em Mumbai. Acreditávamos que a parte da consciência do Capitalismo Consciente estava profundamente enraizada na filosofia indiana, como o Dr. Shrikant havia me apontado alguns anos antes. No evento, estavam presentes CEOs das empresas mais conscientes da Índia, um ministro do governo central e um importante líder espiritual chamado Jaggi Vasudev, conhecido como Sadhguru. Eu não sabia nada sobre ele, então pesquisei no Google. Acreditando que eu havia cometido um erro de ortografia, o Google me perguntou: "Você quis dizer *sad guru* (guru triste)?" Ele não era nem um pouco triste, entregando uma palestra inspiradora sobre liderança consciente.

Essa conferência lançou nosso movimento na Índia. A *Forbes Índia* criou um prêmio "Capitalista Consciente do Ano" e a CNBC Índia exibiu uma minissérie de três episódios sobre o Capitalismo Consciente. Minha mãe ficou emocionada, enquanto meu pai se mostrou perplexo.

Em 2011, John Mackey e eu decidimos escrever um livro sobre Capitalismo Consciente. John sugeriu que eu lesse algumas obras antes de começarmos: *O Otimista Racional*, de Matt Ridley, e *Em Defesa do Capitalismo Global*, de Johan Norberg. Ambos foram bastante reveladores para mim, e comecei a compreender melhor como o capitalismo havia contribuído para o avanço da humanidade.

Isso abriu caminho para uma experiência de aprendizado intenso durante a escrita do livro. John me apresentou ideias às quais eu não havia sido exposto antes. O livro que resultou de nossa colaboração foi uma combinação sinérgica de nossas perspectivas e causou um grande impactante na vida de muitas pessoas.

A filosofia do Capitalismo Consciente tem um grande apelo em todo o universo político. Os conservadores a adoram porque é baseada na liberdade e na troca voluntária, além de gerar altos retornos financeiros. Os progressistas a adoram porque coloca as pessoas e a dignidade humana no centro das atividades empresariais e trata o meio ambiente e a sociedade como partes importantes dos negócios. Para mim, era o Santo Graal filosófico para os negócios e o capitalismo.

Naqueles anos, minha vida era intelectualmente desafiadora, cheia de propósito e bastante ocupada. Fiz parte da diretoria de duas empresas de capital aberto. Dava entre 70 e 90 palestras por ano ao redor do mundo, acumulando centenas de milhares de milhas aéreas. Ajudei a lançar dezenas de filiais do Capitalismo Consciente pelos Estados Unidos e em muitos outros países. Fui convidado para reuniões na Casa Branca, na Organização das Nações Unidas, no Banco Mundial e no Vaticano para discutir o futuro dos negócios e do capitalismo.

Apesar disso, eu ainda estava com aquela sensação de vazio dentro de mim, uma sensação de não estar totalmente centrado e estabilizado. Eu negligenciava meu bem-estar físico, emocional e mental. Não me sentia em casa em lugar algum, exceto nas salas de espera dos aeroportos. Eu fazia parte de um movimento cujo propósito era curar um sistema corrompido, porém muitas questões pendentes dentro de mim estavam vindo à tona agora. Descobri quão profundas eram minhas mágoas. Eu tinha encontrado um propósito, mas não a paz. Minha próxima busca seria pela cura.

Reflexões

As descobertas importantes geralmente acontecem por acaso. Descobri uma maneira diferente de fazer nos negócios porque fiz uma pergunta muito simples, cuja resposta envolveu considerações muito mais amplas do que eu imaginava. No entanto, segui minha imaginação até onde ela me levou: à descoberta e à articulação dos princípios do Capitalismo Consciente.

> *Como você pode cultivar uma "mentalidade de empreendedor"? Você é capaz de fazer perguntas simples que podem ajudá-lo a descobrir verdades fundamentais?*

Ao relutar em discutir a ordem de autoria com Jag, mostrei que valorizava mais a harmonia do que a justiça. Achei que poderia evitar o conflito com ele "terceirizando-o" para David. Mas isso só fez com que o conflito aumentasse. Se eu tivesse abordado o assunto diretamente com Jag, poderíamos ter resolvido o problema de maneira rápida e com menos prejuízos irreversíveis.

> *O fato de ignorar um conflito que você tem com alguém não faz com que ele desapareça; ele só aumenta. Pedir a outra pessoa para lidar com isso por você não funciona. Há algum "conflito necessário" em que você precisa se envolver? Como pode ser claro, educado e direto em sua forma de se comunicar? Você está preparado para lidar com as consequências?*

Fiquei impressionado com a maneira como David Wolfe fez a transição desta vida. Até seu último suspiro, ele estava transmitindo conhecimento que ajudaria a transformar o mundo do trabalho e dos negócios em algo melhor, embora ele não estivesse por perto para vivenciar isso.

> *Reflita sobre seus últimos momentos de vida. Você terá arrependimentos e amarguras ou fará a transição com amor e tranquilidade? O que você pode começar a fazer hoje para garantir que seja a segunda opção?*

Não fuja de conversas difíceis e fale diretamente com as pessoas em vez de falar delas.

11

Em Busca da Paz Interior

Com o aumento de minha reputação e os convites para palestras, fui muito bem recebido em todo o mundo. No entanto, à medida que o carro que me transportava se aproximava da minha casa, voltando das viagens, eu sentia o estresse aumentar e minha mandíbula se contrair. Trocava uma saudação rápida e monossilábica com minha esposa, via como estavam as crianças e fugia para meu refúgio no porão. Tudo o que eu precisava estava lá. Meu amplo escritório ficava em uma extremidade de uma sala retangular comprida, enquanto a outra abrigava um *home theater* de última geração, com sete alto-falantes, uma tela retrátil de 119 polegadas e dois sofás de couro. Tinha, ainda, um banheiro e um quarto de hóspedes no final do corredor.

Meu filho Alok sempre foi muito amoroso e gentil, exceto nos períodos de mania. Mas, em 2006, enquanto eu estava finalizando a obra *Empresas Humanizadas*, sua condição se agravou, necessitando de várias internações hospitalares. Ele passou por programas especializados em diferentes escolas na área de Boston. As diretorias das escolas disseram que não poderiam mais atender adequadamente às necessidades dele e que ele precisaria ser encaminhado para um programa de moradia assistida. O único disponível era a Escola Kolburne, na região de Berkshires, a 225km de Boston. Manter ele em casa não era uma opção.

Nossas filhas estavam indo bem na escola e cada uma tinha um pequeno círculo de amigos próximos. Na idade delas (13 e 11 anos), ficavam muito preocupadas em não passar vergonha na frente dos amigos. Mas a condição e o comportamento imprevisível de Alok tornaram cada vez mais difícil para elas convidar os amigos para irem lá em casa. Pensamos que a única vantagem de Alok estar em um programa de moradia assistida seria que as meninas teriam um ambiente doméstico mais tranquilo e "normal".

Algumas semanas após o 17º aniversário de Alok, em junho de 2006, fomos de carro até o oeste de Massachusetts para levá-lo. Ele continuava perguntando: "Por que minhas irmãs podem morar em casa e eu estou sendo mandado embora?" De alguma forma, nós o convencemos de que isso seria bom para ele, e ele confiou em nós. Dissemos que ambos havíamos saído de casa nessa idade e que isso é o que a maioria das pessoas faz.

"Minhas irmãs também vão sair de casa quando fizerem 17 anos?", ele perguntou.

"Sim."

"Promete?"

"Sim."

Kolburne (que, desde então, foi fechado) revelou-se um lugar um tanto quanto triste. Entre os moradores, havia crianças com necessidades especiais de Massachusetts e do Estado de Nova York, sendo que muitas delas eram bem maiores e tinham desafios mais graves do que nosso filho. Ficamos preocupados em saber como Alok se sairia nesse ambiente. As crianças internadas estavam sujeitas a serem contidas à força quando se comportavam mal ou se tornavam fisicamente agressivas. Como nas unidades psiquiátricas dos hospitais, eles trancavam a instalação do lado de fora à noite.

Deixamos Alok lá, o abraçamos e voltamos para nossa minivan, mal conseguindo conter as lágrimas. Ele ficou ali na penumbra até o carro sumir de vista, acenando para nós. Senti uma mistura de culpa, medo, esperança e alívio. As meninas choravam em silêncio no banco de trás.

Em vez de se desenvolverem, as meninas começaram a enfrentar as próprias dificuldades quase imediatamente após Alok ser "mandado embora". Elas perderam a confiança e começaram a se afastar dos amigos.

Lutaram contra a depressão, a ansiedade e a fobia da escola. Nos anos seguintes, apesar de nossos melhores esforços, elas entraram em uma espiral descendente. Foi desolador, praticamente mais do que eu poderia suportar como pai delas.

Eu me sentia ainda mais culpado porque, à medida que o movimento do Capitalismo Consciente se espalhava rapidamente pelo mundo, minhas viagens me afastavam cada vez mais de casa. Só posso imaginar quão desafiador era para minha esposa ficar sozinha em casa com as crianças enquanto eu estava a milhares de quilômetros de distância. Eu não sofria menos por estar longe. Ela conseguia transformar sua ansiedade e dor emocional em ação; tudo o que eu podia fazer era passar noites em claro remoendo e me autoflagelando por contribuir para o sofrimento de meus filhos.

Em retrospectiva, entendo por que as meninas começaram a enfrentar dificuldades quando Alok partiu. Como muitos irmãos de crianças com necessidades especiais, elas estavam vivenciando uma espécie de culpa de sobrevivente: "É tão injusto que ele tenha que enfrentar todos esses desafios, e nós não." Quando Alok foi enviado para Berkshires, esses sentimentos aumentaram exponencialmente.

Em Busca de Consolo Espiritual

Eu estava desesperado por alívio, uma maneira de lidar com todo o sofrimento ao meu redor e dentro de mim. O modo como muitas pessoas da minha família e da cultura Rajput em que cresci lidavam com os momentos dolorosos da vida era por meio do álcool. Eu tinha orgulho de, ao contrário de meu pai, não beber todos os dias, geralmente me limitando a alguns drinques nos fins de semana quando estava na companhia de amigos. Mas, agora, eu estava buscando consolo no armário de bebidas com uma frequência preocupante.

Eu sabia que não podia continuar nesse caminho. Comecei a pesquisar sobre experiências espirituais, na esperança de encontrar sabedoria para dar sentido à minha vida e ter alguma paz de espírito. Meu anseio espiritual deixava minha esposa perplexa. "Por que você está sempre buscando algo? O que tanto você busca? Por que está tão confuso?"

PRINCÍPIOS BÁSICOS da Arte de Viver

1. Mantenha a serenidade em qualquer situação. Não deixe seu estado de espírito oscilar entre extremos.
2. Aceite as pessoas como elas são.
3. Não se preocupe com o que os outros estão pensando a seu respeito.
4. Não veja intenção por trás dos erros dos outros.
5. Viva o momento presente.

A pedido de minha irmã, fiz meu primeiro curso da Arte de Viver anos antes, quando comecei a trabalhar no livro *Empresas Humanizadas*. Um mestre espiritual da Índia, Sri Sri Ravi Shankar, havia aberto a Fundação Arte de Viver (AOL) em 1981. Atualmente, ela está presente em todo o mundo, com centros em 156 países. No curso, aprendemos cinco princípios básicos, mas (para mim) muito profundos e uma poderosa técnica de respiração chamada *Sudarshan Kriya* (um termo sânscrito que significa "visão correta por meio de uma ação purificadora"). A atmosfera do curso era permeada de amor, gentileza, aceitação e paz — as mesmas características que eu naturalmente apresentava quando criança, mas que haviam praticamente desaparecido da minha vida.

O instrutor nos contou uma história sobre Sri Sri que me marcou. Ele estava ministrando palestras na Califórnia durante o julgamento de O. J. Simpson, em 1995. Após uma de suas palestras, alguém lhe perguntou: "Guruji, o que você acha desse julgamento por assassinato?" Ele respondeu sem hesitar: "Eu sou responsável." As pessoas perguntaram: "Como assim?" Ele disse: "Quando alguém faz algo assim, significa que não sabe como controlar as próprias emoções. Sabemos como ajudar as pessoas a controlar suas emoções e sua raiva. Se eu tivesse me esforçado mais, poderíamos ter alcançado mais pessoas. Se tivéssemos chegado a ele a tempo, ele não teria feito essa coisa terrível, e aquelas duas pessoas ainda estariam vivas. Portanto, eu sou responsável."

Fiz o curso catorze anos depois de meu pai e eu termos nos reaproximado. As coisas permaneceram tensas entre nós. Eu não conseguia me livrar de todo o ressentimento, a amargura e a raiva que tinha dele. Toda vez que eu visitava a Índia, algum comentário aleatório me desestabilizava e eu voltava ao estado de espírito que pensei ter deixado para trás.

Antes de fazer o curso da Arte de Viver, li o livro *A Última Grande lição* e assisti ao filme baseado nele. É sobre um jornalista problemático que descobre que seu querido professor está morrendo e começa a voar para Boston às terças-feiras para passar tempo e aprender com ele. Um trecho do filme me chamou muito a atenção. Perto do final, o autor Mitch Albom pergunta a Morrie: "Qual é a única coisa que você sabe hoje que gostaria de ter sabido quando era mais jovem? O que faria de diferente?" Sem hesitar, Morrie respondeu: "Se eu pudesse viver minha vida novamente, eu perdoaria todos por tudo." Guardar rancor (principalmente por seu pai) não serviu para nada além de amargar a vida de Morrie. Tomei a decisão de perdoar meu pai em meu coração.

Michael Fischman, meu professor no curso Arte de Viver, disse que deveríamos aceitar as pessoas pelo que elas são e pelo que fazem. Eu perguntei: "Isso é o mesmo que perdoá-las?" Ele respondeu: "Não. Perdoar alguém implica que você está certo e eles estão errados, que você está acima deles. Aceitação significa que você simplesmente aceita que essa pessoa agiu de determinada maneira por razões que você não compreende. Inúmeros fatores afetam nosso comportamento, os quais não entendemos totalmente: a natureza inata, a criação, os valores que nos foram incutidos, as circunstâncias e muitas outras coisas fora de nosso controle. As pessoas fazem o que fazem, e não fazem o que não fazem. Cada uma tem sua trajetória, e todas aprendendo as próprias lições. A melhor coisa a se fazer é aceitar isso e seguir em frente."

Essa percepção me ajudou a aceitar meu pai e suas atitudes em relação ao meu casamento. Passei a entender que ele era fruto de sua criação; certos comportamentos e maneiras de ser e reagir estavam arraigados nele, e ele não tinha autoconsciência suficiente para mudá-los.

Fiquei fascinado com o que aprendi no curso e como isso me fez sentir; então imediatamente me inscrevi para um curso avançado na semana seguinte, em Atlantic City. Seriam cinco dias, incluindo três dias de silêncio, e seria ministrado pelo próprio Sri Sri Ravi Shankar. Quando liguei para contar à minha irmã que tinha adorado o curso e que faria o avançado, ela disse: "Por favor, pergunte ao Guruji sobre o Alok. Tenho certeza de que ele pode ajudar a curar a condição dele." Meu lado racional me dizia que isso não era possível, mas, assim como pai, eu não podia deixar de esperar por um milagre. Na semana seguinte, durante os poucos minutos que tive com Sri Sri, pedi sua bênção e seu conselho sobre a condição de meu filho. Ele olhou em meus olhos e disse: "*Uski seva karo*", que significa "sirva-o". "*Seva*" é um aspecto da ioga que significa serviço altruísta como expressão de compaixão pelos outros, sem esperar nada em troca.

Não era isso que eu esperava ouvir, mas a mensagem dele permaneceu comigo. Meu filho não consegue se virar sozinho da melhor maneira possível. Sei que é meu dever sustentá-lo financeiramente. Mas agora estava sendo orientado a pensar que era um *privilégio* servi-lo. Não foi fácil adotar esse mentalidade e, certamente, não fácil mantê-la. Ainda luto contra isso todos os dias.

Após o segundo curso Arte de Viver, eu estava em um tipo de "êxtase espiritual". Liguei para vários amigos no caminho de volta para casa, a fim de compartilhar o que havia vivenciado. Era por volta de meia-noite e caía uma leve garoa quando meus amigos me deixaram em casa. Ao caminhar em direção à porta da frente, notei algo estranho: minhas preciosas *tablas* estavam jogadas na grama, completamente encharcadas.

Tablas são instrumentos de percussão indianos, pequenos tambores emparelhados que você toca com as mãos. Desde a infância, eu adorava o som deles e estava fazendo aulas para aprender a tocar. Por que elas estavam na grama, na chuva, no meio da noite? Será que as crianças tinham feito isso?

Acontece que minha esposa estava chateada com o fato de eu ter ido ao curso de espiritualidade. Em um jantar, alguns amigos perguntaram onde eu estava. Quando ela disse que eu estava frequentando cursos da Arte de Viver, um deles comentou: "Parece que ele está entrando para uma seita." Essa foi a origem de sua raiva, que ela expressou jogando fora algo que significava muito para mim. Acabamos discutindo, e eu despenquei do meu êxtase espiritual.

O abismo entre nós só aumentava.

Pela primeira vez em meu casamento, pensei na ideia de ir embora. Certa noite, procurei apartamentos online. Mas, com as dificuldades atuais de meus filhos, parecia egoísta focar em mim. Pensei: "Não posso fazer isso agora." Infelizmente, não fechei a janela do navegador que estava aberta no site Apartments.com, e minha filha de 14 anos, Priya, acabou vendo. Ela não comentou isso comigo, mas foi chorando até a mãe.

Esse incidente fez com que ela desenvolvesse uma grave insegurança. Nos anos seguintes, até eu finalmente me mudar, Priya viveu com o medo constante de acordar e descobrir que eu tinha ido embora. Ela se tornou hipervigilante, sempre esperando o pior. Ela ficava do outro lado da porta, escutando, quando minha esposa e eu estávamos conversando. Ela verificava os e-mails da minha esposa, para ver o que ela estava escrevendo para as irmãs. Ela carregava o fardo de toda a família em seus jovens ombros. Ela se preocupava com nosso casamento, com o irmão, com a irmã. Com toda essa preocupação, minha pobre filha perdeu o foco no próprio amadurecimento e felicidade.

Esse é um de meus maiores arrependimentos: que meu descuido tenha causado tanta incerteza e angústia em sua jovem vida.

Aprendi que sacrificar a própria felicidade e bem-estar em prol dos outros (mesmo aqueles que amamos) raramente funciona. Em minha família, cada um de nós sacrificava sua felicidade, mas sem um propósito maior; ninguém estava prosperando. Eu estava muito infeliz e desesperado para ir embora, mas sentia que não podia. Priya se sacrificava diariamente, preocupando-se com todos da família. Maya internalizava a dor ao seu redor e ficava deprimida. Nosso filho suportava bravamente a solidão e a rigidez de seu programa de moradia assistida.

Éramos pessoas feridas e infelizes, incapazes de nos ajudar ou de ajudar uns aos outros. Precisávamos quebrar esse ciclo e iniciar o processo de cura. Mas não sabíamos como.

Será Que Eu Conseguiria Ser Feliz?

Com toda a dor e o caos ao meu redor e dentro de mim, redobrei minhas buscas espirituais. Após o alerta do Dr. Shrikant em relação à filosofia do *Bhagavad Gita*, comecei a explorar os ensinamentos indianos. Li uma tradução da *Gita* e imediatamente entendi por que Dr. Shrikant tinha identificado semelhanças entre ela e os princípios do Capitalismo Consciente.

Também me aprofundei na Vedanta, que literalmente significa "o fim do conhecimento". É uma espécie de refinamento do conhecimento mais puro dos Upanishads. Aprendi com pensadores experientes sobre o assunto e ajudei a organizar uma conferência no Indian Institute of Management em Kozhikode, Kerala, sobre o que os antigos ensinamentos da Índia tinham a oferecer às empresas e aos líderes modernos.

Essas experiências me proporcionaram uma nova perspectiva sobre a vida e um pouco de paz interior. Eu estava em paz enquanto participava dos cursos, mas não conseguia manter essa mesma paz quando voltava à rotina diária. Ainda não podia dizer que era feliz.

Como a maioria das pessoas, sempre fui motivado a atingir metas, marcos e reconhecimento externos. Primeiro, tratava-se de conseguir um emprego ao sair da faculdade. Depois, era terminar o doutorado. Em seguida, a meta passou a ser a obtenção da posição de professor titular, o principal objetivo dos profissionais da área acadêmica. Eu fantasiava sobre minha vida tranquila e relaxada após me tornar professor titular. Imaginava que começaria a jogar golfe, não me preocuparia tanto com o trabalho, que deixaria de ficar ansioso por causa das questões financeiras e viveria feliz para sempre. É claro que nada disso aconteceu. As dificuldades no casamento e o fato de ter um filho com necessidades especiais tiveram muito a ver com isso.

Eu olhava para meus amigos com casamentos felizes e filhos prósperos e me perguntava como seria ter tudo isso. Concluí que a felicidade não era uma opção para mim — não nesta vida. A vida inteira era uma sentença pesada a ser suportada, com obrigações a serem cumpridas e sacrifícios a serem feitos. O melhor que eu poderia esperar era não me render ao desespero.

Ainda assim, continuei buscando o próximo marco, a próxima conquista que me deixaria satisfeito. Poderia ser quando eu me tornasse professor titular? Não. Quando conseguisse uma cátedra? Também não. Quando publicasse meu primeiro livro? Nem assim. Então pensei que, se eu publicasse cinco livros, finalmente teria chegado lá. E se meu patrimônio líquido atingisse determinado valor? Nada disso importava.

Não faltam livros sobre felicidade. Li minha cota, mas nenhum deles fez diferença. Então, fui convidado para um evento em Aspen. Um participante chegou atrasado e pediu desculpas: “Um de meus filhos estava tendo uma crise e não consegui sair. Sabe como é: só se é tão feliz na medida em que seu filho é menos feliz.”

Os pais à mesa (inclusive eu) concordaram, identificando-se com esse sentimento. Mais tarde, porém, refleti sobre as implicações, não só para os pais, mas também para os irmãos. Se todos os membros de um sistema familiar só se permitirem ser felizes na mesma medida que a pessoa menos feliz desse sistema, todos sempre serão arrastados para o nível mais baixo de felicidade. Desse ponto de vista, como alguém poderia ajudar outra pessoa a se reerguer?

Quando voltei para casa, li o livro de Gay Hendricks, *The Big Leap*. Ele escreve sobre o "problema de limite superior", sobre as restrições que muitas pessoas impõem ao grau de felicidade e sucesso que acham que merecem. Não se trata de saber do que somos capazes; trata-se do que achamos que *merecemos*. O limite superior pode ser definido por nossos pais, irmãos, pela cultura ou por outros fatores. Gay cita seu exemplo. Quando ele publicou seu primeiro livro, se alegrou em levar um exemplar para dar à sua mãe. Ela disse "Que legal" e o colocou sobre a mesa. Gay ficou desapontado. A mãe dele fez isso porque não queria que o irmão de Gay (que também estava na sala) se sentisse mal. Ela havia estabelecido um limite superior de felicidade ou de sucesso para Gay.

Sem dúvida, eu tinha um problema de limite superior, provavelmente vários deles. Meu pai me chamava de egoísta e egocêntrico com tanta frequência que eu não me considerava digno de ser feliz e me sentia culpado por fazer qualquer coisa por mim mesmo. Gay escreveu que os irmãos de crianças com necessidades especiais são ainda mais suscetíveis a isso. Eu estava sentado ao lado de Priya enquanto lia isso. Perguntei a ela: "Priya, você acha que tem o direito de ser feliz?" Sem hesitar, ela respondeu: "Não." Surpreso, perguntei: "Por quê?" Ela disse: "Nem todo mundo merece ser feliz." Ela não conseguiu ir além disso. Meu coração ficou partido.

A experiência de ter um filho com necessidades especiais tinha sido tão avassaladora que eu não pensei o suficiente sobre o impacto disso em nossas filhas. Quando Alok foi diagnosticado pela primeira vez, as meninas participaram de uma única aula de uma hora para irmãos de crianças com necessidades especiais. Depois disso, concentramos nossa energia e atenção em lidar com os desafios dele. Preocupados em não ferir os sentimentos de Alok, dissemos às meninas para esconder quaisquer marcos significativos ou conquistas — qualquer coisa que merecesse ser comemorada. Por exemplo, se elas estivessem aprendendo a dirigir, tivessem ido bem na escola ou fossem fazer uma viagem, elas não deveriam mencionar isso na frente dele, porque "seu irmão se sentiria mal." Embora bem-intencionada, essa prática de manter segredo fez as meninas se sentirem ainda mais culpadas do que já se sentiam por qualquer coisa boa em suas vidas.

Pouco depois dessa conversa, fui ao rancho de John Mackey para um retiro da diretoria do Capitalismo Consciente. John tinha conhecido Priya e comprado ingressos para nós na primeira fileira de um jogo de basquete do Boston Celtics, porque eu havia lhe contado que ela adorava esportes. Eu lhe contei o que ela havia dito. Ele disse: "Quero que você transmita a ela uma mensagem minha sobre felicidade." Pedi que ele gravasse no meu iPad. Eis a essência do que disse:[1]

> *Oi Priya, eu queria falar com você sobre felicidade, depressão e sobre coisas que aprendi na vida e que espero que sejam úteis para você. Mas cabe a você decidir isso.*
>
> *Algo que eu sei que é bastante comum é o fato e termos certa dose de culpa por nosso bem-estar porque outras pessoas, talvez até membros de nossa família ou amigos, não estão tão bem. Por isso, não é incomum que as pessoas reprimam ou não permitam que elas mesmas sejam felizes e alegres.*
>
> *Aprendi que isso é um erro e que, no fim das contas, a felicidade é uma escolha que fazemos. É a maneira como nos enxergamos e como enxergamos o mundo. Se reprimirmos nossa felicidade, não só nos tornaremos pessoas infelizes, como também faremos com que as pessoas ao nosso redor fiquem infelizes. Aprendi que temos uma responsabilidade ética e uma obrigação de sermos felizes. Porque, quando somos felizes, ajudamos outras pessoas a também serem. Nós lhes damos permissão para serem felizes, servimos de exemplo para elas, mostramos que está tudo bem.*
>
> *O oposto também é verdadeiro; se não estamos dispostos a ser felizes, fazemos com que as pessoas ao nosso redor fiquem infelizes. Ao nos abrirmos para a felicidade e beleza do universo e deixarmos que isso flua através de nós, estamos dando um dos grandes presentes que podemos dar às pessoas. Estamos lhes dando a oportunidade, a permissão e o exemplo de que precisam para viver uma vida feliz e alegre.*

A mensagem de John era para Priya, mas se aplicava a mim também. Eu já tinha ouvido falar sobre a ideia de que todos merecem ser felizes. Também sabia que podemos escolher ser felizes. Mas a ideia de que temos um dever ético e moral de sermos felizes foi reveladora para mim. Eu costumava sentir uma pontada de culpa quando vivia momentos de alegria, que geralmente tinham a ver com o impacto que meu trabalho estava

1 É possível ouvir uma gravação de áudio dessa mensagem em: https://www.youtube.com/watch?v=iAkGXrQEmus&t=1s

causando nas pessoas e o que essas pessoas me diziam. Eu costumava pensar: "Que direito eu tenho de sentir alegria e receber elogios quando meus filhos estão sofrendo?"

A mensagem do John foi um apelo para que eu desviasse meu olhar das dificuldades e dos desafios reais que me deixavam para baixo e olhasse para a realidade mais ampla. Em vez de focar o que estava faltando, eu poderia me esforçar para colocar as coisas em perspectiva e olhar para tudo o que havia de belo e justo no mundo e em minha vida.

Aprendi a olhar além dos desafios de curto prazo pelos quais meus filhos estavam passando. Cheguei à conclusão de que a alma de cada um deles era um presente que eu continuaria a desembrulhar pelo resto da vida. Eles eram meus professores tanto quanto eu era o deles. Cada interação com essas belas almas era uma oportunidade para aprendermos e crescermos.

Crescendo... e Afundando

Meu trabalho continuava sendo uma fonte de sentido e realização em minha vida, ainda mais a cada ano que passava. Adquiri uma compreensão mais profunda dos pilares do Capitalismo Consciente e consegui transmitir a mensagem de forma a causar mudanças genuínas nas pessoas em todo o mundo. Escrevi muitos outros livros que exploravam aspectos mais detalhados do Capitalismo Consciente. Parecia que toda vez que eu ia para a Índia, tinha um novo livro para apresentar aos meus pais. Meu pai ficava um pouco surpreso e deixava o livro de lado, enquanto minha mãe ficava orgulhosa, embora não conseguisse ler os livros. Em uma dessas viagens, meu pai me fez um raro elogio: "É incrível que você consiga fazer tudo isso apesar de todos os desafios em sua vida pessoal."

Minhas percepções espirituais e meu crescimento pessoal estavam me ajudando a agir com mais serenidade e impacto no mundo, porém meu casamento continuava afundando. Após 28 anos grande infelicidade, eu simplesmente não conseguia mais. No final de 2014, tomei a dolorosa decisão de me separar. Encontrei um apartamento no mesmo prédio onde um amigo próximo morava, comprei móveis e fiz planos para me mudar em meados de janeiro, após uma viagem à Índia. No entanto, comecei a sentir uma profunda inquietação, que se agravou significativamente enquanto eu estava na Índia. Eu sempre sentia um embrulho no estômago e muita culpa.

E estar perto do meu pai não ajudava. Eu imaginava como ele reagiria à notícia. Por um lado, ficaria triunfante, pois essa tinha sido sua previsão e esperança o tempo todo. Mas também me criticaria por tomar uma medida tão drástica, principalmente por causa do que a "comunidade" pensaria. Ele consideraria isso como outro exemplo do meu egoísmo.

Minhas dúvidas aumentaram. Será que eu tinha feito tudo o que podia para salvar o casamento antes de tomar essa medida drástica? Durante muitos anos, fizemos terapia de casal com diferentes terapeutas, sem nenhum sucesso. Mas minha esposa havia me falado recentemente de um terapeuta que fazia consultas online e supostamente fazia milagres. Eu havia me recusado a experimentar. Agora pensei comigo mesmo: "Talvez devêssemos tentar isso antes de eu desistir." Por isso, quando voltei para Boston, cancelei o contrato de aluguel do apartamento, devolvi todos os móveis que consegui e guardei o restante em um depósito. Contei à minha esposa sobre minha decisão e pedi que ela marcasse a consulta com o terapeuta online. Também perguntei se ela gostaria de ler um livro que eu havia lido recentemente intitulado *Leadership and Self-Deception*, que me apresentou à ideia de "colocar as pessoas em uma caixa": julgá-las sem lhes dar uma chance ou estar aberto à possível transformação delas.[2] Achei que talvez tivéssemos caído nesse padrão um com o outro.

Nos meses seguintes, esperei que minha esposa fizesse aquelas duas coisas, mas ela não fez nenhuma. Aos poucos, comecei a mudar mentalmente de *se* para *como*: qual seria a maneira menos dolorosa de nos separarmos? No início de 2016, eu disse a ela que me mudaria naquele ano. Sugeri que consultássemos um terapeuta familiar para nos prepararmos para essa grande mudança em nossas vidas. Eu queria que nossas filhas expressassem o que estavam sentindo, em vez de manterem suas emoções reprimidas. Decidimos não incluir nosso filho, o que, em retrospecto, provavelmente foi um erro. Ainda assim, a terapia foi útil. O terapeuta se encontrou conosco várias vezes, às vezes com um de nós e as crianças, às vezes apenas nós dois e, outra, só as crianças. Com a aprovação dele, pedi às minhas filhas que me ajudassem a escolher um apartamento que elas achassem confortável.

Eu me mudei no dia 1º de setembro de 2016, trinta anos e seis meses após me casar. Eu temia a primeira noite, antecipando o retorno daquela

2 The Arbinger Institute, *Leadership and Self-Deception: Getting Out of the Box* (Berrett-Koehler, 2000).

sensação de embrulho no estômago e de culpa, arrependimento e vergonha. Mas, para minha surpresa, dormi tranquilamente. Acreditei que tinha feito tudo o que podia antes de dar esse grande passo.

Pela primeira vez em décadas, fiquei ansioso para voltar para casa, que era meu apartamento aconchegante com vista para o rio Charles. Um lugar livre de tensão ou conflito, no qual eu tinha a liberdade de fazer o que quisesse.

Com o tempo e a distância, continuei me empenhando para ser uma pessoa mais positiva, pacífica e feliz. Mas logo percebi que a maior parte do que estava fazendo era para me enganar e fazer com que eu me sentisse e me comportasse de maneira diferente. Eu ainda estava ignorando certas realidades implícitas; havia muitos pontos cegos e armadilhas escondidas em minha psique. Acima de tudo, eu tinha traumas que nunca havia reconhecido ou tratado adequadamente. O próximo passo da minha jornada seria lidar com eles.

Reflexões

Talvez por causa de minha infância nômade ou do meu desconforto em relação ao meu pai, nunca me senti completamente em casa em lugar nenhum. Agora estou tentando criar uma atmosfera de "sentir-se em casa" onde quer que eu esteja, além de tentar criar um espaço físico em que eu me sinta em casa de verdade.

> *O que lhe vem em mente quando você pensa em "voltar para casa"? Existe um lugar onde consegue relaxar e ser você mesmo? O que seria necessário para esse lugar existir?*

Muitas pessoas acreditam de verdade que, se sacrificarem o próprio bem-estar, outras se beneficiarão disso. Mas não costuma ser esse o caso. Muitas também acreditam que é egoísmo priorizar o autocuidado em detrimento de pessoas próximas a nós, incluindo nossos filhos e cônjuges. Isso também é uma crença falsa. A coisa mais importante que podemos fazer é trabalhar em nossa cura e nosso crescimento. Isso nos prepara para ajudar os outros de maneira muito mais eficaz.

Alguma vez você se sacrificou para que outras pessoas conseguissem prosperar? Em quais áreas — física, mental, emocional, espiritual, social — você vem negligenciando seu autocuidado?

A maioria das pessoas também acredita que seremos felizes quando alcançarmos determinado objetivo. A felicidade se torna uma meta cada vez mais distante, sempre fora de alcance, além do horizonte. Atualmente, a maioria das pessoas já percebeu que o sucesso não leva à felicidade; ao contrário, aprender a viver em um estado de felicidade alimenta nossa capacidade de obter sucesso. Isso requer que cultivemos a gratidão, a atenção plena e o serviço aos outros.

Qual é sua relação com a felicidade? Você sempre adia a recompensa para uma data futura em que "será merecedora"? Como você pode transformar seu padrão em um estado de satisfação e felicidade?

O conceito de Gay Hendricks sobre o "problema de limite superior" teve um impacto profundo em mim. Após perceber essa tendência universal, eu me esforço conscientemente para eliminar esse "teto de vidro" artificial que afeta meu bem-estar.

Você tem um problema de limite superior? Consegue identificar a origem desse problema? Como pretende eliminá-lo?

12

Despertar Consciente

No início de 2018, contei à minha amiga Betsy, autora e especialista em liderança, que planejava escrever um livro chamado *Empresas Que Curam*. Seria sobre a cura nos negócios: a ideia de que as empresas podem ser ambientes de cura para seus funcionários, uma fonte de cura para aqueles a quem servem — seus clientes e suas comunidades — e para a sociedade. Eu defini a cura como alívio do sofrimento, aumento da felicidade e promoção de um crescimento saudável. O livro não tinha nada a ver comigo ou com minha necessidade de cura — pelo menos era o que eu pensava.

Betsy sugeriu que eu a acompanhasse para vivenciar uma "jornada com plantas", que ela considerava uma prática muito curativa. Eu não tinha ideia do que ela estava falando; pensei que comeríamos plantas com propriedades medicinais. Confiei em minha amiga e me programei para acompanhá-la em uma viagem em março de 2018.

Por volta das 15 horas, o carro que alugamos entrou pelo portão de uma imanesa propriedade no condado de Westchester County, nos arredores da cidade de Nova York. Seguimos por uma longa estrada de automóveis cheia de curvas até uma enorme residência situada ao lado de um lago. Eu não fazia ideia de que estava prestes a ter uma experiência transcendental que revelaria aspectos de minha psique que eu nunca tinha analisado e que isso seria capaz de ligar pontos da minha história que tinha havia conectado antes.

Lá dentro, conheci um grupo eclético de pessoas, desde modelos fashion e cantores de ópera até gestores de fundos de hedge. Os que estavam ali pela primeira vez pareciam nervosos, enquanto os demais estavam cheios de alegria e expectativa pelo que estava por vir.

Nossa anfitriã e guia, Laura, tinha sido aprendiz de um xamã peruano para conhecer e aprender a usar uma variedade de plantas psicoativas e ajudar as pessoas a curar traumas. Ela fez desse trabalho sua missão de vida depois que essas plantas a ajudaram a se recuperar de um terrível trauma na vida dela. Ela nos contou que a experiência tinha o objetivo de nos levar de volta à nossa essência, de nos conectar ao estado natural de inocência e integridade em que todos existimos antes de a vida nos dominar. Previsivelmente, muitos de nós vivenciamos alguns traumas antes de completarmos 7 anos: sentir-se inadequado, ser rejeitado, ser privado. À medida que os traumas se acumulam e se intensificam com o tempo, desenvolvemos mecanismos de defesa para nos protegermos. Traímos nossa verdadeira personalidade para manter a harmonia ou conquistar a aprovação dos outros. Isso nos impede de aceitar e amar a nós mesmos e de nos conectarmos de maneira autêntica com outras pessoas.

Depois de entender nossas histórias individuais e os desafios que estávamos enfrentando, Laura intuiu qual planta era a ideal para cada um de nós. Para os novatos na experiência, ela costuma escolher uma planta que funcione como um "abridor de coração".

Por volta das 17 horas, descemos as escadas até uma grande sala onde uma dúzia de colchões solteiros havia sido disposta no chão. Cada um tinha um cobertor, um travesseiro e um protetor de olhos. A sala tinha pouca iluminação e várias velas grandes acesas. Uma música mística estava tocando e um aparelho elétrico criava a ilusão de estrelas em movimento e outros objetos astrais no teto. Laura nos chamou individualmente até o altar na frente da sala. Ela pegou um baú de metal ornamentado e retirou uma cápsula contendo a planta medicinal que havia selecionado para nós. Depois que cada um recebeu sua planta, engolimos as cápsulas, deitamos e esperamos que fizesse efeito.[1]

1 A psicoterapia assistida por psicodélicos é uma prática em rápida expansão, mas ainda em evolução. O recente aumento na popularidade dos psicodélicos como modalidade de cura está muito relacionado a um livro best-seller publicado em 2018 por Michael Pollan intitulado *Como mudar sua mente: O que a nova ciência das substâncias psicodélicas pode nos ensinar sobre consciência, morte, vícios, depressão e transcendência*.

As experiências com plantas parecem nos dar acesso a uma consciência universal que conecta todos os seres humanos, talvez todos os seres. Pollan escreve: "Todos nós presu-

Logo me vi sendo transportado de volta no tempo e do outro lado do mundo para Kesur, quando eu tinha cerca de 1 ano de vida. Era como assistir a um filme, com um narrador explicando o que eu estava vendo. Vi minha mãe sentada no chão de terra da cozinha, ao lado de uma fogueira com muita fumaça alimentada por toras de madeira e bolos de esterco de vaca. Ela estava fazendo *chapatis* (pão indiano) com um rolo e os cozinhando na chapa, mexendo de tempos em tempos uma panela de curry em outra fogueira próxima. Do lado de fora da cozinha, eu estava deitado imóvel em um berço que balançava suavemente, coberto por um cobertor. Quando ela viu que eu estava começando a me mexer, minha tia (a esposa do irmão mais velho do meu pai) colocou uma cápsula de ópio do tamanho de uma ervilha na minha boca. A droga logo me deixou inconsciente e eu voltei a ficar quieto. Em minha visão, pude ver lágrimas escorrendo pelo rosto de minha mãe enquanto ela observava minha tia fazer isso.

Na cena seguinte, vi meu avô imponente parado na porta que dava para a parte externa da casa. Estava escuro; a luz fraca e trêmula de uma lamparina de querosene suja de fuligem atrás dele emoldurava sua silhueta. Várias mulheres estavam sentadas à sua frente no chão do pátio interno, os rostos cobertos por seus saris. Meu avô ficou ali por um longo período, xingando as mulheres, chamando-as de prostitutas e bruxas. Elas se encolheram em silêncio, inclusive minha mãe e minha avó.

Naquela escuridão toda, três pontos de luz, pequenas ilhas de inocência, apareceram para mim: minha mãe, eu quando bebê e meu primo Gajendra, um ano e meio mais velho do que eu. Percebi como as pessoas mais ardilosas e exploradoras da família usavam e abusavam dos inocentes.

As visões duraram algumas horas. Quando os efeitos da planta passaram, eu me levantei com as pernas bambas, subi as escadas e me sentei à mesa da cozinha. Peguei meu diário e comecei a escrever:

> *Minha história de vida agora faz sentido. Ela se encaixa como um quebra-cabeça, embora ainda não esteja completa.*
>
> *Fui criado no fogo do patriarcado radical: um pai ausente e indiferente, um avô que despertava medo, trabalhadores sendo explorados e maltratados, abuso sexual generalizado, estilos de vida intempestivos,*

mimos que a consciência é gerada pelo nosso cérebro. Mas é importante entender que isso é apenas uma hipótese. Há aqueles que acreditam que a consciência é uma propriedade do universo, como a radiação eletromagnética ou a gravidade."

alcoolismo. Consegui sobreviver com minha essência inocente intacta, mas ela ficou profundamente enterrada.

Agora percebo que precisei vivenciar o pior tipo de energia masculina tóxica para que, décadas depois, pudesse escrever um livro sobre a elevação do sagrado feminino.[2]

As cenas que presenciei na infância ficaram indelevelmente gravadas em mim. Havia miséria, abuso e tragédia por toda parte, mas ilhas de inocência sobreviveram em um mar de maldade, como flores de lótus florescendo em um pântano. Elas são os faróis de bondade resiliente. Elas nos mostram o que podemos e devemos resgatar.

Preciso recuperar minha inocência, mas fortalecê-la com coragem, confiança e resiliência. Preciso encontrar a inocência do outro lado da integridade.

No dia seguinte, passei a enxergar minha vida por um prisma diferente. Pensei nas pessoas que conheci. Consegui identificar facilmente os corruptos, os cínicos e os ardilosos. Percebi que eu me identificava instintivamente com aqueles que haviam mantido sua inocência fundamental. Vi maneiras pelas quais me deixei corromper e como poderia recuperar minha inocência.

As Mulheres Sábias

Alguns meses depois, participei de uma segunda experiência com plantas. Antes de iniciar, Laura me perguntou: "Raj, por que você parece tão inseguro? Você conquistou muitas coisas, mas parece tão inseguro ainda."

Eu não tinha uma resposta a essa pergunta, mas entendi o que ela estava falando. Eu sentia isso intensamente — a ausência de um núcleo sólido no meu ser. Minha noção de mim mesmo era frágil, facilmente ferida por vozes que duvidavam e zombavam de mim, tanto internas quanto externas. Não importava quantos elogios eu recebesse por meu trabalho, quantas pessoas me diziam que sua vida foi transformada depois de ler um de meus livros, quão grande e popular o movimento do Capitalismo Consciente estava se tornando. Dentro de mim, ainda vivia um garotinho assustado e cheio de culpa que não se considerava como incapaz e totalmente falho. Como eu havia enganado tantas pessoas por tanto tempo?

2 Nilima Bhat e Raj Sisodia, *Liderança Shakti: o equilíbrio do poder feminino e masculino nos negócios* (Alta Books, 2019).

Antes de partir no dia seguinte, Laura me chamou. "Raj, você precisa desacelerar. Por favor, tire um tempo para se interiorizar e ficar na própria companhia. Sugiro que tire o verão para fazer isso." Fiquei sem palavras. "Não posso fazer isso, Laura! Tenho um livro com prazo final em 5 de outubro. Planejei todo o meu verão como uma série de retiros de escrita. Vou trabalhar dia e noite." Laura respondeu: "Tenho certeza de que você pode adiar o lançamento de seu livro. Isso é importante. Você não pode escrever sobre cura até trabalhar na própria cura."

Logo após essa conversa, entrevistei Lynne Twist, autora de *The Soul of Money*, para *Empresas que Curam*. No dia seguinte, ela me ligou. "Raj, você apareceu em meu sonho ontem à noite. Recebi a mensagem de que você precisa vir conosco na próxima Jornada dos Fundadores, que será realizada na floresta tropical do Equador. Você vai aprender mais sobre cura nesses dez dias do que aprenderia em anos de pesquisa."

Como eu poderia dizer não? Lynne e seu marido, Bill, tinham fundado a Pachamama Alliance 25 anos antes, junto com John Perkins, um especialista em desenvolvimento internacional que se tornou autor e xamã.

Escolhendo, com sabedoria, ouvir as mulheres que estavam me aconselhando a desacelerar e a me interiorizar, adiei o lançamento do livro em cinco meses. Aceitei outras experiências que havia recusado: um retiro de silêncio no interior do estado de Nova York e uma jornada espiritual de Liderança Shakti no alto Himalaia (conduzida por Nilima Bhat, minha coautora no livro). Comemorei meu aniversário de 60 anos em Ladakh, um local repleto de sabedoria budista perto da fronteira entre a Índia e o Tibete.

A Jornada dos Fundadores foi uma viagem de dez dias em agosto de 2018 para a floresta tropical do Equador, onde nos aprofundamos na sabedoria de antigas culturas indígenas (os Achuar e os Zapara), nos conectamos à natureza e experimentamos uma variedade de modalidades de cura com xamãs. Percebi que somos tão parte da natureza quanto uma árvore ou uma abelha, mas usamos o intelecto para nos distanciar, causando grande sofrimento a nós mesmos, às outras pessoas e ao planeta.

A principal parte da viagem — uma jornada opcional de ayahuasca — aconteceu em um sábado ensolarado e quente. O chá de ayahuasca é preparado por meio da fervura as folhas do arbusto *Psychotria viridis* e dos caules da videira *Banisteriopsis caapi* por alguns dias. Os xamãs da região o chamam de "avó ayahuasca"; "um espírito materno da natureza que oferece orientação e cura àqueles que trabalham com ela."[3] Muitos também a chamam de "videira da alma".

Guiados por nosso pequenino e antigo xamã, caminhamos por muitas horas pela densa e lamacenta floresta tropical, passando por árvores com gigantescos cogumelos crescendo nelas, cercados por pássaros e insetos. Chegamos a uma cachoeira sagrada, onde nos despimos para uma cerimônia de limpeza que envolvia inalar água na qual folhas de tabaco haviam sido embebidas. Atravessei a cortina de água e me sentei em uma saliência natural atrás da cachoeira para contemplar e liberar o que não me servia mais.

Retomamos a caminhada. Levamos mais algumas horas para chegar à cabana do xamã, que ficava em um pequeno povoado às margens de um grande rio. Ela tinha um telhado de palha e não tinha paredes. Encharcados de suor, nós nos banhamos no rio de correnteza forte e vestimos roupas limpas. Chegamos à cabana do xamã quando o sol estava se pondo. Na penumbra, sentamos em um semicírculo enquanto ele servia o espesso chá escuro em pequenas tigelas de madeira. Durante vários minutos, ele soprou nas tigelas e entoou cânticos e assobios. Bebi de minha tigela com certo nervosismo. O gosto era ruim, mas suportável. Então me deitei sobre folhas de bananeira que haviam sido espalhadas no chão ao lado da cabana, com um pequeno travesseiro encaroçado sob a cabeça e um lençol fino me cobrindo.

Naquela noite, ocorreu um eclipse lunar. Eu consegui ver cinco planetas alinhados de horizonte a horizonte e inúmeras estrelas pontilhando o céu. Com seu elaborado cocar de penas, o xamã ficou de pé sobre mim e balançou um galho frondoso acima da minha cabeça, sua silhueta emoldurada contra o céu cintilante. Ele se balançou lentamente e continuou assobiando, entoando cânticos e soprando. Foi uma cena surreal e, aos poucos, fui entrando em um estado alterado.

Ao ouvir o choro de um bebê ao longe, comecei a chorar também. Senti que era um garotinho outra vez, deitado no colo de minha mãe. Eu havia sido bloqueado emocionalmente por 32 anos, incapaz de chorar por qualquer motivo que fosse. Agora, todo o meu corpo estava convulsionado em soluços; chorei como nunca havia chorado antes, sem vergonha ou autoconsciência, ao me lembrar de toda a tristeza em minha vida, em

3 https://www.simonandschuster.com/books/Grandmother-Ayahuasca/Christian-Funder/9781644112359

minha família e no mundo. Dois assistentes da cerimônia se revezaram para me amparar enquanto eu chorava.

Chorei pela tristeza e pelo sofrimento que afligiram tantas pessoas em minha família. Chorei por meu avô, a quem a vida tinha endurecido e roubado a humanidade. Chorei por meu pai, um jovem brilhante e idealista que precisou abandonar seus sonhos e se tornou amargo e cínico. Chorei por minha mãe, por todo o sofrimento que ela suportou e por ter perdido a própria mãe quando ainda era uma garotinha. Chorei por meus filhos, por todas as dificuldades que eles passaram. Chorei por minha esposa e por nosso casamento, pela solidão e tristeza com que cada um de nós conviveu durante décadas. E chorei por mim mesmo — pelos traumas que vivi quando criança e como jovem adulto.

O choro tem poder curativo, mas muitas pessoas, especialmente os homens, não conseguem acessar esse poder. Recordo-me de parte de um poema de Charles Mackay:

> Ó lágrimas! Ó lágrimas! Sou grato por
> correrem;
> Vocês brilharão ao sol, embora na escuridão
> gotejem.
> O arco-íris não pode brilhar se as gotas se
> recusam a cair,
> E os olhos que não podem chorar são os olhos
> mais tristes a se abrir.

Minhas lágrimas finalmente cessaram, e eu me deitei novamente, exausto e purificado. Então comecei a ter uma série de visões, cada uma com uma mensagem clara e bela.

A primeira foi simples. Ouvi uma voz suave sussurrar: "O amor que não é expresso é como um cheque que nunca é descontado. Não faz bem a ninguém." Percebi que tinha sido culpado de esconder meu amor e decidi que meu amor nunca mais seria silenciado ou escondido.

Na visão seguinte, vi uma longa fila de centenas de pessoas, que esperavam horas em pé sob o sol escaldante pelo abraço de uma pequena mulher no final da fila. Eu a reconheci como Amma, a "santa dos abraços" da Índia, que viaja pelo mundo abraçando estranhos. Após serem abraçadas com força por Amma, as pessoas se afastavam em lágrimas, emocionadas por terem experimentado amor incondicional, talvez pela primeira vez em suas vidas. A mensagem que recebi foi que todas aquelas pessoas que estavam na fila poderiam estar se abraçando; elas não precisavam esperar por um abraço de Amma. A voz sábia sussurrou: “Nós, humanos, somos a causa da maior parte do sofrimento desnecessário. Também somos a fonte de cura para esse sofrimento.”

O ponto alto da noite foi uma visão em que quatro palavras flutuaram atrás de minhas pálpebras, balançando antes de se alinharem em uma única fileira: *verdade*, *inocência*, *amor* e *simplicidade*. Mesmo em meu estado alterado, não pude deixar de notar que elas formaram um acrônimo útil: VIAS. Essas eram as vias. Um suspiro alto escapou de meus lábios: “Meu Deus!” Eu tinha vindo para essa viagem para aprender sobre a cura para os negócios, para o mundo e para mim mesmo. Uma voz sussurrou: “É isso que todos precisamos fazer para iniciar a cura. Nós nos afastamos muito de todas essas coisas. É a isso que precisamos retornar.”

Cada palavra, por sua vez, ganhou destaque, começando por *verdade*. A verdade é o valor mais elevado. Infelizmente, a maioria das pessoas perdeu o compromisso com a verdade — nos negócios, na política e na vida pessoal. Como Gandhi (que intitulou sua autobiografia *Minha Vida e Minhas Experiências com a Verdade*) disse: “O caminho da paz é o caminho da verdade.” A verdade importa mais do que a paz porque, sem verdade, não pode haver paz. É por isso que a África do Sul pós-apartheid precisou passar pelo processo de “*Verdade* e Reconciliação” para começar a se recompor após séculos de opressão.

Depois veio *inocência*, que havia sido o ponto central de minha primeira experiência com plantas medicinais cinco meses antes. Todos nascemos inocentes e, à medida que crescemos, somos corrompidos pelos hábitos mundanos. Usamos nossa inteligência para enganar uns aos outros e passar por cima das pessoas em vez de cuidar uns dos outros. Mentimos e trapaceamos para conseguir o que queremos. A voz sussurrou: “Precisamos voltar à inocência — não a inocência de uma criança indefesa, mas a inocência escolhida de um adulto forte, maduro e consciente.”

Como o antigo texto de adivinhação chinês *I Ching* ensina: “Tudo de bom vem quando somos inocentes. No centro de cada um de nós habita um espírito inocente e divino. Se nos permitirmos ser guiados por ele em todas as situações, nunca poderemos errar.”[4]

4 http://www.harrisonbarr.ca/?p=164

Em seguida, *amor*. A mensagem era clara: devemos sempre estar enraizados no amor e agir com base nele. Mesmo as coisas mais difíceis e cruéis que a vida às vezes exige de nós devem ser feitas com amor. Muitas vezes, agimos com base no medo, na raiva, na ganância e em outras emoções básicas. Devemos ser amor e expressar nosso amor.

E, por fim, veio *simplicidade*. Nós, humanos, complicamos demais a vida e nos escondemos atrás dessa complexidade. As coisas mais importantes da vida são extremamente simples. Devemos buscar a verdadeira simplicidade que vem com a maestria, e não nos contentarmos com o simplório. Eu me lembrei de uma de minhas citações favoritas de Oliver Wendell Holmes Jr.: "Eu não daria nada pela simplicidade deste lado da complexidade, mas daria minha vida pela simplicidade do outro lado da complexidade."

Continuei a ter as visões à noite. Enfim, adormeci em um sono semelhante a um transe. Acordei ao amanhecer, peguei meu diário e anotei o que as visões me mostraram. A sabedoria que veio até mim e através de mim naquela noite transformaria minha vida e me colocaria no caminho para a cura. Acredito que ela não estava destinada apenas a mim; mas a todos nós.

Dupla Revelação

Sete meses depois (em março de 2019), fui à Índia para o casamento de minha sobrinha. Fui direto do aeroporto para o hospital. Uma semana antes, meu pai havia caído no banheiro e fraturado gravemente o quadril e o pulso direito. Ele voltou para casa alguns dias depois. Essa foi a última vez que vi meu pai vivo. Ele morreu dezessete dias após minha partida; minha mãe morreu quatro meses depois.

Fui passar uma noite na casa do meu primo Gajendra. Na manhã seguinte, saímos para caminhar. Começamos a falar sobre meu pai. Gajendra também sempre teve uma relação difícil com ele, e eu entendo o motivo, já que a natureza mansa e inocente de Gajendra é semelhante à minha.

Eu perguntei como ele tinha vivenciado o dia, em 1985, quando fui a Indore contar a meu pai que, no fim das contas, eu me casaria com a Shailu. Ele disse: "Eu me lembro muito bem desse dia. Ele foi para o outro cômodo, pegou uma arma e disse que preferia matá-lo a deixá-lo fazer isso."

Fiquei chocado. "Do que você está falando?", exclamei. Minha mente havia apagado completamente todas as memórias desse incidente traumático, talvez por uma questão de sobrevivência. O que poderia ser mais traumatizante do que seu pai, a pessoa que o criou, ameaçar matá-lo? Eu já havia lido sobre amnésia dissociativa, mas foi chocante perceber que eu havia passado por isso.

Caminhamos em silêncio por um tempo enquanto eu digeria o que ele tinha acabado de me revelar. Eu também tinha outra coisa em mente. "Você sabe alguma coisa sobre a maldição que papai sempre mencionava? Ele dizia que havia duas almas em nossa família que nunca alcançaram paz. Ele também dizia que é por isso que tem havido tanto sofrimento em nossa família."

"Sim, eu sei disso há anos. Tem a ver com Kunwar Saheb."

Kunwar Saheb era Bhupendra, o pai de Gajendra, o filho mais velho de meu avô. Ele enlouqueceu no início dos anos 1920 e foi trancado em um cômodo isolado da Rowla pelo resto da vida.

"Ao todo, nosso avô teve treze filhos. Seis morreram na infância ou quando crianças pequenas e seis sobreviveram. Esses são os que todos conhecemos. Mas havia mais um. Tínhamos outra *Bhua* [irmã do pai], que engravidou ainda adolescente. As pessoas dizem que foi o padre quem a engravidou. Ele provavelmente a estuprou. Não conheço os detalhes.

"Quando Daata [nosso avô] descobriu, ficou furioso. Isso traria vergonha e desonra para a família e destruiria o prestígio pelo qual ele tanto se esforçou. Ele convocou Bhupendra e disse: 'Como filho mais velho, é seu dever cuidar desse problema.'"

A implicação era clara. Cuidar do problema significava livrar-se dele, de uma forma ou de outra.

Bhupendra era uma alma gentil, tinha só 20 anos. Ele havia se casado alguns meses antes. Em seu casamento, a barriga da irmã já estava aparecendo; ela parecia nitidamente grávida, gerando muitos comentários.

Gajendra estava quase chorando. "Então, Kunwar Saheb foi até a cama dela enquanto ela dormia e a estrangulou com as próprias mãos. Ela implorou por sua vida e pela vida do bebê, mas ele estava descontrolado. Ela e o bebê morreram. Essas são as duas almas. Essa é a maldição. Logo após esse episódio, ele começou a enlouquecer."

Mais tarde, ouvi outras versões da história, incluindo esta: que nossa tia foi forçada a ingerir ervas no meio da noite que a levaram a abortar o bebê quase no fim da gestação, que começou a chorar alto. Kunwar Saheb rapidamente enfiou cinzas na boca do bebê para silenciá-lo. O bebê morreu; nossa tia morreu logo depois em virtude de uma hemorragia, de choque, de desgosto ou uma combinação dessas coisas. Kunwar Saheb e alguns empregados de confiança correram na madrugada para cremar o corpo dela à beira do rio antes do sol nascer. Na pressa, ele queimou as mãos gravemente ao jogar as toras em brasa no rio, para que ninguém soubesse que um corpo havia sido cremado. Quando chegou em casa, a esposa acordou e viu suas mãos queimadas. Ele desabou e contou a ela o que havia acontecido.

É impossível saber toda a verdade sobre o que de fato aconteceu naquela noite. Mas uma coisa é certa: duas pessoas morreram, e meu tio ficou tão consumido pela culpa que isso aparentemente o levou à loucura.[5]

Fiquei tonto; vi tudo girar ao meu redor. Não só Bhupendra havia sido forçado pelo pai a cometer esse crime, como muitas outras pessoas na casa sabiam disso. A mãe de Gajendra, meu pai, a irmã dele, minha avó — todos tiveram que viver essa terrível atrocidade e enterrar essa lembrança. Daquele dia em diante, eles tiveram que fingir que minha tia nunca existiu, que o que havia sido feito com ela e seu bebê tinha sido para seu bem.

A imensa quantidade de sofrimento que nossa família havia suportado fazia sentido agora. Esse incidente representou a perda definitiva da inocência coletiva: o assassinato brutal de uma jovem e de seu filho. Eu não poderia imaginar uma mancha mais sombria em uma família. Como alguém poderia *não* enlouquecer depois de fazer algo assim? Como todas as outras almas que foram cúmplices desse ato hediondo não ficariam contaminadas e feridas para sempre?

Pelo que sabemos, o padre não sofreu nenhuma consequência nem houve consequências jurídicas para ninguém. Mas as consequências espirituais se propagariam por gerações, lançando uma sombra negra sobre nossa família. Poderíamos fugir da Rowla, como eu e meu pai fizemos, mas não conseguiríamos fugir dessa maldição. Meu pai levou esse segre-

5 Ao longo dos anos, a "história oficial" sobre Kunwar Saheb era de que ele desenvolveu esquizofrenia aos 20 anos e que não houve um incidente que tenha causado a doença. Embora essa história seja plausível, não a considero provável; não há mais dúvidas de que o assassinato por honra realmente ocorreu e de que Kunwar Saheb foi o principal envolvido.

do para o túmulo. Quanto dano isso havia causado à sua psique, à sua alma durante todos esses anos? Como nossa família poderia se curar?

Chega de Negar

Aquela caminhada com Gajendra foi decisiva para mim. Em apenas uma hora, ele me completamente abalado. Ele me contou sobre um assassinato por motivos de honra bem-sucedido e uma ameaça de assassinato. A atitude de meu pai ao pegar aquela arma também demonstrou a disposição de matar para proteger uma noção distorcida de honra familiar.

Eu não podia mais minimizar a existência ou a dimensão de meus traumas. Não havia mais como fingir que eles não importavam, que outras pessoas tinham passado por situações muito piores. Eu havia sofrido um trauma direto pelas ações de meu pai e um trauma indireto pelo assassinato de honra. Mais tarde, fiquei sabendo que, por meio da epigenética,[6] os traumas acumulados de meus ancestrais, próximos e distantes, têm um impacto sobre mim tanto quanto os traumas que vivenciei diretamente.

Durante toda minha vida, evitei conflitos e desviei meus olhos da monstruosidade. Não conseguia encarar as pessoas sem-teto desfiguradas e os animais feridos nas ruas da Índia. Mas agora eu tinha que confrontar meus demônios. Precisava encontrar um significado mais profundo em tudo isso, extrair da dor fragmentos de sabedoria que pudesse utilizar para me curar e compartilhar com outras pessoas, para ajudá-las a evitar esse tipo de atrocidades e sofrimentos no futuro.

Minha jornada da falsa harmonia para a verdadeira cura estava finalmente começando.

Reflexões

Não sabemos o que desconhecemos. Sempre estive aberto a novas formas de cura e autoconhecimento. Quando as pessoas em quem confio sugerem que eu experimente algo novo, quase sempre digo "sim". Isso me permitiu ter experiências incríveis que tiveram um impacto duradouro em mim.

6 R. Yehuda e A. Lehrner, 2018,"Intergenerational Transmission of Trauma Effects: Putative Role of Epigenetic Mechanisms", *World Psychiatry* 17, 3: p. 243–257.

Você tem o hábito de rejeitar, por reflexo, qualquer coisa que não seja "comprovado" ou que você não conheça? Acredita que a ciência pode explicar tudo no mundo ou acha que o que não sabemos provavelmente excede em muito o que sabemos? A que você está disposto a dizer "sim" hoje que oferece a promessa de um crescimento pessoal significativo?

Quando quatro mulheres sábias, em quem confio e quem respeito, me disseram a mesma coisa ("Adie o lançamento do livro e se dedique à sua cura"), tive o bom senso de ouvi-las. Isso mudou minha vida. Acredito que não valorizamos suficientemente a sabedoria feminina em nossa vida. Hoje, presto muita atenção quando o conselho vem dessa fonte.

As pessoas em quem você confia e as quais respeita estão lhe dizendo algo que você está rejeitando? Preste muita atenção ao que as mulheres em sua vida estão lhe dizendo.

Estive emocionalmente bloqueado por duas décadas antes de minha jornada com a ayahuasca. Essa experiência fez com que eu me abrisse, e permaneci assim.

Você é capaz de expressar emoções? Consegue chorar quando está triste? Sente vergonha de chorar na frente dos outros? Chorar e rir são comportamentos exclusivamente humanos; rejeitar ou minimizar cada um deles é perigoso para nós.

Minha visão das VIAS — verdade, inocência, amor e simplicidade — teve um impacto profundo em mim. Vejo isso como um presente da consciência universal. Eu me esforço para manifestar as VIAS o máximo possível em minha vida.

Você se identifica com a VIAS? Como você pode manifestar cada um desses aspectos em sua vida, seu trabalho, sua formação e sua posição de liderança?

A verdade importa mais do que a paz porque, sem verdade, não pode haver paz.

13

Cicatrizando a Ferida Paterna

Há alguns anos, liguei para a casa dos meus pais na Índia. Como de costume, meu pai atendeu.

"Feliz Dia dos Pais, Papa."

"Você está muito americanizado, Raj. Na Índia todo dia é Dia dos Pais."

Não fiquei surpreso. Ele dizia a mesma coisa todos os anos em tom de brincadeira, mas sempre um fundo de verdade. Na Índia, especialmente na cultura Rajput, de fato todo dia é Dia dos Pais.

A Ferida Paterna

No casamento de meu sobrinho Krishna na Índia, o marido de uma de minhas primas confidenciou que recentemente sua filha adulta havia lhe dito que se sentia mal porque ele nunca a havia abraçado. Ele estava com os olhos cheios de lágrimas enquanto me contava a história. Eu respondi: "Espero que você tenha dado um enorme abraço nela após essa conversa." Ele pareceu envergonhado e desviou o olhar. "Como eu poderia? Um pai Rajput não pode fazer isso."

Senti uma dor coração pela filha dele — e pelo pai dela. Ela praticamente implorou para que ele lhe demostrasse um pouco de afeto, mas ele não podia e não o faria. Eu entendia a dor dela. Não tenho nenhuma lembrança de meu pai ter me pegado no colo quando criança, de ter me abraçado ou expressado seu amor por mim física ou verbalmente. Isso, junto com a ausência dele enquanto estudava, o controle e dominação opressivos, e sua recusa em abençoar meu casamento e minha família, fizeram de mim um exemplo clássico de *ferida paterna*. Previsivelmente, isso levou a dor emocional, baixa autoestima e uma profunda falta de autoaceitação.[1]

De acordo com Philip Moffit, "Um trauma envolvendo a mãe ou o pai é, às vezes, chamado de 'ferida' porque causa prejuízo ao corpo e à mente, precisa ser curado de maneira adequada e, com frequência, deixa uma cicatriz ou fragilidade em seu corpo ou em sua constituição emocional."[2] Muitas vezes, a ferida paterna é transmitida de geração em geração. A ferida paterna não curada de meu pai fez com que ele não conseguisse estar presente para os filhos de uma maneira verdadeiramente amorosa. Ele recebeu apenas amor condicional do próprio pai e isso foi tudo o que ele foi capaz de oferecer.

Minha Relação com Meu Pai

Desde minha primeira lembrança de meu pai, quando eu tinha 7 anos, eu o admirava. Aos poucos, isso se transformou em uma espécie de ansiedade e medo. Durante minha adolescência, nunca me senti confortável na presença dele. Após sair de casa, aos 16 anos, praticamente não nos falávamos. Isso continuou até os eventos que envolveram meu casamento e que o levaram a me renegar. A partir de então, meus sentimentos por ele evoluíram da seguinte forma:

Raiva e Amargura: Por mais de cinco anos após ele me renegar, eu não conseguia pensar nele sem sentir raiva e amargura. Meu coração ficava acelerado, minha mandíbula travava e minha respiração ficava irregular toda vez em que eu pensava nele. Eu sentia fisicamente a injustiça da situação; o que eu tinha feito para merecer isso? Por qualquer critério objetivo, eu tinha sido um filho exemplar. Fiz o que se esperava de mim: estudei bastante, nunca me meti em encrenca, ajudei em casa e ajudei na fazenda durante as férias.

1 https://www.focusonthef amily.ca/content/under standing-andhealing-the-father-wound
2 https://dharmawisdom.org/healing-your-mother-or-father-wound/

Perdão e Aceitação: Por fim, acabei perdoando meu pai após ler *A última grande lição*. Em meu primeiro curso Arte de Viver, percebi que precisava ir além do perdão chegar à aceitação. Ele era quem era e fez o que fez por muitos motivos que eu não compreendia totalmente.

Em *O Caminho do Homem Superior*, David Deida aconselha homens adultos a "viver como se o pai estivesse morto". Não que devamos desejar a morte de nossos pais. Muito pelo contrário; devemos amá-los. No entanto, para sermos homens livres, precisamos nos isolar das expectativas e críticas de nossos pais. Deida pergunta: "Como você teria vivido sua vida de maneira diferente se nunca tivesse tentado agradar a seu pai? Se nunca tivesse tentado convencer seu pai de que era digno? Se nunca tivesse se sentido sobrecarregado pelo olhar crítico de seu pai?"[3]

As palavras de Deida foram libertadoras para mim. Aos poucos, eu me desvinculei da influência da energia de meu pai de uma forma que me permitiu algum distanciamento e paz. Eu já não me sentia tão incomodado com as palavras e as atitudes dele, mesmo quando pareciam ter o objetivo de ferir (como quando ele me disse uma vez: "Eu amo mais seu irmão do que você").

Compreensão: Com o tempo, avancei da aceitação para a compreensão. Meu pai sempre oscilou entre os impulsos de autodeterminação e o dever para com a família: o impulso interno centralizado e feroz que lhe permitiu sair do vilarejo e viajar pelo mundo em busca de uma formação superior e uma carreira gratificante; e a poderosa força centralizada que inevitavelmente o atraiu de volta para a esfera restrita de seu pai e do vilarejo. Tentei me colocar no lugar dele, sentir o que ele sentiu. Ele tinha se afastado muito de suas raízes naquele pequeno vilarejo com valores e costumes medievais. Mas suas crenças e seus valores fundamentais haviam sido incutidos nele desde jovem por um pai dominador e uma cultura envolvente. Ele conseguiu escapar e transcender isso por um tempo, mas, no final, não pôde lutar contra a programação que estava implantada em seu DNA.

3 https://theintegratedmanblog.net/the-way-of-the-superior-man-part-1/

Empatia e Compaixão: O sonho de Narayan era se tornare médico, mas seu pai só permitiria que ele fosse à universidade se estudasse agricultura. Ele queria se casar com alguém que não fosse minha mãe. Ele desistiu desses sonhos. Outros sonhos abandonados viriam depois.

Agora penso na rica promessa que definiu meu pai em seus 20 e 30 anos. Seus professores esperavam que sua mente fértil e sua incrível ética de trabalho lhe proporcionassem grandes realizações. Após retornarmos à Índia, ele escreveu um artigo sobre seu propósito de vida para a edição de novembro de 1971 da revista *SPAN*, uma publicação da Embaixada dos EUA em Delhi. Era sobre o sonho pelo qual ele retornou à Índia: disseminar a conscientização e a adoção do triticale, um híbrido de trigo e centeio criado na Universidade de Manitoba (sua alma mater) na década de 1950. Comparado ao trigo, o triticale tinha maior produtividade, exigia menos gasto de água, era mais resistente a pragas e mais rico em proteínas. Parecia um benção divina, uma solução milagrosa para a então crônica escassez de alimentos e a desnutrição generalizada na Índia. Infelizmente, o triticale nunca se popularizou: a cor avermelhada, a leve rugosidade do grão e o sabor e a textura um tanto diferentes dos *chapatis* feitos com ele provaram ser barreiras grandes demais para serem superadas em um país onde as pessoas comiam um tipo específico de trigo há milênios. O fracasso foi um grande golpe para meu pai. Seu sonho morreu jovem. Ele nunca conseguiu desenvolver um segundo trabalho digno. Seu trabalho se tornou um emprego em vez de uma vocação, e sua carreira aos poucos caiu no esquecimento. A vida se tornou uma questão de sobrevivência e dever. Foi uma história trágica de potencial não aproveitado.

O Sr. Oliver Wendell Holmes disse: "Muitas pessoas morrem com sua música ainda dentro delas." Infelizmente, meu pai foi uma delas.

Como Visualizar o Panorama Geral

Agora consigo ver mais claramente os dons de meu pai. Eram muitos. Ele era brilhante e ambicioso. Resiliente e destemido. Esforçado e trabalhador. Criativo e ousado. Tinha um enorme apetite pela vida. Ele transcendeu as circunstâncias de seu nascimento para imaginar e criar uma vida muito diferente para si mesmo e para sua família — durante um tempo.

No entanto, ao longo do caminho, perdeu a inocência e abandonou seu idealismo. Permitiu-se ser severo e corrompido. Voltou voluntariamente para dentro da caixa da qual, com grande dificuldade, havia conseguido escapar. Ela desativou seu sendo crítico e se tornou mais uma vez prisioneiro de costumes e tradições ultrapassadas.

Meu pai era muito culto, mas nunca adquiriu a verdadeira sabedoria; não teve formação espiritual nem mentores que o direcionassem nesse sentido. Sua inteligência extraordinária e sua inclinação científica o tornaram obstinadamente resistente a abordagens espirituais. À medida que envelhecia, ele se tornou cada vez mais limitado, preconceituoso e desconfiado. A vida dele (e de sua família) poderia ter sido muito diferente se ele tivesse a orientação, a consciência e as habilidades de lidar com os diversos traumas do passado.

Sua mãe não era forte nem amorosa, então ele não teve nenhuma influência feminina. Sua energia masculina natural e saudável se transformou em uma energia doentia e tóxica com o tempo, pois estava em desequilíbrio com a energia feminina. Ele se casou com uma mulher dócil e tolerante, que não o confrontava quando ele exagerava, permitindo seu jeito agressivo.

Ao longo do caminho, meu pai teve lampejos de que estava buscando a bondade, tentando lutar contra a própria natureza. Quando eu o confrontei várias vezes e com raiva por ter "amaldiçoado" meu casamento (o que ele insistia que não tinha feito), ele perguntou a um padre o que poderia fazer para se redimir. O conselho foi que ele parasse de beber álcool e de comer carne por um mês inteiro; esse não foi um desafio fácil para ele. Ele também foi instruído a doar uma quantidade de trigo equivalente a seu peso corporal e realizar um *havan* especial em casa. Ele fez tudo isso sem me contar; descobri mais tarde e fiquei bastante emocionado com seu gesto.

Inocência Perdida — e Reconquistada

Hoje vejo que meu pai carregava dentro de si uma criança interior profundamente ferida que havia experimentado um trauma severo nunca processado. Como o restante da família, ele tinha sido testemunha passiva de atrocidades. Sua aceitação e participação na conspiração de silêncio o tornaram culpado por associação à atitude horrenda que estava na raiz da maldição, levando ao abuso e ao sofrimento que definiram nossa família por gerações.

Com a passagem das décadas, Narayan podia ver claramente o terrível custo do sofrimento que o crime de honra havia infligido à família. Isso levou seu amado irmão à loucura e levou o filho desse irmão a se matar.

Fazemos o que precisamos fazer e acreditamos no que precisamos acreditar para que possamos viver com nós mesmos. Narayan mudou seu nome de Mahendra para Narayan, desconectando-se simbolicamente do padrão de nomes fraternos: Bhupendra, Mahendra, Hirendra. Talvez ele tenha racionalizado o que havia acontecido como se estivesse a serviço de um interesse mais amplo. Desde que meu avô sacrificou a inocência de Narayan no altar da honra familiar, meu pai acabou exaltando a preservação da honra familiar acima de tudo. Como ele me escreveu em 1985, após minha "bomba" sobre querer casar com alguém de minha escolha, "Fiz tantos sacrifícios por Kesur. O fado é que hoje Kesur avançou muito e estou orgulhoso disso... Em hipótese alguma permitirei que você ou qualquer outra pessoa destrua o que valorizei e construí durante toda a minha vida."

Essa constatação revelou outra peça do enigma para mim. Desde que me lembro, meu pai demonstrou um descaso que beirava o desprezo por pessoas cuja principal qualidade era a inocência, que se relacionavam com outras pessoas sem malícia, que irradiavam amor e simplicidade — sua esposa, eu, meu primo Gajendra. Talvez tenha sido assim que seu subconsciente processou isso: "Minha inocência foi tirada de mim. Por que eles podem ser inocentes?" Ele se esforçou muito para apagar essa inocência em mim, para me tornar tão cínico e cruel quanto ele.

Não precisava ser assim. Narayan poderia se posicionado, feito tudo ao seu alcance para impedir o crime de honra, implorado ao irmão para se recusar a participar, buscado um caminho melhor. Mas ele não o fez. Ao longo dos anos, ele ficou preso em uma espécie de cárcere criado por ele mesmo. Ele não tinha como se curar do trauma porque não podia e não queria revelar uma verdade que, na mente dele, mancharia para sempre a honra da família. Ele se condenou a reviver o trauma repetidas vezes. Enterrou o segredo dentro de si e se anestesiava todas as noites com grandes quantidades de álcool, seguidas de pílulas para dormir para obter algumas horas de alívio.

Luto ou Alívio?

O balanço integral de nossa vida, o veredito final, é revelado no fim. Será que as pessoas mais próximas de nós lamentarão profundamente nossa partida? Será que celebrarão nossa vida ou apenas comemorarão nossa morte? *Sentirão luto ou alívio com nosso falecimento?*

Independentemente de como começa, uma trajetória de vida que aponta para cima ao se aproximar do fim é algo raro e precioso. Vem de uma combinação de viver por um objetivo superior, trabalhar duro, preservar o poder pessoal e manifestar amor incondicional. A ausência de um desses elementos é prejudicial; a falta de dois ou mais deles é debilitante.

A vida de meu avô começou com dificuldades, seguida de triunfos conquistados a duras penas. Depois, veio em longo declínio e culminou em um fim solitário e amargo. Girwar criou certa grandiosidade ao seu redor por um tempo. Ele tinha um forte senso de dever, porém inflexível, sem amor, compaixão ou misericórdia. Era moralista e egocêntrico, com pouca autoconsciência e nenhuma dimensão espiritual. Ele exercia com brutalidade o poder *sobre* as pessoas. Era mais temido do que respeitado. Certamente não era amado. Mantinha os filhos dependentes e impotentes. Sua consciência ética estava profundamente comprometida. Cometeu ou sancionou atrocidades em nome da honra familiar.

A morte de Girwar foi significativa, marcando o fim de uma era. Mas não houve luto — apenas um alívio palpável, uma pressão implacável enfim amenizada. Alguns membros da família esperavam há anos que ele morresse para que pudessem herdar propriedades e subir na hierarquia feudal. Seu legado foi um império em ruínas; trinta anos após sua morte, a Rowla degradada ainda está de pé como um símbolo mudo de declínio, congelada no tempo, um lembrete diário e sombrio de um passado abusivo.

A trajetória de meu pai foi um tanto quanto semelhante: desafios iniciais, triunfos conquistados com esforço, reconhecimento mundial e, então, um longo declínio e um triste fim. Ele tinha uma mente brilhante, uma ética de trabalho incrível, um forte senso de identidade e uma vontade indomável. Atormentado pelo pai implacável, sacrificou uma carreira promissora em prol da família e do dever, apenas para se arrepender mais tarde. Seu idealismo juvenil se transformou em cinismo e amargura. Como o pai, tinha um forte senso de dever que era desprovido de compaixão ou misericórdia. Também como o pai, era temido, mas não amado.

Não tinha dimensão espiritual e pouca autoconsciência. À medida que envelhecia, ficava cada vez mais tomado pela raiva, pelo arrependimento e pela amargura.

Assim como aconteceu com meu avô, o falecimento do meu pai causou pouca tristeza, apenas uma sensação de alívio para a maior parte das pessoas. Ele tinha sido uma presença dominadora e formidável na vida de todos, uma pessoa com quem se podia contar. Mas, no fim, sua história foi de potencial não realizado e sofrimento desnecessário para ele mesmo e para muitas pessoas cujas vidas ele afetou diretamente.

Um Destruidor de Famílias por Duas Vezes?

Ao responder à minha "bomba" em 1985, sobre a mulher com quem eu queria me casar, meu pai disse três coisas que ficaram gravadas em minha psique: "Você está destruindo esta família."; "Você é egoísta e só pensa em si mesmo."; "Você está trazendo vergonha e desonra para esta família."

Trinta e um anos depois, finalmente tive coragem de terminar meu casamento. Isso teve um impacto profundo na vida do meu filho. Nos meses seguintes, ele fez declarações que tinham uma semelhança assustadora com o que meu pai havia dito décadas antes: "Trump está destruindo este país, e papai está destruindo esta família."; "Papai só se preocupa com a própria felicidade. Ele não se importa com a felicidade da família."; "Quando vamos contar aos nossos parentes sobre a vergonha de nossa família?"

Suas palavras me feriram profundamente. Algumas perguntas que me faziam duvidar de mim mesmo ecoavam em minha mente: Será que sou um ser humano monstruoso e egoísta? Será que realmente só me importo com minha felicidade? Será que, em uma única vida, consegui destruir não só uma, mas duas famílias, a minha de origem e a que eu formei? Será que mereço sofrer uma vida inteira de arrependimento e recriminação?

Com o tempo, veio a clareza e certo grau de gratidão para mim mesmo. Tive que desafiar as restrições egoístas de meu pai sobre com quem me casar para ser fiel a mim mesmo. Precisei tomar a dolorosa decisão de terminar meu casamento para dar a mim mesmo — e a meus filhos e minha esposa — uma chance de ser feliz.

Como Curar a Ferida Paterna do Meu Filho

No fundo, acredito que a maioria dos pais sonha em ter filhos que sejam "miniversões" de si mesmo, miniaturas perfeitas que eles podem transformar em uma versão perfeita de si mesmos. Nem meu pai, nem eu conseguimos ter uma miniversão de nós mesmos. Alok é tão diferente de mim quanto eu era de meu pai — um padrão que se estende por pelo menos cinco gerações em minha família.

Ao tentar entender e curar a ferida paterna que eu carregava, cheguei à dolorosa conclusão de que meu filho também tinha uma ferida paterna, causada por meu relacionamento com ele. Quando ele era pequeno, nossas interações eram divertidas e alegres. Mas, à medida que sua condição se agravou, percebi que ficava ressentido com ele, comecei a passar menos tempo com ele e perdia a paciência com frequência. Seu psiquiatra nos disse: "Alok se vê como uma mercadoria danificada." Eu estava extremamente desapontado (principalmente por mim mesmo) com o fato de que meu filho nunca alcançaria os parâmetros convencionais de uma vida bem-sucedida: um diploma universitário, uma carreira significativa, casamento, os próprios filhos. Eu o via como um fardo, um obstáculo me atrapalhando. Me sentia preso e constrangido por ele. Eu o considerava um empecilho para minha liberdade: eu não podia me mudar para outra cidade ou país, não podia receber professores visitantes em casa, não podia fazer muitas coisas que a maioria das pessoas considera normais.

Eu tinha vergonha de ter esses pensamentos e não conseguia expressá-los em voz alta, nem mesmo para os terapeutas. Minha esposa e eu nunca lamentamos juntos a "sentença de vida" que a condição impôs a ele e a nós.

Assim como eu havia experimentado o amor condicional de meu pai, meu filho deve ter sentido o mesmo. Durante um de seus episódios de mania, ele me disse: "Você nunca me amou." Eu estava frustrado e irritado com ele naquele momento e não o confortei. Em outras situações, após ele ter realizado (em minha mente) algo trivial e mundano, como terminar um jogo de videogame ou uma longa navegação virtual no Google Maps, ele me perguntava com veemência: "Você está orgulhoso de mim?" Eu respondia "sim" de maneira desinteressada. Muitas vezes, eu lhe negava até mesmo esse nível de afirmação, dizendo que o que ele havia feito não era grande coisa, certamente nada para se orgulhar.

Minha experiência na Floresta Amazônica transformou minha relação com meu filho. Minha parceira Neha Sangwan me ajudou a perceber que Alok *é* VIAS (verdade, inocência, amor e simplicidade), uma personificação real da visão que recebi durante minha jornada com a ayahuasca. Ele é incapaz de mentir, tem a inocência de uma criança, é incrivelmente amoroso e se alegra com prazeres simples. Estou aprendendo a amá-lo e aceitá-lo exatamente como ele é, em sua "rigidez" e repetitividade. Agora eu o vejo como um ser humano completo, não uma pessoa defeituosa. Ele se tornou uma figura heroica e inspiradora para mim. Hoje percebo que ele está aqui para me ensinar compaixão e paciência, tanto quanto eu estou aqui para ensinar a ele o que aprendi sobre a vida.

Hoje passo mais tempo com ele e tento estar totalmente presente. Celebro seus pequenos sucessos. Eu o abraço e digo sem ser solicitado que estou orgulhoso dele porque ele é sempre verdadeiro, doce, amoroso e engraçado. Ele me diz que está orgulhoso de mim porque "você é um pai gentil e amoroso, porque me chama de *beta* (um termo afetuoso para 'filho' em hindi) e porque você me compra eletrônicos caros!"

Estou aplicando as mesmas lições em meu relacionamento com minhas filhas. Eu as abraço e digo que as amo e que estou orgulhoso delas. Digo a elas que estou aqui para acompanhar a jornada delas e apoiá-las em seus sonhos; e não espero que elas realizem os meus.

Últimas Palavras

Em um episódio da emblemática série de televisão *This Is Us*, um pai em seu leito de morte falou suas últimas palavras para o filho. Décadas antes, acreditando que a mãe do menino havia morrido, o pai, relutante, deu seu filho recém-nascido para adoção. Após ter sido diagnosticado com câncer em estágio IV no final da vida, ele se reconectou com o filho, agora adulto. William segurou a mão do filho e disse: "Você merece a vida linda que construiu. Você merece tudo, Randall. Meu lindo menino. Meu filho."

William deixou para Randall um presente inestimável — palavras de aceitação e validação para viver e se curar. Assisti à cena em lágrimas, pensando: "Se ao menos meu pai tivesse dito algo assim para mim."

Minha última conversa com meu pai foi em 2019, uma semana após ele cair e fraturar gravemente a perna e o pulso. Ele tinha voltado do hospital alguns dias antes de eu retornar aos Estados Unidos. Duas semanas depois, ele foi internado novamente e nunca mais voltou para casa, tendo morrido lá por causa de uma infecção.

Ao ver como ele parecia frágil, percebi que provavelmente aquela seria a última vez que o veria vivo. Eu me sentei ao lado da cama dele, segurei sua mão e disse: "Papa, quero agradecer e dizer que te amo. Sei que sua vida não foi fácil. Você trabalhou muito para nos sustentar. Você nos levou para viver em diversas partes do mundo e me deu uma infância muito interessante."

Queria lhe dizer essas palavras para libertá-lo de qualquer peso que pudesse estar carregando ao se aproximar do fim da vida. Não sabia se ele tinha algum arrependimento ou culpa por ter me menosprezado, amaldiçoado meu casamento e me renegado. Ele me ouviu em silêncio, olhando em meus olhos com um meio sorriso. Então, ele disse: "Raj, você é seu próprio chefe."

O que ele quis dizer com isso? Ele poderia ter dito: "Estou orgulhoso de você. Você é dono de si mesmo. Seguiu seu coração e trilhou o próprio caminho, mesmo quando era difícil." Ou poderia ter falado: "Você nunca me deu ouvidos. Fez só o que queria. Você é egoísta e só se preocupa consigo mesmo." Gostaria de acreditar que foi a anterior.

"Não tenho certeza do que você quer dizer com isso", respondi. "Acho que todos deveriam ser os próprios chefes." Ele não disse uma palavra, apenas continuou me olhando com aquele meio sorriso. Então eu me levantei e me inclinei para um último abraço desajeitado, sentindo seu coração bater fraco através de sua fina *kurta*. Saí pela porta da frente e fui para o aeroporto. Nunca mais nos falamos.

Reflexões

A história da filha de meu primo, que queria muito um abraço do pai, me fez pensar nas "vítimas culturais". Algumas regras culturais não declaradas trazem benefícios, mas muitas causam sofrimento considerável. Em muitas sociedades, a violação de regras culturais pode ser muito perigoso, levando ao ostracismo e coisas piores. Precisamos analisar essas regras para entender a lógica por trás delas e questionar se ainda nos servem.

Quais regras culturais o aprisionam e limitam seu comportamento de maneiras que trazem consequências negativas para você e para as pes-

soas com quem se importa? O que você fará de diferente a partir dessa conscientização?

A morte de uma pessoas é a evidência mais clara do impacto, seja por luto ou por alívio, que elas tiveram na vida de outras pessoas. Os patriarcas autoritários que aderem a uma rígida noção de dever e ordem social, mas nunca demonstram amor incondicional, raramente são lamentados.

Visualize a cena em seu funeral daqui a muitos anos. Qual é a intensidade da tristeza e do alívio? O que você precisa mudar para que haja apenas tristeza e gratidão, em vez de alívio ou indiferença?

Sem a conscientização e a determinação de quebrar o ciclo de vitimização, as feridas paternas se perpetuam por meio de gerações de homens teimosos e incomunicáveis. Quando tomei consciência de minha ferida paterna, percebi que meus filhos poderiam ter uma ferida semelhante em relação a mim. Essa constatação inquietante provocou uma mudança drástica em meu relacionamento com eles, especialmente com meu filho.

Você tem uma ferida paterna com seu pai? Seus filhos têm uma com relação a você? Como você pode curá-las?

Até onde eu sei, meu pai nada fez para impedir o crime por honra. A inércia tem consequências. O idealismo que permanece mudo diante da injustiça ou da crueldade se transforma em uma força maligna que corrói a alma. A vergonha silenciosa se transforma em falta de vergonha.

Houve momentos em que você permaneceu em silêncio diante de uma injustiça óbvia? Como isso afetou seu senso de identidade ao longo do tempo?

14

Honrando Minha Mãe e Alcançando a Integridade

Comecei a trabalhar com uma coach pessoal pela primeira vez após completar 60 anos, em 2018. Em nossa primeira sessão, contei a ela minha história de vida. Descrevi meus desafios com meu pai e minha jornada profissional. Ao final, eu estava em lágrimas. Suzanne perguntou se podia me abraçar para me confortar. Em seguida, ela se recostou, fechou os olhos e ficou em silêncio por alguns minutos. Então olhou para mim e disse: "Você percebe que tem honrado sua mãe por meio de seu trabalho durante os últimos 15 anos?"

Agora foi minha vez de ficar em silêncio. Sua percepção me surpreendeu. Um arrepio percorreu meu corpo.

"O que você quer dizer?", perguntei.

"Você passou 45 anos tentando impressionar seu pai, tentando fazer com que ele se orgulhasse e o aceitasse por quem você é", ela respondeu. "Tudo isso só o fez se sentir miserável, inadequado e insatisfeito. Mas, então, você encontrou seu verdadeiro caminho, que era levar a energia amorosa de sua mãe para o mundo dos negócios. Foi quando seu trabalho começou a impactar o mundo."

As palavras dela me atingiram em cheio, com a intensidade e a clareza de um raio. Senti em meus ossos a verdade do que ela havia dito. Eu tinha herdado muitas das qualidades de minha mãe, e ela me criou sozinha nos meus primeiros sete anos de vida. Meu espírito sempre esteve muito mais em harmonia com o dela do que com o de meu pai. Já nasci uma criança calma, sensível e afetuosa. Minha natureza inata, meu *swabhav*, era ser confiante, amante da paz e idealista. Quando meu pai disse que todas essas qualidades eram pontos fracos, eu tentei reprimi-las. Tentei mostrar minha força me tornando um caçador e entrando em brigas desnecessárias. No trabalho, eu me tornei um guerreiro do mercado em busca de dinheiro, poder e reconhecimento. Durante o processo, me tornei infeliz e tive pouquíssimo impacto no mundo.

Mas, então, mãos invisíveis me guiaram para um caminho que estava mais em sintonia com minha essência e o ser de minha mãe: manifestar amor, compaixão, empatia, perdão, inclusão e, acima de tudo, uma recusa em causar sofrimento desnecessário no mundo. Minha mãe havia me transmitido esses dons por meio de seus genes, sua dedicação e seu exemplo. Mas eu não tinha me dado conta deles. Como a maioria das pessoas no planeta, eu não dava valor à minha mãe e buscava os marcadores mundanos de sucesso que meu pai valorizava.

Eu olhei para Suzanne e disse: "Obrigado por essa percepção. Acho que você está certa."

"Sua mãe sabe disso?"

"Bem, eu mesmo não sabia até cinco minutos atrás, então como ela saberia?"

"Gostaria que você ligasse para ela e lhe contasse."

"Ah, isso seria constrangedor. Nós nunca conversamos sobre essas coisas em minha família. Sabe como é; falamos sobre o tempo e sobre como os joelhos dela estão, além de outros assuntos neutros."

"Isso é importante, Raj. Você precisa ligar para ela."

"O problema é que meu pai sempre atende o telefone e coloca no viva-voz. Ele vai pensar: 'Por que ele está falando desse jeito? O que há de errado com ele?'"

"Não importa. Ligue para ela."

"Suzanne, acabei de lembrar que vou para a Índia em três semanas. Posso falar com ela pessoalmente."

"Sua mãe tem 81 anos. Qualquer coisa pode acontecer em três semanas. Você precisa ligar para ela."

Naquela noite, jantei com meus amigos Dipinder e Meera. DP e eu fizemos faculdade de administração juntos em Mumbai e somos amigos há 39 anos. Quando contei a ele sobre minha conversa com a coach, ele disse: "Você deve ligar para sua mãe."

"Tudo bem, vou ligar."

Na manhã seguinte, eu me sentei para escrever o que pensei em dizer à minha mãe. Escrevi em inglês e, depois, traduzi para o hindi com ajuda do Google Tradutor; meu vocabulário em hindi não foi totalmente recuperado desde os anos em que morei no exterior quando criança.

O telefone tocou. Era DP. "Você já ligou para sua mãe?"

"Estou prestes a ligar, DP!"

Disquei o número do telefone da casa dos meus pais. Para minha surpresa, minha mãe atendeu; meu pai estava no banho. Após enrolar um pouco, eu disse: "Mamãe, liguei para dizer que você significa tudo para mim. Tudo o que fiz de importante nessa vida, tudo que tocou as pessoas e impactou suas vidas, é por sua causa. É em virtude do que aprendi com você. Você vive a vida com tanto amor e delicadeza. Cuidou de nós com tanto amor durante toda a nossa vida. Eu me sinto muito abençoado e grato por ter você como mãe."

Mamãe começou a chorar. Entre soluços, ela disse: "Não sou nada, Raj. Não sou nada." Isso me fez chorar também. Estou chorando agora enquanto escrevo isso.

"Não, mamãe, por favor, não diga isso. Não é verdade. Você é tudo."

Desde que se tornou esposa e mãe, minha mãe se via como "menos do que"; seu pai a educou apenas até o oitavo ano e ela não falava inglês, enquanto meu pai era um cientista que havia ganhado muitas medalhas de ouro e tinha doutorado.

"Sou só uma mulher simples e sem nenhuma formação. Sou abençoada por ter um filho como você. Tenho muito orgulho de você. Toda mãe deveria ter um filho como você", ela me disse.

"Mamãe, muito do que é há de bom em mim vem de você. O que o mundo precisa é o que você nos ensinou e nos mostrou. Você tem um coração enorme e nunca magoou ninguém intencionalmente. Não me lembro de uma única vez em que você tenha se irritado ou dito algo grosseiro para mim ou para qualquer outra pessoa. Se não nos tivesse amado do jeito que amou, não sei se eu teria sobrevivido nesse mundo."

Essa foi, de longe, a conversa mais curativa de minha vida, e acredito que para ela também. Acho que isso deu a ela um pouco de satisfação pelo fato de que sua vida não tinha sido sem sentido, que seu legado era sólido e continuaria vivo em seus filhos. Não é coincidência que todos os três filhos dela foram chamados para fazer trabalhos de cura em diferentes aspectos: eu me dedico a promover a cura no mundo dos negócios, meu irmão está trabalhando na cura de nossa terra ancestral e minha irmã ajuda a curar pessoas e famílias por meio de seu trabalho com a Fundação Arte de Viver.

Até aquela manhã, eu nunca havia tentado expressar a profundidade de meus sentimentos por minha mãe e por tudo o que ela significava para mim. Meu amor por ela era tão profundo que parecia transcender as palavras. Ser capaz de expressá-lo foi muito purificador, o que ilustrou muito bem uma de minhas realizações mais queridas em minha jornada com a ayahuasca: "Amor que não é expresso é como um cheque que nunca é descontado. Não faz bem a ninguém."

Quem Era Usha?

Como meu pai, Usha também vinha de uma família feudal Rajput. Ela cresceu em um vilarejo a menos de 113km de Kesur. Mas as duas famílias eram completamente diferentes; a mesma terra havia produzido dois jardins bastante distintos.

O pai de Usha era Jaswant Singh, o quinto Thakur de Berchha. Filho único, o pai de Jaswant morreu jovem, e ele herdou o título e a propriedade quando tinha apenas 8 anos de idade. Seu pai havia nomeado um encarregado para administrar o feudo até que Jaswant atingisse a maioridade. Jaswant foi enviado para um colégio interno destinado a educar os filhos dos aristocratas Rajput. Lá, ele era acompanhado por um criado morava com ele em tempo integral e nunca o perdia de vista. O serviçal lavava, passava e arrumava as roupas de Jaswant; lustrava seus sapatos; amarrava seu turbante em datas festivas; e provava toda a comida antes de meu avô comê-la — não para verificar se estava fresca ou saborosa, mas para protegê-lo contra envenenamento. Não era incomum que tios ardilosos matassem herdeiros menores de idade para usurpar suas propriedades e seu título.

Quando completou 18 anos, Jaswant foi formalmente instalado como Thakur. Ele não era um típico senhor feudal. Desfrutava de sua grande propriedade e levava a vida de maneira descontraída — um contraste e tanto em relação a meu avô paterno, que era um homem obstinado, exigente e trabalhador. Na juventude, Jaswant fez amizade com oficiais coloniais e missionários britânicos. Após a independência da Índia em 1947, ele convidou jovens voluntários do Peace Corps norte-americano para visitá-lo em Berchha. Uma alma descontraída com gostos sofisticados, ele se deleitava com a cultura e a comida ocidentais. Assinava a revista *Seleções*, adorava cozinhar e destilava licores finos com sabores exóticos, como erva-doce, amora, açafrão e almíscar de cervo — considerados destilados de Herança Real. Ele enterrou dezenas de garrafas de seus preciosos elixires na terra, desenterrando-as em ocasiões especiais.

Jaswant era um excelente caçador e atirador; certa vez, atirou em um pássaro que voava acima dele, acompanhando sua sombra no chão. A história mais emblemática foi de uma pantera negra que certa vez aterrorizou a região ao redor de Berchha, matando e comendo muitas cabras e bezerros. Um dia, um morador frenético desesperado interrompeu Jaswant durante seu almoço com a notícia de que a pantera havia levado uma criança do vilarejo. Essa foi a gota d'água; quando um predador se tornava um devorador de homens, ele precisava ser erradicado. Jaswant pegou sua espingarda e uma corda, montou em seu cavalo e partiu sozinho para a selva. Ele voltou algumas horas depois, arrastando o corpo sem vida da pantera atrás do cavalo. Então se sentou e pediu à esposa que requentasse o almoço.

O pequeno vilarejo já havia sido devastado pela peste, que se espalhou lentamente pela Índia, matando 10 milhões de pessoas até 1940. Durante o surto, as ruas de paralelepípedos empoeiradas e do vilarejo ficaram repletas de ratos mortos. A família deixou a Rowla e viveu na floresta por meses até a doença desaparecer.

Jaswant se casou com Laxmi Kunwar Rathore de Badgara quando tinha 18 anos. Usha, a primeira filha deles, nasceu em 1937, quando ele tinha 20 anos. A segunda filha veio alguns anos depois. Mas a tragédia logo atingiu a jovem família. Minha avó contraiu tuberculose em 1942, aos 23 anos de idade. Minha mãe tinha apenas 5 anos.

Naquela época, a tuberculose era uma das doenças mais mortais do mundo, matando milhões todos os anos. Não havia vacina ou tratamento eficaz até 1944 — tarde demais para salvar minha avó. Quando percebeu que estava morrendo, minha avó decidiu retirar sua imagem de todas as fotografias em que aparecia — desde a infância, seu casamento e com o marido e as filhas. Ela se sentou com uma tesoura para executar o projeto sombrio, dizendo ao marido desolado: "Não quero que minhas meninas chorem por mim a vida toda depois que eu partir. É melhor que me esqueçam por completo." Usha ficou perplexa com o que a mãe estava fazendo. Encarando a situação como um jogo, minha tia de 3 anos correu pela casa em busca de mais fotos preciosas para a mãe destruir. A pequena Usha chorava ao assistir, impotente, à pilha crescente de lembranças destruídas. Quando terminou, minha avó transferiu a pilha para um pequeno tambor de metal e jogou um fósforo aceso. As fotos foram facilmente queimadas e reduzidas a cinzas em segundos, espalhando um cheiro forte pela casa.

Minha avó morreu alguns meses depois, mas não sem antes escolher uma mulher para seu marido se casar em seguida. Ela disse: "Você deve se casar com uma mulher que será bondosa com minhas meninas."

Ver a mãe morrer quando tinha apenas 5 anos tirou o chão de Usha. Alguns anos depois, seu pai mandou a menina gentil para um colégio interno na distante Banasthali, em Rajasthan. A lembrança de sua mãe lentamente desvaneceu, mas nunca desapareceu por completo. Usha voltou para casa depois do oitavo ano, aos 15 anos, e se tornou mãe substituta de uma prole numerosa de meio-irmãos. Seriam cinco — quatro meninos e uma menina— até Usha completar 20 anos e se casar.

Usha aprendeu a tolerar desde muito jovem. Sua mãe tinha sido forte e amorosa; sua madrasta também era amorosa, mas podia ser rígida. Ainda mais do que antes, Usha se tornou uma pessoa que buscava agradar a todos. Durante toda a vida, ela adorou e idolatrou o pai, um patriarca bondoso, amoroso e sorridente — seu modelo de como os homens deveriam ser.

Nada na criação de Usha a preparou para o caldeirão de Kesur, o ensopado tóxico no qual ela foi abruptamente jogada. A versão do patriarcado que prevalecia em Kesur silenciava e extinguia o espírito de mulheres dóceis como Usha. Seu sogro grosseiro zombava dela, sua cunhada sagaz a intimidava, seu marido ausente a deixava desprotegida e sozinha.

Retrato de um Casamento

Já no final de sua vida, uma expressão de tristeza aparecia no rosto de minha mãe quando alguém dizia "Feliz aniversário de casamento". Em seu aniversário de 80 anos, ela confidenciou à nora que havia experimentado pouca alegria na vida. Ela não disse, mas o motivo era claro: o casamento autoritário e humilhante que ela havia suportado.

Como a maioria das mulheres Rajput em suas circunstâncias, Usha era presa ao dever — seu *dharma* — e resignada ao seu destino. Dia após dia, noite após noite, ano após ano, ela fazia o que uma "boa" esposa e mãe deveria fazer. Sua vida se resumia mais ao que ela não podia fazer do que ao que podia. Ela não podia tomar uma única decisão — nem mesmo sobre o que cozinhar para a próxima refeição — sem antes perguntar ao marido. Sua confiança, sua autonomia e seus interesses — a própria personalidade — foram todos sacrificados na pira de seu casamento. Ela manteve sua inocência e bondade inerentes, mas seu senso de identidade aos poucos desapareceu.

Ela não pôde escrever cartas para mim, seu filho excluído, por cinco longos anos, porque seu marido a tinha proibido. (No entanto, de tempos em tempos ela conseguia me enviar uma carta por intermédio de minha irmã.) Ela não podia ir a um restaurante almoçar com seu filho mais novo (que morava na mesma casa) porque "Papai não vai gostar se eu for". Quando eles finalmente saíram para almoçar uma vez, meu pai — sempre atento a sinais de revoltas e conspirações contra ele — exigiu um resumo minuto a minuto de tudo o que ela e meu irmão haviam conversado.

No final da vida, com o coração enfraquecido pela idade, ela andava o dia todo pela casa mancando com seus dois joelhos artificiais para atender às incessantes demandas do marido — água quente, leite, chá, seus remédios e centenas de outras coisas. A casa tinha muitos empregados, mas ele insistia que ela fizesse muitas coisas que mãos e pernas mais jovens e pagas poderiam fazer com muito mais facilidade. No final do dia, ele apontava dramaticamente para a exaustão dela, em uma tentativa constante de envergonhar seu filho adulto e sua nora para que aceitassem ainda mais o domínio dele sobre suas vidas. "Olhe para sua pobre mãe. Na idade dela, ela não deveria ter que fazer todas essas coisas; sua nora é quem deveria estar fazendo."

Durante toda a vida, minha mãe deu banho nos filhos com amor incondicional, mas lhe faltava poder pessoal. Sua capacidade de absorver palavras ofensivas e tolerar comportamentos ultrajantes do meu pai era heroica e, ao mesmo tempo, de partir o coração. Isso a tornou uma testemunha passiva do abuso e, portanto, uma facilitadora involuntária deles. Seus únicos pecados eram de omissão, e não de comissão.

Até mesmo sua paciência inesgotável tinha limites. Em raras ocasiões, ela gritava com meu pai, fazendo-o recuar no mesmo instante. Isso nunca falhava. E mostrava que ela tinha um enorme poder inconsciente; todos sabiam disso, exceto ela. Sua raiva era mais poderosa por rara. Mas seu pavio era tão longo que raramente atingia o limite. Ela se tornou um escudo protetor para meu pai. Apesar de ele insultar e afastar as pessoas, a maioria permaneceu conectada à nossa família por causa dela. Meu irmão se mudou, mas voltou a morar na casa por causa dela. Ela era o ímã que nos atraía continuamente de volta para casa, enquanto meu pai era o ímã que nos repelia.

Passamentos

Meu pai faleceu em 30 de março de 2019. Minha mãe morreu quatro meses depois. Ambos morreram de infecções adquiridas no hospital, dando seus últimos suspiros na mesma unidade de terapia intensiva.

Logo após a morte de meu pai, minha mãe começou a sentir fortes tonturas. Era como se ela perdesse o equilíbrio e não conseguisse sustentar o próprio peso depois de ter se apoiado em meu pai por tanto tempo. Uma vez recuperada, seu verdadeiro eu lentamente emergiu, como o sol rompendo as nuvens. Todos na família ansiavam por mais tempo em sua presença amorosa e curativa e imploravam para que ela os visitasse. Livre do constante escrutínio e das provocações do marido, ela desenvolveu um relacionamento mais amoroso e tranquilo com a nora. Começou a visitar regularmente os membros da família, oferecendo seu amor e incentivo. Todos nos deliciávamos em ouvir sua risada, ver seu sorriso e experimentar sua verdadeira personalidade. Estávamos ansiosos para conhecer essa nova e encantadora Usha.

Infelizmente, não era para sera assim. De repente, ela começou a sentir uma forte dor abdominal, fez uma cirurgia de emergência na vesícula biliar e morreu em uma semana. Ela tinha ingerido veneno demais ao longo da vida para que seu corpo pudesse suportar.

Meus pais tinham 82 anos quando morreram repentina e inesperadamente. As reações às duas mortes não poderiam ter sido mais diferentes.

A morte de meu pai provocou pouca tristeza; meu irmão, minha irmã, nossos primos e eu — nenhum de nós derramou uma lágrima. Estávamos apenas anestesiados. Minha mãe chorou, é claro, pelo fim da única vida que ela havia conhecido por 62 anos.

Quando minha mãe morreu, essa perda partiu meu coração e o coração de inúmeras outras pessoas. Ela *era* meu coração. Eu não sabia que era capaz de sentir tamanha dor. Nunca chorei tanto. Havia perdido a única pessoa neste planeta que me amava incondicionalmente, que me reconhecia e me entendia.

Alguns dias após o funeral, nos reunimos para compartilhar o que ela significava para nós. Estávamos todos desolados. Em lágrimas, as pessoas falavam sobre sua natureza amorosa, sua gentileza, de como ela era reconfortante, dedicada, paciente e absolutamente altruísta. Usha era a pura encarnação do arquétipo materno: doadora de vida, incondicionalmente amorosa, gentil, inclusiva, compassiva e perdoadora.

Três semanas após o falecimento de minha mãe, voltei à casa de Laura para outra experiência com as plantas. Eu queria me conectar com o espírito de minha mãe e pedir sua orientação. Ela veio até mim vividamente naquela noite como uma *devi*, uma deusa resplandecente em seu poder e sua beleza. Ela estava em seu pleno poder, completamente à vontade consigo mesma. Isso me lembrou o final de uma peça da Broadway, quando os atores retornam ao palco como realmente são, não mais interpretando um papel. Usha havia desempenhado obedientemente seus papéis por 82 anos: filha obediente, irmã amorosa, esposa solidária, mãe devotada, avó carinhosa. Aconteça o que acontecer, ela havia cumprido seu dever e nunca se desviou do caminho do amor. Sua mensagem para mim naquela noite foi simples: nunca cause dor no coração de alguém de maneira deliberada; e saiba que você sempre será amado.

Aproximando Minha Mãe de Meu Pai

Como Suzanne havia percebido, eu vinha honrando minha mãe por meio de meu trabalho há 15 anos. Agora que entendia isso, pensei: o que significaria fazer isso de maneira *consciente*? Será que eu deveria redobrar a atenção, tornar explícito o que, até então, estava implícito?

Também reconheci o perigo de ir longe demais em direção ao feminino, de me desequilibrar e negligenciar o vital lado masculino. Percebi que a melhor forma de honrar minha mãe seria fortalecer seu amor incondicional com garra, coragem e determinação, tornando efetivo o que, em grande parte, era passivo.

Após compreender meus pais de uma forma mais profunda, agora posso integrar o que há de mais valioso em cada uma de suas jornadas. Nenhum dos meus pais incorporava os aspectos saudáveis do outro. Meu pai não tinha energia feminina saudável, e minha mãe carecia completamente de energia masculina saudável. Eis a minha lição: misturar os aspectos saudáveis e positivos de cada um de meus pais em um todo harmonioso. Aprendi que a combinação da energia poderosa de minha mãe com a energia aberta e amorosa de meu pai é do que eu preciso — e o que do mundo precisa — para me curar e me tornar íntegro.

Reflexões

A maioria das pessoas tem questões não resolvidas com os pais, quase sempre sobre lembranças da infância que permanecem presas em nossa psique. Muitas delas resultam de mal-entendidos. É importante que nos esforcemos para nos tornarmos "íntegros" com nossos pais, tendo conversas difíceis com eles antes que partam. Se não tivermos essas conversas e nossos pais falecerem, essas questões não desaparecem; elas permanecem enraizadas em nós, porém se tornam impossíveis de resolver.

> *Quais são as lembranças mais dolorosas de sua infância que envolvem seus pais? Você já conversou sobre isso com eles? Se não, faça isso quanto antes. Converse com eles com curiosidade em vez de raiva, mágoa ou culpa.*

Muitas pessoas não expressam sentimentos de apreço e amor pelos pais até que seja tarde demais. Quando eles se vão, isso também é uma perda trágica.

> *Assim como fiz com minha mãe, diga a seus pais o que eles significaram para você durante a vida, o que fizeram certo e o que você nunca*

esquecerá sobre eles. Provavelmente, será a conversa mais curativa e importante de sua vida. Certifique-se de gravá-la!

Um de meus arrependimentos é que não conversei o suficiente com minha mãe sobre sua infância e juventude. Ela sofreu um trauma grave com a perda da mãe. Ela presenciou eventos catastróficos como a peste e ouros importantes, como a independência da Índia do domínio colonial. Todos esses detalhes inestimáveis de sua vida e de sua época estão perdidos para sempre.

Pergunte a seus pais sobre suas experiências e influências na infância. Se você tem filhos, peça a eles que interroguem os avós sobre como era a vida deles quando eram jovens.

Para a maioria das mulheres da geração de minha mãe, o casamento era uma questão de destino, uma sentença de prisão perpétua a ser cumprida sem a possibilidade de liberdade condicional. Ela esperava pouco e recebia ainda menos em seu casamento.

Faça uma lista de cinco coisas que contribuiria para um casamento ideal. O que você pode fazer para torná-las realidade?

Minha mãe tinha poder em seu relacionamento com meu pai, mas raramente o exercia. Isso se aplica a todos os seres humanos; temos um poder inato, mas a maioria de nós não o exerce.

De que forma você abre mão de seu poder em seus relacionamentos no trabalho e em casa? Como pode exercê-lo de maneira saudável e que valorize a vida? O que você perderia se não reivindicasse esse poder?

A combinação de poder pessoal e amor incondicional pode mudar o mundo. Eles raramente estão na mesma pessoa. Minha mãe amava incondicionalmente, mas não tinha poder pessoal. Meu pai tinha muito poder pessoal, mas seu amor era totalmente condicional.

Como você pode cultivar o poder pessoal e *ser uma fonte de amor incondicional em todos os aspectos da sua vida? Esse é o Santo Graal.*

Amor que não é expresso é como um cheque que nunca é descontado. Não faz bem a ninguém.

15

Descobertas

Minha vida é uma tela inacabada, um trabalho em andamento. Escrevi este livro para refletir sobre o que vivi e aprendi, a fim de iluminar o caminho à minha frente e, espero que isso também sirva para meus leitores. Busquei respostas para perguntas eternas que são relevantes a todos os seres humanos: como ser fiéis a nós mesmos? Como viver de acordo com o que estamos destinados a entregar o mundo? Como manifestar amor e força em medidas iguais e plenas?

Nossa vida é uma mistura de inúmeras forças e influências, algumas sutis e outras óbvias, que nos impulsionam para a frente, para os lados e, às vezes, para trás de maneiras aparentemente inexplicáveis. Mas, no fundo, cada vida é uma jornada em direção ao propósito, à coerência, à paz interior, à integridade e à cura. Percorri essa jornada à minha maneira. Você pode encontrar outros caminhos. Mas nossos objetivos são os mesmos: encontrar e viver nosso propósito, nos tornarmos seres humanos completos e curar os traumas que estão enterrados dentro de nós.

Dentre todos os meus livros, este foi o mais fácil e o mais difícil de escrever. Fácil porque, em certo nível, foi um processo direto de explorar minhas memórias de uma vida agitada e cheia de acontecimentos. Mas também foi a coisa mais difícil que já fiz, pois foi doloroso, até um pouco traumático, reviver memórias difíceis, chegar a constatações dolorosas e confrontar verdades duras.

No final, isso não é nem um exercício de autoflagelação nem de absolvição. É sobre aprender a viver de dentro para fora, com base em seu eu mais autêntico. Trata-se de assumir seu poder pessoal para que possa usá-lo para servir, confortar e curar.

A seguir, as maiores lições que tirei desta jornada.

Seja Fiel a Si Mesmo

Vivi a maior parte de minha vida em diferentes ambientes isolados. Eu era uma pessoa diferente no trabalho e em casa. Uma pequena parte de mim permanecia enraizada na cultura feudal conservadora de onde vim, e uma parte maior pertencia ao mundo moderno. Meus pensamentos, palavras e ações nem sempre estavam alinhados. Muitas vezes, eu estava *atuando*, fingindo ser alguém que não sou. Faltava-me poder pessoal em muitas áreas de minha vida.

Cada pessoa deve ter como objetivo o alinhamento total entre quem somos, o que dizemos e o que fazemos. Isso significa mostrar-se como o mesmo ser integrado em todas as situações, agindo com consistência a partir de um núcleo inabalável.

Como podemos nos manter fiéis a nós mesmos? Aprendi que existem três fatores fundamentais: conhecer a si mesmo, amar a si mesmo e ser você mesmo.

Conheça a Si Mesmo

> Antes de eu poder dizer à minha vida o que quero fazer com ela, devo ouvir minha vida me dizendo quem sou. Preciso ouvir as verdades e os valores que constituem o cerne de minha identidade, não os padrões pelos quais devo viver, mas aqueles pelos quais não posso deixar de viver se estou vivendo minha própria vida.
>
> — PARKER PALMER

Passamos décadas aprendendo sobre as características do mundo lá fora, mas a maioria das pessoas sabe pouco sobre o próprio mundo interior. No entanto, é impossível levar uma vida marcante e satisfatória se você não sabe quem é. Pergunte a si mesmo: "Quem sou eu? Qual é minha essência, minha verdadeira natureza? Quais qualidades me definiam quando criança? O que é importante para mim? Pelo que sou apaixonado?"

Por muito tempo, não soube quem eu era. Seria eu um Rajput orgulhoso, descendente de uma família guerreira feudal? Seria eu Pappu, o garoto simples e inocente? Seria eu Raj, o ambicioso do mundo dos negócios? Seria eu indiano? Seria eu norte-americano? Seria eu engenheiro? Seria eu professor de marketing? Seria eu escritor? Seria eu jornalista?

Todos nascemos com determinadas qualidades. Quando era muito novo, eu era inocente, idealista, confiante, simples, pacífico, empático, gentil e cooperativo. À medida que cresci, descobri que era articulado, inteligente, amoroso, humorado, humilde, ambicioso, criativo, não conformista e resoluto.

Também reconheço meus desafios. Por exemplo, meu desejo de buscar a paz me levou a me tornar demasiado avesso a conflitos. Ansiando por harmonia, frequentemente não era assertivo o suficiente e silenciava minha verdade. Essas percepções me deram um roteiro para meu desenvolvimento pessoal.

> *Pergunte a si mesmo: Quais são meus dons e talentos naturais? Quais são minhas habilidades bem desenvolvidas? Quais são meus principais valores?*

Ame a Si Mesmo

> Você mesmo, tanto quanto qualquer outra pessoa no universo inteiro, merece seu amor e carinho.
>
> — BUDDHA

O principal relacionamento que temos na vida é com nós mesmos. Se esse relacionamento é disfuncional, ele contamina tudo ao redor. Precisamos garantir que tenhamos uma relação amorosa conosco. É impossível ser feliz ou estar em paz se você não se ama. Isso inclui amar o corpo, a mente, o coração e a alma. Como disse Francis Meehan: "Os homens estão em guerra uns com os outros porque cada um está em guerra consigo mesmo."[1]

1 https://proverbicals.com/war-proverbs

Muitas pessoas nunca conseguem fazer a transição de se conhecer para se amar. Levei décadas para enxergar minhas qualidades como pontos fortes e não como pontos fracos. À medida que me conhecia, mais eu me desprezava, principalmente porque meu pai enxergava a maioria de minhas qualidades inatas como pontos fracos e tentava arrancá-las de mim. Passei a me pontos fracos como alguém cheio de defeitos e estava convencido de que precisava ser o oposto de quem eu realmente era. Reprimi meu idealismo e me tornei cínico e desconfiado, desnecessariamente confrontador. Não é de se admirar que eu tenha sido tão infeliz por décadas.

Amar a si mesmo, ter compaixão e graça por si mesmo, é o primeiro passo para conseguir evoluir. Como disse Carl Rogers: "O paradoxo curioso é que, quando me aceito exatamente como sou, então posso mudar."[2]

Afirme para si mesmo: "Sou um ser único que está aqui para contribuir com o mundo de maneiras que mais ninguém consegue. Aceito, abraço e sou profundamente grato por todas as minhas qualidades inatas. São dons que recebi. Mesmo que haja, ainda, partes de mim que não estão desenvolvidas ou curadas, aceito esses aspectos enquanto me esforço para prosperar e me curar. Sou grato por meu corpo — cada parte dele."

Seja Você Mesmo

> Ser você mesmo em um mundo que está constantemente tentando fazer de você algo diferente é sua maior conquista.
>
> — RALPH WALDO EMERSON

Não existe caminho certo ou errado; existe apenas o *seu* caminho. Todos estamos inseridos em sistemas que nos pressionam a nos conformar com as regras vigentes: para mim, ser um "verdadeiro" Rajput, ser determinado tipo de homem, ser um "típico" professor.

Recuse-se a ser um típico qualquer coisa! Abrace o conselho de Polônio a seu filho na peça *Hamlet*, de Shakespeare: "Seja fiel a ti mesmo."

2 Carl Rogers, *On Becoming a Person: A Therapist's View of Psychotherapy* (Houghton Mifflin, 1961).

Esforce-se para ser a versão mais pura, completa e evoluída de si mesmo, seu eu superior.

Muitas pessoas passam tempo demais representando um papel, assumindo várias personalidades na vida profissional e pessoal. Permita que você seja guiado de dentro para fora. Deleite-se com sua particularidade. O que você vê que mais ninguém vê? O que diz que mais ninguém diz? O que sabe que mais ninguém sabe? Cultive um nível saudável de admiração por si mesmo!

Infelizmente, a maioria das pessoas nunca descobre qual é sua particularidade. Durante muitos anos, fui uma dessas pessoas. Experimentei diferentes tipos de personalidade — engenheiro, professor de marketing especialista em finanças e, depois, em tecnologia, especialista em planejamento estratégico etc. Enfim, percebi que preciso confiar em mim mesmo e expressar minha verdade em vez de permitir ser guiado pelas vozes de outras pessoas. Resolvi viver minha vida para me expressar plenamente em vez de agradar meu pai e outras figuras autoritárias. Comecei a me tornar quem eu deveria ser.

Esteja Aberto a Novas Aventuras

A vida de todo ser humano apresenta um potencial criativo infinito. A vida nos presenteia com uma tela ampla e uma variedade estonteante de cores para criar.

Viva sua vida em um espaço criativo, não reativo. Seja um veleiro com leme, não um tronco à deriva no oceano que vai para onde as ondas e o vento o levam. Aproveite o vento e as correntes para traçar um roteiro em direção ao cumprimento de seu propósito e seu destino individuais.

A vida está sempre nos oferecendo escolhas entre crescimento e segurança. Se sempre escolhermos a segurança, nunca cresceremos. Quando paramos de crescer, começamos a morrer. Certifique-se de incorporar uma quantidade saudável de riscos à sua vida, mesmo enquanto toma decisões motivadas pela segurança e pela prudência.

Esteja atento aos convites que o levam a se aventurar. Diga "sim" às possibilidades fora de sua zona de conforto, aquelas que oferecem potencial para crescimento. Não se apegue à estabilidade e à segurança. Abrace o inesperado.

É impossível ter um plano mestre para cada aspecto de sua vida. Os possíveis caminhos são revelados em pequenos vislumbres; mantenha-se vigilante e ágil. Esteja pronto para atravessar portas que se abrem de repente. Quando desci para o café da manhã em Mumbai, durante meu MBA, e encontrei meus amigos prontos para ir até Information Agency dos EUA, foi um convite para que eu alterasse drasticamente a trajetória da minha vida. Aproveitei a oportunidade em vez de deixá-la passar.

Confie na sabedoria de seu corpo. Quando me deparo om uma ideia que está de acordo com o propósito de minha alma, sinto calafrios, tremores nas pernas ou outras sensações físicas fortes. Nesses momentos, reconheço que meu corpo está me dizendo algo importante e que preciso prestar atenção. Da mesma forma, recebo sinais fortes de meu corpo quando uma ideia parece "errada", quando está fora de sintonia com meu eu superior. Pode ser um embrulho no estômago ou uma súbita falta de ar.

Seja Seu Melhor Amigo e Coach

Quando meu pai disse "Raj, você é seu chefe" em nossa última conversa, ele provavelmente estava reconhecendo que fiz algo que ele não conseguiu fazer. Resisti às pressões para me adaptar à vida pessoal e profissional que eu tinha e escolhi viver de acordo com minhas regras. Consequentemente, ganhei poder pessoal e maior influência no mundo à medida que envelheci, enquanto meu pai voltou para ao seu círculo aos 34 anos, desistindo de seus sonhos e se tornando irrelevante.

As últimas palavras de meu pai são um mantra que vale a pena ser seguido por todos nós — com uma ressalva. Nenhum ser humano merece ser "comandado". Cada pessoa deve ser o capitão do próprio navio. Nunca devemos ceder o controle de nossa vida a outras pessoas, nunca reconhecer outra pessoas como nosso "chefe". Em vez de sermos nosso próprio chefe, devemos nos esforçar para ser nosso próprio pai, coach e melhor amigo.

Questione as Crenças Tradicionais

Fui, ao mesmo tempo, um estrangeiro e um *insider* nos dois mundos que habitei: como uma criança indiana no Ocidente, como uma criança ocidentalizada de volta à Índia, na cultura Rajput, na área acadêmica, na área de negócios. Sempre me recusei a seguir cegamente a maneira tradicional de fazer as coisas. Rejeito a frase "Foi assim que sempre fizemos". Eu me esforço para fazer as coisas à minha maneira.

Na adolescência, eu me rebelei contra a tradição Rajput que conheci no ambiente feudal de meu vilarejo. No início de minha carreira, rejeitei a tradição acadêmica, recusando-me a aderir às regras do que os membros do corpo docente devem ou não fazer. Desafiei o "negócios e marketing como sempre", o que me levou a descobrir meu propósito e lançar o movimento Capitalismo Consciente. Rejeitei conceitos prejudiciais de masculinidade e o uso de linguagem e mentalidades militarizadas e de gênero.

Peço que você questione qualquer conhecimento convencional que contrarie seus valores e sua essência. Cultive o desapego e o desprendimento para não se deixar levar pelo pensamento coletivo. Observe quando algo dentro de você não está de acordo com o que outros pessoas estão pedindo de você. Se ignorar essa voz interior, certamente tomará decisões que trairão seu verdadeiro eu.

Escolha Sua Vida

> É importante considerar cada experiência, incluindo as negativas, como meros passos na jornada e seguir em frente. Tudo em sua vida está lá como um meio para sua transformação. Use isso!
>
> — RAM DASS

No verão de 2018, em um retiro silencioso no Peace Village, no interior de Nova York, durante as refeições éramos servidos por voluntários. Eles não perguntavam o que queríamos; simplesmente colocavam um pouco de tudo em nosso prato. Então me ocorreu o seguinte pensamento: "A vida não é um buffet. Nem se pode escolher o que queremos de um cardápio. Recebemos uma bandeja cheia de coisas — as coisas certas nas quantidades exatas. Algumas podem ser amargas e pouco apetitosas, mas você precisa de todas elas."

Passei anos lamentando as inúmeras dificuldades que tive na vida: a família de cultura feudal rígida na qual nasci; a ausência de meu pai durante os primeiros sete anos de minha vida; meu relacionamento sempre desconfortável e, muitas vezes, doloroso com ele; meu traumático retorno à Índia; os diversos contratempos em minha carreira; a reação cruel de meu pai ao meu casamento; meu casamento infeliz; ter um filho com necessidades especiais; e muitas outras. Mas, agora, percebo que até as experiências dolorosas, coisas que eu não desejaria ao meu pior inimigo, acabaram me influenciando de maneiras relevantes. Por exemplo, precisei vivenciar os piores aspectos do patriarcado para poder escrever um livro que aborda a necessidade de valorizar o feminino décadas depois.

Não posso voltar no tempo e mudar os aspectos difíceis da minha vida, mas *posso* escolhê-los conscientemente. Ao fazer isso, possibilito a transformação dessas experiências dolorosas e extraio algo positivo delas. Se eu não as escolher, permanecerei para sempre uma vítima delas.

> *Afirme para si mesmo: "Escolho e abraço meu passado. Escolho todas as pessoas presentes em minha vida, no passado e no presente. Escolho meus pais, meus avós, meus irmãos, meus tios e tias, meus primos, meu casamento, meus filhos, meus amigos, meus colegas, meus chefes, meus professores, meus supostos inimigos e todas as outras pessoas que entraram em minha vida. Escolho todas as experiências que apreciei ou suportei, positivas ou negativas. Libero toda amargura, raiva e arrependimentos sobre minha vida. Sou grato por tudo e escolho tudo."*

Incorpore os Opostos Aparentes

Em um mundo repleto de ideias divergentes, muitas vezes, a resposta não é "*ou*", mas "*e*". Minha vida, meu trabalho, o movimento do Capitalismo Consciente — todos se baseiam nesse entendimento.

A integração dos opostos aparentes tem sido um tema importante em todos os aspectos de minha vida. A maior "polaridade" que precisei incorporar em minha vida foi a masculina e a feminina. Outras incluem o moderno e o tradicional, o idealismo e o pragmatismo, a harmonia e o conflito, o autocuidado e o serviço altruísta.

As polaridades são ideias que parecem contraditórias, mas que são, na verdade, pares interdependentes. Elas precisam uma da outra para existir. Cada polo oferece algo de valor, essencial. Se você rejeitar o polo "oposto", inevitavelmente acabará com excessos do polo "escolhido". Isso se aplica a ideias como progressivismo e conservadorismo, lucro e propósito, justiça e misericórdia e inúmeros outros aspectos da vida.

Em nosso mundo polarizado, muitas pessoas escolhem um "lado" e se apegam a ele profundamente. Elas não percebem que é possível obter o melhor de cada polo e, ao mesmo tempo, evitar as desvantagens de cada um.

Quais são os polos aparentemente contraditórios que o estão atraindo em sua vida? Use o Mapeamento de Polaridades de Barry Johnson para aprender como obter as vantagens de cada um deles sem sofrer as desvantagens de nenhum.[3]

Reconheça e Cure Seus Traumas

Somos todos seres feridos. A vida é dura, e o trauma é uma parte inevitável dela. Todo ser humano sofre de algum grau de "dano por estresse pós-traumático". Mas não podemos curar nossos traumas se não os reconhecermos. E não podemos ter uma vida plena, saudável e feliz se não curarmos nossos traumas. Uma vez curados, as feridas que temos podem nos presentear com um poder inesperado e a capacidade de ajudar outras pessoas que estejam lidando com feridas semelhantes. Isso é o que os japoneses chamam de Kintsugi — a arte das cicatrizes preciosas. Quando uma peça de cerâmica se quebra, eles a remontam usando uma mistura de cola e pó de ouro. O resultado: uma obra de arte que é bela e mais forte do que antes de se quebrar.

Se temos traumas não curados, não temos o controle de nossos pensamentos e nossas ações; eles surgem de impulsos subconscientes que não entendemos. Como escreveu Carl Jung: "Quando uma condição interior não é tornada consciente, ela acontece no exterior, como destino."[4] Isso é frequentemente parafraseado como: "Até que você torne o inconsciente consciente, ele dirigirá sua vida e você chamará isso de destino."

A fuga e o silêncio permitem que o trauma persista. Trauma que não é transmutado é transmitido; pessoas traumatizadas infligem trauma a outras. A única maneira de quebrar esse ciclo de "vítimas de vítimas" é enfrentar o trauma e fazer o necessário para se curar dele. As pessoas que fazem isso curam a própria vida e podem ajudar outras pessoas a fazer o mesmo.

3 https://www.polaritypartnerships.com/
4 Carl Jung, *Collected Words 9ii*, "Christ, A Symbol of the Self", Parágrafo 126.

Por muito tempo, não percebi que tinha traumas. Mais tarde, eu os considerava insignificantes em comparação a pessoas que tinham "traumas reais". Na verdade, eu tinha muitos: uma experiência de quase morte, abuso sexual, uma mágoa profunda do pai, o trauma das gerações anteriores a mim em Kesur e muito mais.

O trauma é um fenômeno que acontece não apenas em indivíduos, mas também em famílias e culturas. Muitos deles, se não a maioria, resultam de sistemas desumanos. No fim das contas, foi o sistema feudal patriarcal Rajput que matou minha tia e meu primo que ainda não havia nascido. Isso levou meu tio à loucura. Levou meu primo Himmat a tirar a própria vida. Isso não isenta os indivíduos de responsabilidade pessoal. Mas devemos reconhecer que o sistema criou um conceito profundamente distorcido de certo e errado. Ele obscureceu os limites éticos a ponto de torná-los invisíveis.

É imprescindível, portanto, que trabalhemos na cura de nossos sistemas, assim como na cura pessoal. Isso requer uma visão clara do passado e o enfrentamento das feridas que continuam lá. É isso que os Estados Unidos precisam fazer com sua história de escravidão, e foi o que eu precisei fazer com o passado de minha família. Meu vilarejo ancestral, Kesur, há muito tempo é símbolo de decadência, abuso e sofrimento. Se conseguirmos curar o trauma coletivo que existe lá, Kesur poderá representar algo belo e que promova a vida.

Enquanto escrevia este livro, percebi que o *dharma*, o dever divino e a natureza dos Rajputs, é serem protetores. Ao longo de sua longa história, a Índia foi invadida mais de 200 vezes, mais do que qualquer outro país. A grande maioria dos invasores veio do noroeste, onde estavam localizados os reinos Rajput. Meus ancestrais lutaram bravamente e com grande coragem para defender o país, sofrendo traumas gigantescos. Os homens foram diversas vezes para a guerra e muitos morreram em batalhas contra inimigos de poder esmagador. Mulheres e crianças cometeram suicídio em massa, queimando-se em vez de correr o risco de serem escravizadas. Essa é uma quantidade enorme de trauma não curado que está em minha linhagem — e em meu próprio DNA (como o campo da epigenética está nos revelando).

Muitas (talvez a maioria) das pessoas no planeta conseguem rastrear seus ancestrais até os autores ou as vítimas de agressões brutais, incluindo escravidão, genocídios e purificação étnica. Não pode haver cura verdadeira sem o reconhecimento e a reparação dessa história. Cada pessoa precisa passar pelo próprio processo de "verdade e reconciliação" para que ocorra a verdadeira cura.

> *Reflita sobre sua vida. Identifique os traumas mais significativos que você vivenciou pessoalmente. Identifique os eventos traumáticos que ocorreram em sua família de origem. Que tipos de traumas ancestrais você pode estar carregando em seu DNA? Como você foi psicologicamente impactado pela pandemia, pelas mudanças climáticas e outros tipos de traumas coletivos?*[5]

Seja um Guerreiro da Paz por Verdade e Amor

> Você diz que não tem inimigos? Ah, meu amigo, essa é uma vanglória pobre. Aquele que se envolveu na batalha do dever que os bravos suportam deve ter feito inimigos! Se você não tem nenhum, pequeno é o trabalho que fez. Não atingiu nenhum traidor, não derrubou nenhuma taça de lábios perjuros. Nunca transformou o errado em certo. Você foi um covarde na luta.
>
> — CHARLES MACKAY

Por muito tempo, estive envolvido em tanta discórdia que desejei a harmonia acima de tudo. Assim como minha mãe, muitas vezes ignorei comportamentos graves para manter a paz.

Nasci na casta dos guerreiros, identidade que passei a maior parte da vida rejeitando. Mas, enfim, percebi que preciso ser um guerreiro — pelos valores e ideais que prezo. Preciso ser um guerreiro da paz pela verdade, pelo amor, pelo idealismo e pela inocência.

Um guerreiro pacífico tem suas raízes em ideais elevados e na inocência. Todos nascemos inocentes e, aos poucos, perdemos essa inocência, assim como perdemos os dentes de leite. Somos corrompidos e adotamos as formas grosseiras e ardilosas do mundo. Usamos a inteligência para en-

5 Se você descobrir traumas significativos dos quais não tinha conhecimento antes, recomendo muito procurar ajuda profissional. Agora, há diversas modalidades disponíveis para ajudar a processar, liberar e curar traumas.

ganar uns aos outros e passar por cima das pessoas, em vez de cuidarmos uns dos outros. Mentimos e trapaceamos para conseguir o que queremos.

Precisamos retornar à inocência — não a inocência de uma criança indefesa, mas a inocência poderosa e escolhida do outro lado da integridade: a inocência inviolável e resiliente de um adulto forte, amoroso e consciente. Isso significa nunca infligir sofrimento a outra pessoa intencionalmente. Se não escolhermos a inocência, significa que estamos escolhendo a corrupção.

Esforce-se para se tornar um guerreiro da paz em nome dos ideais que preza. Pergunte a si mesmo: Eu lutei a boa luta? Estou criando "bons problemas" suficientes? Eu me inclino para conflitos necessários?

Desperte!

O que significa "despertar"? Para mim, significa que sua vida faz sentido; você sabe quem é e por que está aqui. Despertar significa deixar de lado o julgamento e a amargura e optar por viver em gratidão. Significa fazer o que é certo, não o que é confortável. Despertar nos permite experimentar uma conexão profunda e alegria ao perceber que a vida é, basicamente, dar e receber amor. Significa perder o medo de morrer.

Uma coisa é despertar; outra é permanecer acordado. Use este livro para reconhecer padrões que têm aparecido repetidamente em sua vida, para descobrir verdades ocultas e traçar um caminho mais consciente para o futuro. Espero que sirva como ponto de partida para você empreender a própria jornada em direção ao propósito, à integridade e à cura.

Recebemos a vida, mas devemos escolher como vivê-la. Quando nos comprometemos a curar nossos traumas e a viver de acordo com a VIAS — Verdade, Inocência, Amor e Simplicidade — podemos, de fato, ajudar a curar o mundo e deixar um legado de amor e cura para as gerações futuras.

Epílogo: Curando o Patriarcado

Por que minha alma nasceu em um lugar como Kesur, com um pai e uma mãe como os meus? Para um espectador qualquer, minhas origens feudais estão em total desacordo com a pessoa que me tornei: um cidadão global moderno e multicultural que reconhece a necessidade da presença da energia feminina e masculina nos negócios e na família. Isso não faz sentido, o que significa que, provavelmente, existe um propósito maior em tudo isso.

A maneira que encontrei para dar sentido a isso é a seguinte: deixei a Índia para viver nos Estados Unidos da América, para prosperar na "terra da liberdade". Mas onde quer que você vá, é lá que você está. Eu carregava dentro de mim o DNA de Kesur, bem como a história traumatizante dos Rajputs. Minha jornada de cura e o motivo pelo qual ajudei a criar o Capitalismo Consciente é que, pelas lentes dos negócios, meu verdadeiro compromisso tem sido tentar curar o patriarcado. O capitalismo inconsciente era claramente o produto das tradições patriarcais. O Capitalismo Consciente serviu como um degrau para meu objetivo maior, que é desafiar a mentalidade patriarcal em todos os setores da sociedade. Acredito que fui destinado a conectar esses mundos e fazer esse tipo de trabalho de cura.

A Necessidade de Curar Kesur

Durante grande parte da minha vida, pensei em Kesur como um lugar de tristeza e decadência, de abuso e tirania. Eu supunha que sempre foi assim, com algumas exceções, como meu bisavô Hari Singh, que era conhecido e amado por sua natureza gentil, generosa e tolerante. Ele refletia o lado benevolente paternal do patriarcado.

Às vezes, as pessoas se aproveitavam de Hari Singh porque ele oferecia ajuda a quem precisasse. Se descobrisse que alguém tinha cortado uma árvore de suas terras e a roubado, sua resposta era: "Ele deve estar precisando muito dela." Mais tarde, ele diria à pessoa: "Se precisava de algo, por que você não me pediu?" Quando Girwar pegava as pessoas roubando, ele as punia severa e publicamente, muitas vezes batendo nelas com uma vara.

Boa parte de minha família adotou a ideia de que "não devemos deixar nada manchar o nome de Kesur". Agora, mais do que nunca, Kesur se tornou uma parte integral da identidade dos membros de minha extensa família. A maioria deles não usa mais o sobrenome Sisodia; eles usam Kesur. No final de sua vida, até meu pai mudou seu nome para Narayan Singh Kesur. A placa do meu carro nos EUA é KESUR há mais de vinte anos. Não sei o que me levou a fazer isso, além de pensar que seria fácil de lembrar. Mas sempre que eu olhava para ela, sentia um desconforto. Para mim, a palavra Kesur passou a representar crueldade, misoginia e egoísmo.

Somente após escrever a maior parte deste livro, me ocorreu que Kesur, em si, pode ter uma alma ou um espírito que anseia por ser curado. Se a cura pode acontecer lá, ela pode acontecer em qualquer lugar.

Em busca de orientação, recorri a Mesina, uma curandeira em quem passei a confiar. Pedi a ela que me dissesse o que lhe vinha à mente quando eu dizia a palavra "Kesur".

Após fechar os olhos por alguns segundos, Mesina respondeu: "Quando você mencionou Kesur, senti uma vibração extremamente masculina. Mas é uma energia muito pura, nada negativa ou maliciosa. É uma energia tolerante e doadora, uma energia poderosa que busca preservar e proteger a família e a comunidade. Ela não deseja criar o caos; deseja absorvê-lo e acabar com ele. Não é uma energia bélica; é a energia de um guerreiro da paz, protetor, conservador. Um desejo de paz reina sobre essa vibração."

Isso foi uma surpresa agradável para mim. Será que era verdade que eu vinha de um lugar de luz em vez de trevas? Será que Hari Singh estava mais próximo da energia fundadora de Kesur do que meu avô Girwar? Como eu poderia reconectar Kesur a essa luz?

Kesur é um microcosmo do patriarcado tóxico e ferido na Índia e em todo o mundo. Percebi que a cura de minha trajetória pessoal seria incompleto se eu não ajudasse a curar também a trajetória de Kesur.

Como seria um Kesur curado? O que ele poderia representar? De que poderia se tornar símbolo?

Meu Dever e Meu Destino

Até junho de 2022, eu estava em um processo pessoal de cura há mais de quatro anos. Isso me fortaleceu ao ponto de eu ser capaz de assumir o desafio de tentar curar minha extensa família e a alma de Kesur.

Independentemente disso, dois amigos me falaram sobre o papel que eles imaginavam para mim. "Nem todos têm sua essência infantil; não é o arquétipo de qualquer pessoa, mas é o seu", minha amiga Nilima me disse. "É preciso inocente para trazer à luz a verdade... Sua psique enfrentou todos os desafios e sobreviveu. Agora você é o inocente imune, o inocente resiliente. Ninguém pode fazer você de bobo. Você se tornou o tolo sábio: tem conhecimento, mas ainda lidera a partir de sua inocência. Apenas aos verdadeiramente inocentes se pode confiar o poder, para que não sejam corrompidos por ele."

Ou seja, alguém precisava ser Frodo, de *O Senhor dos Anéis*, o inocente que leva o anel até o vulcão para destruí-lo, dizendo: "Carregamos essa maldição por tempo suficiente." Eu não escolhi essa responsabilidade; ela me escolheu.

Pouco depois, Mesina disse algo semelhante. "Raj, essa é a jornada da sua alma: quebrar esse ciclo para sua família, por mais difícil que seja. Você representa um novo tipo de energia que entrou nessa família. É por isso que muitas vezes é difícil. Às vezes, eles ficam irritados com você. O que você fez e a maneira como aprendeu são muito diferentes para eles. Você enxerga o mundo de uma maneira mais equilibrada. Você está aqui para estabelecer um novo padrão e uma nova vibração para as gerações mais jovens. Você e sua energia já curaram muitos desses padrões de comportamento. É isso que faz de você um rompedor de ciclos. Isso também promoverá a cura de seus filhos, porque a cura é transmitida a todos os membros da família. Faz parte da história deles também."

Kesur poderia se tornar um lugar cuja energia é pura e amorosa? Isso não poderia acontecer a menos que, primeiro, reconhecêssemos e expuséssemos o que havia acontecido com minha tia e seu bebê.

Minha tia e seu bebê foram apagados. Acredito que restaurar a identidade dela e honrar sua memória ajudaria a curar as mulheres da família. Eu também queria inspirar os homens da próxima geração a enxergar as mulheres de forma diferente e questionar o desejo masculino por dominância e controle. Queria que eles as considerassem parceiras em pé de igualdade, cujas necessidades emocionais e espirituais importam tanto quanto as deles.

Dez dias antes de minha viagem programada para a Índia, liguei para minha irmã, Manju, e meu cunhado, Sangram, para dizer que chegaria em Indore no dia 27 de junho de 2022. Manju disse: "Ah, que maravilha! É um dia antes do seu aniversário! Como gostaria de comemorar?"

"Eu gostaria de reunir toda a família para que possamos passar por uma experiência de cura juntos. Sangram, conto com você para ajudar a organizar essa experiência de maneira sábia e afetuosa", eu lhes disse. "Começarei compartilhando o motivo de tê-los convidado a vir. Em seguida, convidarei cada pessoa a refletir sobre como podemos honrar a memória das almas que foram apagadas e buscar o perdão em nome de toda a família. Gostaria principalmente que a geração mais jovem desempenhe um papel ativo. Quero que seja uma experiência de cura poderosa e repleta de amor que transformará a família Kesur para as próximas gerações."

Círculo de Cura

Enquanto a extensa família Kesur se sentava ao meu redor na sala de estar rebaixada da casa do meu falecido pai, eu olhava ao redor com expectativa e um pouco de receio. Como eles reagiriam ao ouvir os detalhes do incidente ocorrido há 72 anos? Ficariam com raiva, chocados ou desapontados? Será que conseguiríamos lidar com a turbulência emocional para chegar a um lugar de esperança e cura no final da noite?

Reuni forças e comecei a ler o texto em hindi que havia preparado:

> *Agradeço a todos por virem e fazerem parte deste encontro importante de nossa extensa família. Acredito que nos lembraremos deste dia como um marco muito importante na história da família.*
>
> *Creio que todos concordam que nossa família passou por uma quantidade incrível de sofrimento ao longo das últimas três gerações. Eu, por exemplo, fiquei chocado ao saber que meu pai teve seis irmãos que morreram ainda pequenos. Só podemos imaginar o sofrimento que a família deve ter enfrentado com a perda de cada uma dessas preciosas vidas.*
>
> *Outras tragédias pelas quais nossa família passou incluem a doença mental de Kunwar Saheb e o impacto disso em sua esposa e seus filhos; o suicídio de seu filho; um trabalhador tentando matar Mohan Kakosa; a morte do filho de Mohan; o assassinato de Baby pelo marido; o câncer de Channu; e muitas outras.*
>
> *Convoquei todos aqui hoje em virtude de algo que Papa costumava falar. Ele dizia: "Ouvi dizer que há uma maldição em nossa família porque duas almas morreram de forma anormal e nunca encontraram paz." Mas ele nunca revelou a verdade, embora soubesse dela. Há três anos, Gajju Bhaya me contou o que ele tinha ouvido a respeito. Desde então, tenho tentado descobrir mais detalhes sobre esse episódio. Os detalhes são confusos, mas reconstruí a história da melhor maneira possível. Como todos sabemos, a memória é complicada, ainda mais depois de tanto tempo.*

Descrevi o que havia descoberto sobre os acontecimentos daquela noite. Meu primo Ranjit falou em seguida:

> *Acredito que exista uma maldição. É uma reação humana natural abençoar as pessoas quando elas nos fazem o bem e amaldiçoá-las quando nos causam prejuízos. Esse foi o mal supremo, então a maldição é igualmente poderosa.*
>
> *O fato é que houve muitos casos assim nos tempos antigos. Filhas e noras eram mortas e cremadas dentro do próprio complexo da Rowla. Esse tipo de atitude tem um impacto nas gerações futuras, que pagam o*

preço em sofrimento. Kunwar Saheb pagou um preço por suas atitudes: enlouqueceu e ficando confinado pelos últimos 24 anos de sua vida. Como seus filhos, nós pagamos o preço de crescer sem um pai.

Meu cunhado Sangram falou em seguida:

É verdade que incidentes assim eram muitos comuns naquela época. Mas isso não significa que não tiveram um enorme impacto na família. Não devemos minimizar ou omitir esse fato. Devemos aceitar que isso aconteceu e perguntar: E agora?

Se alguém morre de maneira anormal e prematura após grande sofrimento, isso lança uma enorme sombra sobre a família. Se eles não forem devidamente lamentados na ocasião, isso também afetará o que acontece com suas almas e a vida dos que ficaram.

Nenhum de nós reunidos aqui hoje estava vivo quando isso aconteceu. Mas ainda temos o dever coletivo de nos curar do ocorrido.

Uma coisa que devemos fazer é um Narayan Bali, um pooja especial (um ritual de adoração) para honrar e oferecer paz a nossos ancestrais, incluindo a mãe e o bebê que foram mortos. Isso acontecerá amanhã.

A maior cura deve acontecer dentro de cada um de nós — começando com um reconhecimento profundo e sincero de que isso foi errado. Devemos pedir perdão em nome de nossos ancestrais. Rezar para que um poder superior nos guie e nos liberte da sombra desse fato e dê à nossa família força e sabedoria para seguir em frente.

Eu respondi:

Muitas famílias na Índia tentam neutralizar histórias dolorosas com um simples pooja. Mas isso não é suficiente. Não podemos nos curar e ter a paz sem antes reconhecer a verdade do que aconteceu há 72 anos. Vamos meditar sobre o que precisamos aprender com isso e como podemos honrar a memória dessas duas almas. Vamos buscar o perdão coletivamente e encontrar maneiras de reparar o que aconteceu.

Isso faz parte de nosso DNA; o trauma que nossos ancestrais sofreram ainda nos afeta hoje. E permanecerá em nosso corpo até que encontremos uma maneira de liberá-lo.

Minha esperança é que nosso encontro de hoje e o pooja que faremos amanhã sejam uma experiência amorosa e transformadora para todos nós. Acredito que esse processo pode transformar o destino da Família Kesur. Isso nos ajudará a nos reconectarmos com nosso verdadeiro Dharma (nosso dever divino) e com o Dharma de todos os Rajputs, que é sermos protetores e defensores do povo.

Pedi a todos que ficassem em silêncio por alguns minutos para refletir sobre o que foi dito. Em seguida, convidei outras pessoas da sala a falar, começando pelas mulheres. Minha irmã Manju falou, seguida pela esposa de Gajendra, Mohini. Ambas me agradeceram por assumir esse difícil desafio.

Em seguida, a esposa de Ranjit nos contou sobre um misterioso incidente que aconteceu após a morte de meu sobrinho Chandraveer, vítima de câncer, alguns anos antes. Quatro mulheres — minha mãe, a esposa de Ranjit, a esposa de Gajendra e minha prima Beena — tiveram a mesma experiência em suas casas na noite anterior à reunião da família para o velório. Por volta das 4 horas da manhã, cada uma delas ouviu o choro de um bebê com fome, em busca de leite. Todas acreditaram ter ouvido a voz do bebê que havia sido morto no meio da noite, 72 anos antes.

Depois de absorvermos essa informação, perguntei aos presentes: "Vamos falar sobre o futuro, para onde vamos a partir de agora. Todos nascemos com privilégios e status. Como devemos nos comprometer a viver no futuro? O que precisamos mudar?"

Um a um, os membros da família responderam. Qual foi a resposta que mais apareceu? Devemos ajudar as pessoas. Devemos evitar o dano. Nosso dever é deixar tudo o que nos pertence melhor do que nos foi dado.

Meu primo Gajendra disse: "Nosso vilarejo e nossa comunidade devem se beneficiar de nossos recursos, nosso sucesso e nossas conquistas no mundo. Mas estamos muito desconectados da vida das pessoas em Kesur. O que podemos fazer pelas pessoas que vivem lá, especialmente os jovens? Gostaria que Raj e minha filha Rohini dessem uma palestra na escola do vilarejo, para inspirar as crianças. Mais do que dinheiro, eles precisam de nosso tempo e nosso envolvimento. Eles querem saber que nos importamos com eles. É assim que vamos conquistar o coração e a mente das pessoas do vilarejo."

Com lágrimas nos olhos, Gajendra continuou: "Não sinto que haja muito amor entre os membros da família Kesur. Por exemplo, estamos brigando há anos por pequenas quantidades de terra. Como podemos despertar o amor entre nós para que nos tornemos uma família unida de verdade? Se qualquer um de nós estiver sofrendo ou precisando de ajuda, todos devemos estar lá uns pelos outros."

Consegui ver a transformação começando. Tive um vislumbre de como Kesur poderia voltar a um simbolizar algo positivo e belo, em vez de um lugar sufocante e decadente que provoca tristeza e luto. Poderia se tornar um lugar de reconciliação, humildade e orgulho saudável. A experiência que compartilhamos poderia abrir novos horizontes para os membros de nossa família. Poderia unir nossa família fragmentada e permitir que nos tornássemos uma única e poderosa unidade. Poderia anunciar o renascimento de Kesur como um lugar de cura e renovação, cujos efeitos que se espalhariam pela comunidade Rajput e além.

O Caminho à Frente

A história da minha família pode ser extrema em alguns aspectos, mas suas características são familiares e bastante comuns. Assim como existe um movimento "Me Too" ("Eu Também"), espero que minha história dê a outros a coragem de dizer "We Too" ("Nós Também") ao perceberem: "Minha família também tem uma trajetória conturbada. Nós também temos segredos obscuros."

Concluí nosso encontro familiar com um pensamento simples: da mesma forma como precisei unir o amor de minha mãe com a força de meu pai, a família Kesur precisa unir o coração de Hari Singh com a firmeza de Girwar Singh.

Nos últimos anos, eu me empenhei em minha cura, em minha relação com meu mentor e com meus filhos. Iniciei o processo de cura da alma de Kesur e continuo trabalhando para curar o mundo dos negócios. Nos próximos anos, espero alcançar um lugar de cura em meu casamento fracassado.

O que você está pronto para confrontar e curar? Lembre-se de que é preciso revelar, sentir e sofrer cada ferida e cada trauma para curá-los. A cantora Juliana Hatfield nos lembra: "Um coração que sofre é um coração que funciona." Um coração que sofre também é um coração que ama. A única maneira de curar é através do amor. Todos precisamos ser curadores hoje em dia, começando por nós mesmos.

Índice